中国艺术研究院 2022 年个人后期出版资助项目

（项目编号：XJ2021000304）

文脉与血脉

清代江南文化世家传承性研究

叶宪允 著

文化艺术出版社
Culture and Art Publishing House

图书在版编目（CIP）数据

文脉与血脉：清代江南文化世家传承性研究 / 叶宪允著.
—北京：文化艺术出版社，2022.12
ISBN 978-7-5039-7292-8

Ⅰ.①文⋯　Ⅱ.①叶⋯　Ⅲ.①吴文化—研究—清代
Ⅳ.①K249.03

中国版本图书馆CIP数据核字（2022）第163564号

文脉与血脉：清代江南文化世家传承性研究

著　　者	叶宪允
责任编辑	蔡宛若　廖小芳
责任校对	董　斌
书籍设计	赵　矗　姚雪媛
出版发行	文化藝術出版社
地　　址	北京市东城区东四八条52号（100700）
网　　址	www.caaph.com
电子邮箱	s@caaph.com
电　　话	（010）84057666（总编室）　84057667（办公室） 　　　　84057696—84057699（发行部）
传　　真	（010）84057660（总编室）　84057670（办公室） 　　　　84057690（发行部）
经　　销	新华书店
印　　刷	国英印务有限公司
版　　次	2022年12月第1版
印　　次	2022年12月第1次印刷
开　　本	710毫米×1000毫米　1/16
印　　张	19.25
字　　数	250千字
书　　号	ISBN 978-7-5039-7292-8
定　　价	78.00元

版权所有，侵权必究。如有印装错误，随时调换。

目 录

引 言

第一章 清代江南文化世家的兴盛及其世代传承性

007 第一节 江南文化的历史地位
010 第二节 江南文化世家的文化价值
014 第三节 江南文化世家的传承性

第二章 苏州方氏世家

019 第一节 方殿元
039 第二节 方还
055 第三节 方朝
068 第四节 方洁

第三章　苏州金氏世家

075　第一节　金珽
082　第二节　金祖静
093　第三节　杨珊珊

第四章　计氏文化世家

099　第一节　金兑
101　第二节　吴江计氏家族

第五章　绍兴杨氏世家、松江王氏世家

109　第一节　绍兴杨氏家族
120　第二节　著名女诗人王韫徽
141　第三节　"闺阁二难"之王昆藻

第六章　常州钱氏世家

153　第一节　金安
157　第二节　状元钱维城
172　第三节　钱人麟、钱维乔

186 第四节　一代才女钱孟钿

第七章　常州崔氏世家

211 第一节　崔龙见
223 第二节　崔氏子嗣
236 第三节　庄素盘

第八章　常州吕氏世家

246 第一节　吕子班
249 第二节　吕佺孙、吕佶孙、吕倌孙
253 第三节　吕懋荣及王氏四才女、张氏四才女
259 第四节　吕采芝
268 第五节　程棪、吕永萱、吕思勉

第九章　血脉传承与文脉流转

285 第一节　世家文化的两个维度
290 第二节　文化世家的式微与新生

299 **后　记**

引言

文化是一个国家、一个民族的灵魂。文化兴国运兴，文化强民族强。没有高度的文化自信，没有文化的繁荣兴盛，就没有中华民族伟大的复兴。习近平总书记在十九大报告中指出，文化自信是一个国家、一个民族发展中更基本、更深沉、更持久的力量。不断增强话语权，推动中华优秀传统文化创造性转化、创新性发展，更好构筑中国精神、中国价值、中国力量。"中国的文化很纯很厚，天下独有"[①]，而"家族是社会的细胞，文化世家是文化殿堂的基石"[②]，本书以文化世家的文化意义与内涵为主要研究内容，突出文化世家在发展嬗变之中，在文化世家内部与外部，具有的绵延不绝的传承性。这也是中华五千年文明史代代传承延续的方式。在新时期，随着中国国力的强盛，物质生活水平的提高，人民具有多方面的精神需求，包括认识与领略博大精深的传统文化。与此同时，中华文明必将走向世界，成为各国人民学习研究的内容。挖掘文化元素集中的文化世家的自身

---

① https://finance.ifeng.com/c/7qI1JrMaXq4.
② 梅新林、陈玉兰：《江南文化世家的发展历程与研究趋势》，《华南师范大学学报（社会科学版）》2011年第3期。

价值，能激发国人的民族自豪感；家族文化的兴盛与代代传承也能充分引起注重家庭宗族伦理的国人之巨大兴趣。文化世家的家族内部以及家族之间文化基因的传承、流变与生生不息，正可昭示中华文明的厚重悠久与重大价值。"有人将文化比作一条来自老祖宗而又流向未来的河，这是说文化的传统，通过纵向传承和横向传递，生生不息地影响和引领着人们的生存与发展……文化的力量，已经深深熔铸在民族的生命力、创造力和凝聚力之中。"①

中国五千年文明史，离不开家庭、社会、国家，在家与国之间，文化世家是厚重而辉煌的真实存在，其作用与价值不言而喻。所谓国家，就是有家才有国，家庭是国家与社会的细胞。在国与家之间，还有家族，《红楼梦》中就有贾、王、史、薛四大家族，事实上，不同历史时期内各种各样的世家大族连绵不绝，此乃中国传统社会文化博大精深的具体体现。文化世家代代发展、演化、流变，同一时期不同的文化世家之间也会有密切的联系。与此同时，一个文化世家在兴盛或消亡之时，还表现出了辗转流传、转化更生、持续不绝的一面，开启或催生新的文化世家的产生，生动呈现了文化血脉的传承性与延续性。

江南地区，从清初苏州的方殿元，到清末民国时期的吕思勉，三百年间的十辈人中，一个个文人才子、官员学者，一个个文化世家，一位位才女纷纷出现在社会历史以及家庭家族的舞台上，呈现出多姿多彩的文化场景与悲欢离合的时代生活，构成了生动的人物画卷。苏州方氏、金氏、计氏，绍兴杨氏，松江王氏，常州钱氏、崔氏、吕氏等文化世家是主要的脉络与主题，文化世家中的方洁、杨珊珊、金安、金兑、王韫徽、王昆藻、钱孟钿、庄素盘、王采蓝、吕采芝、程棪、吕永萱等才女，辗转于各个世家之间，婚配嫁

---

① 陈永昊主编：《浙江文化研究工程概览》（一），研究出版社2006年版，第1页。

娶,诗词歌赋,呈现出血脉与文脉的传承性。各个文化世家以及种种人物之间构成交织互动的网络结构,在横向上有共存交流,在纵向上有延续演化。兴盛与新生,流变与传承,江南文化、世家文化、才女文化诸多元素,异彩纷呈,阐释着中国传统文化的博大精深与灿烂多彩。

第 一 章

清代江南文化世家的兴盛及其世代传承性

本著论述范围上至清初"岭南七子"之一的方殿元（1636—1702），下至近代历史学家、国学大师吕思勉（1884—1957），在纵向与横向的历史社会中，主要研究在江南地域内一系列的文人、才女以及文化世家。同时代的不同文化世家之间有渊源，不同时代的文化世家有延续与传承。故此先探讨文化世家的特征与内涵。

第一节　江南文化的历史地位

明清时期，江南文化兴盛，人才辈出，文化世家众多，也涌现了一批才女，此既是文化以及文化世家兴盛的表现，同时也推动了文化世家的传承与延续。

江南，是中国传统文化最集中的体现与代表之一，堪称中华文明的典范。江南，是烟柳繁华的所在，也是国人心中那魂牵梦绕的一抹柔情与蜜意，提及之，往往给人舒心的诗情与画意。唐代大诗人白居易写下了《忆江南》："江南好，风景旧曾谙。日出江花红胜火，春来江水绿如蓝。能不忆江南？"江南的风景美好，历代文人在思想情感以及诗文歌赋、琴书画中反复塑造了江南意象，使其具有无比丰富的内涵以及美不胜收的意蕴。江南之美，美在其无所不在，美在动人心魄，让人流连忘返、魂牵梦绕。

江南，在地理区域里意为长江之南，在人文地理概念里特指长江中下游以南。江南是一个人杰地灵、山清水秀的地方，以才子佳人、繁荣发达著称，是中国最富裕、儒雅的地区之一。在各个历史时期，江南的文化意象都是让人心动神迷、称羡不尽的。

提及江南，人们心中会升腾起不尽的婉转与迷恋。自秦汉以来，江南便享有崇高的政治、军事地位，同时也是当时全国的经济、文化中心。这种状况在唐宋元明清以后就越发明确，江南已经是中国当之无愧的经济与文化中心，地位与影响更加重要与突出。迟在明代，江南地区就已是一个有着内在经济联系和共同文化特征的区域整体，以苏、杭为中心城市，构成了都会、府县城、乡镇、村市等多层级的结构。虽然不同时期、不同人士对江南各有定义与阐释，但江南的富足与繁荣，人烟稠密，经济文化发达，则是共同认可的状况。而近现代以来，江南不但维持了经济文化的卓越地位，而且还在继续发展繁荣。上海这个新时代的文化中心，为江南区域文化增添了浓重的光彩，再次集聚了江南文化的辉煌，促使江南文化在新的历史时期焕发出更加绚烂的光辉。

中国江南文化在世界上也深具影响，其经济、文化价值被中国之外的人所发现并加以称赞。意大利学者路易吉·布雷桑编著的《西方人眼里的杭州》一书中，一些传教士、贵族和商人所实录的游记片段，便可以从中看到外国人眼中当时的江南是何等繁华。马可·波罗（威尼斯商人，1280—1291年在中国）在游记中写道："第三天晚上，便到达雄伟壮丽的行在城（杭州），此名称是'天城'的意思，它表明，就其宏伟壮丽以及所提供的快乐而言，这座城是世界上任何其他城市都无法比拟的，生活其中的人们恍如置身天堂一般。"鄂多立克(1265—1331)是罗马天主教修士，也是一位著名旅行者。他在游记中这样写道："我来到了大而令人惊奇的行在城，这座城市的伟大和在那里发现的奇迹，整本书也写不完，因为它是世上最好、最富饶的城市。"还有意大利伯爵乌戈·康图，他写道："走在所有道路、广场上，都是气味芬芳、设计精巧，以至于行走其间欣赏它们，简直就是一种令人难以想象的享受。人们全身的感官都是愉悦的；眼睛看着美丽的事物，耳朵听着鸟儿甜美的歌唱，还有水流轻快的潺潺之声，它们交织出一曲和谐悦耳的新乐章。"传教士卫匡国（1642—1650年在中国）在明末清初时来到杭州，他说："千真万确，在湖上划船荡漾而行，比世上任何其他事情都要舒适和令人愉快。中国人称这个地方和这个城市为乐园、伊甸园，这毫不奇怪。"可以看出，他们不惜笔墨从整个世界的范围，来肯定杭州这座城市的美妙。

在近现代，不少中外学者通过史料研究，还在不断重新发现江南。美国著名历史学家和汉学家彭慕兰在其所著的《大分流：中国、欧洲与现代世界经济的形成》一书中认为明清时代的江南是位居世界前列的。清华大学的李伯重教授有一个研究，是关于19世纪初期江南与荷兰经济的比较。1579年从西班牙统治下独立出来以后，荷兰进入了一个世纪的经济增长奇迹，被称为"荷兰奇迹"。李伯重教授认为中国也有一个"江南奇迹"。研究结果显示，1820年之前，江南的GDP高于欧洲的英、法、德，创造了至今不被人广泛得知的经济奇迹。而之所以能够创造"江南奇迹"，是因为江南当时有世界上最好的自由经济的基础，有最好的教育和社会条件，有最好的人力资源。[①]

江南是中国一个极为重要的区域，经济昌盛、文化繁荣、人才荟萃、社会相对安定，这一定程度上堪称中国社会发展演变的缩影。高度繁荣的经济和在全国独特的地位，使一些新的思想观念、新的文化艺术样式逐渐成长，江南的学术文化一直处于全国领先地位。江南在文化、艺术、教育等各领域获得快速发展的同时，江南民众在精神上也逐渐形成了自我认同，已经成为有别于其他地域的江南印象。

---

① 参见胡晓明《重新发现江南——略谈江南文化精神》，《解放日报》2018年10月19日。

第二节　江南文化世家的文化价值

如果说，江南文化是中国文化中颇具代表性的文化品质，那么文化世家便是中国传统文化的缩影，它凝聚了众多的中华文明众多的灿烂要素，江南文化与文化世家相结合，则形成了丰富多元、意义深厚的江南文化世家。

"传统中国是一个以家庭关系为基础形成的伦理本位的社会。"[1]中国家国观念自古相传，五千年文明史代代传承。梁漱溟曾言："旧日中国之政治构造，比国君为大宗子，称地方官为父母，视一国如一大家庭。"[2]"中国的社会组织是一个大家庭而套着多层的无数小家庭，可以说是一个家庭的层系。所谓君就是一国之父，臣就是国君之子。在这样的层系组织的社会中，没有'个人'观念。所有的人，不是父，即是子。不是君，就是臣。不是夫，就是妻。不是兄，就是弟。中国的五伦就是中国社会组织，离了五伦别无社会。把个人编入于这样的层系组织中，使其居于一定的地位，然后课以那个地位所应尽的责任。"[3]文化世家是中国传统文化的精华体现之一，不但意义重大，而且涉及中华传统文化的方方面面，既有广博深厚的大意义，也有细微动人的小细节。

位于家与国之间的文化世家既包罗万象，又契合了国人重视家庭、注重

---

[1] 刘雪梅：《明清之际遗民逃禅研究》，博士学位论文，吉林大学，2015年，第59页。
[2] 梁漱溟：《中国文化要义》，上海人民出版社2003年版，第99页。
[3] 张东荪：《理性与民主》，商务印书馆1946年版，第57—58页。

忠孝的核心伦理。中国人是很注重家庭生活伦理与家庭教育的，这是中国千年文明盛传不衰的一个主要原因。朝代有兴废，天灾人祸不可避免，但只要千千万万维持同样家庭理念的家庭、家族一代代发展延续，中华文明也就得以持续，文化世家的作用也就越发彰显。正是出于此等原因，文化世家的传承、文化世家内部文化的优良功绩、家族成员的事业人生，以及文化世家内外的人物交游应酬、科举为官等诸多方面颇能引起国人的极大兴趣。"学有渊源的'文化世家'及学有师承在中国古代社会是一种很普遍的现象。我国历史上产生过许多人才，不少情况是父子两代、祖孙数代或兄弟数人接连取得成就，对社会发展做出了贡献。中国封建社会的家族制度、政治结构、文化教育状况及文化心态，促成了文化的家传及亲朋间的传授与师承，形成了古代中国特有的以家学渊源为特征的'文化世家'。"①

后世所谓的"世家"是指世禄之家，泛指世代贵显的家族或大家，家族的人口、规模，在一个时期内具有相对的稳定性，这是世家的基本标准。文化世家不仅是公卿显宦之家，还是文化望族、礼教名门、道德典范家族。②文化世家的内涵与外延具有丰富性，它蕴含的内容包括文化、教育、家族兴盛、政治历史以及科举为官、交游游历、诗词歌赋、琴棋书画等中华文化的诸多要素。"经学儒术是文化世家的普遍文化身份特征；仁孝廉让为其道德标准；家学礼法是其不变的追求。强调家学家风传统，以儒学为世守家业，以礼法为世传家风。"③ "'世家'的三个标准：'一世其官，二世其科，三世

---

① 曾燕闻：《岭南古代"文化世家"及其贡献》，《岭南文史》2000年第2期。
② 参见王玉海、姜丽丽、刘涛《江南文化世家研究：以无锡秦氏和昆山徐氏为例》，知识产权出版社2011年版，第2—3页。
③ 王玉海、姜丽丽、刘涛：《江南文化世家研究：以无锡秦氏和昆山徐氏为例》，知识产权出版社2011年版，第3页。

其学'。"① 一般认为，文化世家应该具有四个特征。第一是要强调文化。"文化世家"既然以文化冠名，其文化特征自然不言而喻，并且文化性是其首要的也是最重要的特征。第二是重视科举仕宦。纵观我国各类、各时期的文化世家，无论是以文著称，还是以诗、史著称，绝大多数世家都十分重视科举仕宦。科举人才的多少反映一个家族素质的高下，同时仕宦是家族政治地位的标志，也为未来家族的绵延发展起到重要作用。第三是追求礼法家风。在家国同构的中国封建社会里，家族作为社会的基本细胞，在维护社会制度的稳定方面发挥了不容忽视的作用。家风家教在文化世家的家族子弟成才过程中具有重要影响。第四是注重仁孝。以"孝"为代表的家庭哲学是传统中国人人格中最为稳固的一部分，特别是以血缘宗族关系为基础的中国古代社会，"孝"是家庭和睦的基础，也是社会繁荣的保证。所谓父子有骨肉之亲，君臣有礼义之道，夫妻挚爱又内外有别，老少有尊卑之序，朋友有诚信之德。仁孝作为为人处世的基础，是人情之首，也是修身、齐家、治国、平天下的根本，所以，一个文化世家，必须有仁孝的家风，否则便不可称为文化世家，只能称为豪门显族。② 所谓孝，其实质是家庭以及家族成员之间具有良好的亲情关系，具有良好的生活情感氛围，这在任何成功的家庭中都有不可忽视的作用，作为文化成就突出的文化世家自然也不能例外，所谓"父慈子孝"是也。以上四个方面从不同角度阐述了文化世家的内涵与外延，它们是共同起作用而又缺一不可的。

江南人文之盛、人才之众是不争的事实。每一个人才都出自各个家庭、家族，由此许多家族内部也会在同一时代或上下几代中产生一批人才，构成

---

① 转引自王玉海、姜丽丽、刘涛《江南文化世家研究：以无锡秦氏和昆山徐氏为例》，知识产权出版社 2011 年版，第 3 页。
② 参见王玉海、姜丽丽、刘涛《江南文化世家研究：以无锡秦氏和昆山徐氏为例》，知识产权出版社 2011 年版，第 4 页。

文化世家。江南文化世家在明清时期大量产生，其数量之众以及品位之高，正与江南人才在全国的地位相一致。《苏州文化世家与清代文学》中指出，在清代，江南是人文渊薮，也是经济、文化最发达的地区之一，在全国甚至居于领袖的地位。有清一代，江南文人士大夫在政治、文化方面可谓占尽先机。唯其如此，江南才显得尤为重要，而作为江南文化代表的文人士大夫，在很大程度上都来自世家望族。所以，江南世家与江南文化已然不可分割，并因江南文化在当时的先进性及其在全国的重要性，遂使江南世家执清代文化与文学之牛耳。[1]

凌郁之在《苏州文化世家与清代文学》中还指出，"明清时期江南地区，是世家望族非常集中的地区。刘献廷《广阳杂记》：'东吴犹重世家。宜兴推徐、吴、曹、万，溧阳推彭、马、史、狄，皆数百年旧家也。'《光绪武进阳湖县志》卷二三《文学》：'常州一郡富文章，超越汉唐，乾嘉为最盛，北岸数家多俊杰，连吟乡里，海内早知名。'世家无疑是文人名士的渊薮，因此，龚自珍《常州高材生送丁若士》诗云：'天下名士有部落，东南无与常匹俦。'此种所谓'名士部落'，非仅常州，江南之苏、润、扬、杭、嘉、湖等地，无地无之！文徵明说：'吾吴为东南望郡，而山川之秀，亦惟东南之望。其浑沦磅礴之气，钟而为人，形而为文章，为事业，而发之为物产，盖举天下莫之与京。故天下之言人伦、物产、文章、政业者，必首吾吴；而言山川之秀，亦必以吴为胜。'这或许可以解释江南产生'文化世家'和'名士部落'的原因。"[2] 因此，认识江南文化以及江南文化世家，具有充分的理由，研究与论述江南文化世家有很大的价值与空间。

---

[1] 参见凌郁之《苏州文化世家与清代文学》，齐鲁书社 2008 年版，引言第 12 页。
[2] 凌郁之：《苏州文化世家与清代文学》，齐鲁书社 2008 年版，引言第 11 页。

第三节　江南文化世家的传承性

文化世家也是一个文化圈，这个文化圈不是封闭的，也无法封闭。文化世家内部的人要科考、要做官、要参加文人之间的聚会，必将形成自己的生活圈、朋友圈，这就呈现了开放的状态。但是文化世家作为一个相对独立的文化结构，其不会永远存在，在经过两三代传承之后，就会面临难以为继的局面，但是此文化世家的文脉与血脉却不会完全消失，有可能产生新的文化世家，新的文化世家又拥有新的文化内涵，呈现出新的风采。一个个文化世家的此起彼伏、兴衰绵延，传承了中华文明。江南文化世家呈现出相对封闭而又开放的结构。

清代文化世家比较兴盛，因时代距离并不久远，保存下的资料也多，故此内涵丰富。以广州方氏，苏州金氏、计氏，绍兴杨氏，松江王氏，常州钱氏、崔氏、吕氏为中心，我们能探究到清代文化世家的兴盛，能看到文化世家之间是互动的，不同时代与不同地域内存在着相互的影响。同时，虽然一家一姓的文化传承未必能代代持久，文脉不会永远延续，不可能代代都有杰出的人物出现，但是，文化世家在地域上、在不同姓氏之间却可以持续不断地辗转延绵、接续不断，表现出文化世家的互动性与延续性。此正是中华民族博大精深的五千年文明史长盛不衰之真切表现之一，自有其内在的不可忽视的规律。

同时代的文化世家之间一般会有交流与互动，上一代的文化世家也很有可能影响甚至开启下一代的文化世家,特别是文化世家之间具有的姻亲关系,就会把原来文化世家的特质与优点带入新的家庭、家族,从而产生新的文化世家,或者在不同的文化世家之间形成合力,熔铸成新的意蕴与内涵。《苏州文化世家与清代文学》中指出,一个区域内的世家不是孤立的,而是彼此间往往存在着这样或那样的联系,其中姻亲就是世家大族间的一层重要关系。世家间通过姻亲缔结了盘根错节的关系,一荣俱荣,一损俱损。它们的影响也因此超出家族范围而辐射到社会,超出姻亲关系而辐射到政治、经济、文化诸方面。因为这些望族都具有比较高的社会地位和文化品位,它们的婚姻集合体必然会使这些家族群体形成更加强大的力量。

通过联姻,单个的文化世家就连接成文化世家网络。世家间文化资源和人才资源就可以实现互补共享。因此,一个家族既能在纵的方向上实现家族文化的承传和提升,又能在横的方向上实现家族利益的拓展以及家族文化间的沟通交融。因为是大家族相通婚,大家闺秀嫁到别的家族做了媳妇,当了母亲、祖母,她们对于这个家族的意义不容低估。这些大家闺秀在文化上具有相当的优势,特别是她们往往都有相当高的文化教养。因此,她们对子女的文化教育也相应比较重视并有所帮助。[①]才女从原来的世家中带来优秀的文化素养,与夫君家的家风家学相结合,形成新的特点,也能继续培育新生一代。此正是中华文明传承延续的一种很生动的方式。

本书以清初到清末三百年间江南地区有代表性的文化世家为主要研究对象,论述说明文化世家之间如何代代延续传承。如,世家内部有许多的闺阁才女,才女们上承前代世家,下启新的世家,世家之间的文化血脉在有一定血缘关系的世家之间辗转传承。本书关涉的文化世家主要有苏州方氏文化世家、金氏文化世家、计氏世家,绍兴杨氏世家,松江王氏世家,常州钱氏世

---

① 参见凌郁之《苏州文化世家与清代文学》,齐鲁书社 2008 年版,第 31—33 页。

家、崔氏世家、吕氏世家。涉及的才女有方洁、杨珊珊、金安、金兑、王韫徽、王昆藻、钱孟钿、庄素盘、王采蓝、吕采芝、程椉、吕永萱。在具体的论述过程中，也涵盖、串联了一批当时的世家、人物与才女。通过一个个文化世家、种种人物、众多闺阁才女，展示了中国古代文化的博大精深之一斑、丰富多彩之一角。

第 二 章

苏州方氏世家

鉴于中国古代历史之悠久、文化传承之厚重、地域之广阔，许多文化世家不是那么引人注目。故此，虽然历代以来世家研究者众多，但文化世家难以穷尽，且世家数目难以准确统计，本书论述展示的一系列文化世家也只是全部文化世家中很少的一部分。在这数量很少的文化世家研究中，贯之以血脉渊源，纵横之下以点带面，力图展示文化世家的面貌。其中最早的是苏州的方氏文化世家。方氏文化家族是清初很重要的文化世家之一，出现了好几位在清初具有影响力的诗人，包括方殿元、方颛恺（成鹫法师）、方还、方朝、方洁。方殿元之女方洁受到家学的熏陶，嫁入金氏，开启了金氏文化世家的兴盛，其丈夫金绽，子金祖静，祖静有三女，其中金兑成为女诗人，金安有才名。一个人的生平贡献，脱离不开历史、时代、家庭生活环境的影响，故此，研究方氏家族成员的诗文成绩，应该先探究一下影响比较大的苏州方氏文化世家。

第一节　方殿元

岭南历史文化悠久，明清以来，岭南地区成为国内重要的文化体系之一。明末清初，广州方氏家族的"禺山三方"——方国骅、方颛恺、方颛临开始显露于世。清初的广州，作者如林、名才荟萃，创下名号且产生影响，应该非为幸致之事。透过历史时空的层层遮蔽与阻隔，从情与理上思量，方氏父子一定是名重一方的优秀人物。而方殿元作为"禺山三方"之一的方国骅之侄，在广州、岭南以及整个清初的诗坛都是具有重要影响的诗人，他的成绩自有渊源与际遇。

一、方殿元的生平与宦迹

据光绪时期的《广州府志》记载，方殿元，字蒙章，顺治甲午举人。初应礼部试。顺治十八年（1661），至京师，欲上之。值大事，不果。康熙甲辰（1664）成进士。① 由此记载可知，方殿元在顺治甲午（1654）中举人，年十九岁。此时广州已经在清朝统制之下，距离1650年清军屠城已经有五年，岭南渐趋平静。他参加清朝科考，1664年中进士。在中举人和中进士之间的十年中，方殿元进京大概有两次以上，除1664年因参加进士考试要进京之外，1661年，方殿元要向朝廷呈送自己所作《升平二十书》，可能是因为顺治帝崩而没有进行，也就是上文"值大事，不果"。

1664年，方殿元中进士后，被授予知县之职。方殿元任江宁知县的时间大致在康熙十三年（1674）至康熙十五年（1676）。据乾隆时期《江南通志》职官志记载："江宁县知县一员，方殿元，番禺人，进士。康熙十三年任。王朝焘，奉天人，监生，康熙十五年任。"② 方殿元离职江宁县的原因是"遭忧去，服阕补邺城"，也就是家人离世，因守丧而离职江宁县知县。

另有记载，康熙二十一年（1682），广东督粮道耿文明离任，方殿元参

---

① （清）戴肇辰等修，史澄等纂：《（光绪）广州府志》卷一百三十，清光绪五年刊本。
② （清）赵弘恩等监修：《（乾隆）江南通志》卷一百七职官志，清文渊阁《四库全书》本。

与送别酬和，这表明方殿元此时是在广州。《雪桥诗话》余集卷二记载，康熙十六年（1677），耿文明任广东督粮道，二十一年去任。大诗人陈恭尹也有送耿文明诗，称颂了耿文明的政绩，也表明了耿文明确实是在此时离开岭南，文人们确实有送别之举。同作诗送行者还有薛起蛟、洪穆霁、方殿元、潘梅元、梁宪，屈大均为之跋题。① 这则资料说明方殿元在康熙二十一年还是在广州，也参与了岭南文人群体的一些活动。

康熙二十三年（1684），方殿元"服阕补郯城"，任郯城知县。他廉静而干练，不用幕宾，不置家丁，不赂上官。谳决精明，庭无留狱。康熙甲子（1684）、康熙己巳（1689），康熙皇帝两次南巡，驻跸郯城红花埠。红花埠就是今天的红花埠村，在山东省临沂市郯城县郯城南二十一公里，沭河西岸，属红花镇。此地处苏鲁交界，交通极为方便，历史悠久。② 清朝时红花埠设有驿站。康熙帝亲临，方殿元都从容支应，官有余闲，民不扰累，远近称其才。众所周知，康熙六次南巡，耗费巨大，大大增加了沿途各地百姓的负担，方殿元能做到官有余闲民不扰累，证明他不但为官正直清廉，而且也应该是颇具才干。方殿元担任郯城县知县长达二十年之久，颇有政绩。

方殿元在郯城的政绩还有，康熙二十九年（1690）修筑城墙。"城在古郯国之南……二十九年知县方殿元修筑东北角四十五丈。五十三年知县荆文康修筑西北角十五丈。城墙复完。"③ 方殿元在康熙三十一年（1692）扩建县衙公署。康熙三十二年（1693），方殿元又申请把庙学迁还旧址。郯城县禹王台旧址俱成巨浸，湮没无考，方殿元还和其他官员勘查禹王台故址，加以修整，防治水患。"河院始檄行兖州同知朱琦，会同郯城知县方殿元于禹王台故址创筑竹络石坝，使水南行入海。邑人旧有沭沂不见面之说，盖两

---

① （民国）杨钟羲：《雪桥诗话》余集卷二，民国求恕斋丛书本。
② 参见（清）王植编《（乾隆）郯城县志》卷四，清乾隆二十八年刊本。
③ （清）王植编：《（乾隆）郯城县志》卷四，清乾隆二十八年刊本。

河相会,则数十里一片汪洋,遂直注江省,为运道中河之害,其所关实非小也。"①

就在以老致仕的最后仕途阶段,方殿元还有设置推惠田的举措。② 方殿元作有《推惠田碑记》,说明自己设置推惠田的因由。"郯城,古郯子国也。为鲁附庸,终春秋之世,仅两来朝,不从会盟征伐,假处自守。不然,其何以为国哉。今官此者,秫垣草屋,绳枢席门,民可知已其贫者,居无门,卧无榻,寒日无兼衣,夜不被,赤子体无尺布。终岁作稗饭,杂野菜过半,甚者茹树皮及草根。秋后逃千里外就食,夏收始归。予生粤会,地沃而人勤,凶岁无饿莩,里中百家一二贫人耳。及宰江宁,设赈,始知吾里之贫者非贫也。拟请行朱子社仓法,遭忧去官。后非宰郯,又安知人之贫更有此极也。康熙二十三年,皇上巡幸,至于三吴,经郯,见城郭庐舍想藏睿怀。二十四年,以水灾免田租之半。二十五年又免半,民得以不死。至二十八年,巡幸至浙。县民无远近,老者扶杖妇者襁负偕少壮伏迎大道上,踊跃呼万岁。二十九年,租尽蠲,民益得休息。巡抚部院佛公苾保东邦,奏请从民愿,每亩捐谷二合,贮以备荒。于是郯收谷二千九百石有奇。予告百姓,曰迩向之逃者、老稚奔走者,虑年饥无食耳。今已有谷,如饥当发,尔其勿逃,尽力耕作。百姓莫不欢呼唯唯。旋念民有老无子、幼无父、又废疾而极贫者,岁无丰歉,均于不饱。至于穷冬,内饥外寒,其何以堪。久思恤之,而百贷仍频,力有不逮。近年私币不交。又数百年来陋费,辛未(1691)之冬,一旦除去,予偿负外稍有余俸,使从而私之,官之利耳,民其何与?遂捐金市田三百亩以给无告者。冬至后一月之食,名曰'推惠田',使民知各宪之惠我者,推而惠之也。自计初作令,至今十有九年矣。同时寮旧升沉倏忽,而以

---

① (清)王植编:《(乾隆)郯城县志》卷十一,清乾隆二十八年刊本。
② 参见(清)王植编《(乾隆)郯城县志》卷七,清乾隆二十八年刊本。

前两合逋帑不调。忆初至郯时，民之幼者今已抱子矣，壮年者已班鬓矣。父老子弟渐如里党，官民之间，情辄胜义，矧兹茕独，其能恝然。倘幸而安身窃禄，年又年年，将思广之，且以望后之君子焉。"①方殿元有爱民之心。

方殿元虽然为官颇有政绩，教化民心，爱惜民力，但担任江宁、郯城知县二十多年，没有得到进一步的升迁，后辞官归隐。方殿元有政绩却任职二十几年得不到升迁的原因，方殿元自己说"自计初作令，至今十有九年矣。同时寮旧升沉倏忽，而以前两合逋帑不调"。方殿元引疾而去。

有关方殿元的生卒年，按其比同族弟成鹫法师大一岁推算，他应生于1636年。按其1664年中进士，1674年做江宁县令，1684年做郯县知县，长达十九年，离职应在六十四岁上下。他归隐苏州后至少有五六年时间在世。方殿元有《答友人》诗："不到春城五六年，年来生事有谁传。两株陶令门前柳，一半颜生郭外田。黄鸟风边行药路，桃花浪里钓鱼船。翻嫌扬子无佳兴，独坐空亭草太玄。"这里显然是说自己像陶令陶渊明一样离职五六年了，过着飘逸安闲的生活，诗情是积极乐观的，身体应该还健康。成鹫法师送侄儿方还回苏州，作《送侄冀朔还姑苏序》："伯兄九谷子（方殿元）宦成于郯子之国，既老而家于姑苏，乃捐馆焉。嫂氏斋居，教三子如父之生。三子事母殊谨，事无大小必白，出无远近必请，得请乃行耳。大侄冀朔长主门户，旦夕承欢，必先诸弟，未尝一日违色笑也。嫂之爱其子也，亦如之。其去坟墓也，三载矣。乙酉（1705）宾兴，春三月，先归本籍，待举于乡。"②从此记载可以看出1705年时，方殿元可能已经离世三年，即可能逝于1702年。

---

① （清）王植编：《（乾隆）郯城县志》卷十一，清乾隆二十八年刊本。
② （清）释成鹫：《咸陟堂集》卷二，广东旅游出版社2008年版，第32页。

二、方殿元的文学成就

方殿元不但是举人、进士,为官多年的知县,他更是一代颇有声名的大文人,但是以往的资料较少,也基本上没有人研究。笔者对他的文学成就进行了大致的梳理。

少年时期的方殿元,正逢明末清初几十年的战乱时期,显然这种惨痛的社会现实不可能不影响到方殿元的生活以及内心世界。特别是1650年,广州遭屠城之祸,六十万人死于清军屠刀之下,方国骅差一点死于非命,此时方殿元年方十五岁,对世事人生的淋漓鲜血的感受应该较为深切。他在《五羊城》一诗中写道:"五羊城,我生之初犹太平。朱楼甲第满大道,中宵击鼓还吹笙。南隅地僻昧天意,二王赫怒来专征。城中诸将各留命,百万烝黎一日烹。家家宛转蛾眉女,尽入王宫作歌舞。妙舞娇歌杂鬼哭,疮痍尚在重翻覆。乱后遗黎又化离,当日哀嫠更茕独。前秋奉母辞乡里,弟妹牵衣怜我姊。日日高楼望母归,谁知魂返烽烟里。魂返烽烟不可知,灵輀倏忽滞三期。何年得度梅关去,泣血浈江向南注。"①清军血腥杀戮之下,繁华的岭南名城"百万烝黎一日烹",民众幸存者,"家家宛转蛾眉女,尽入王宫作歌舞",这种悲惨局面,对比"朱楼甲第满大道,中宵击鼓还吹笙"的昔日繁华,岂能不让方殿元等人在强烈的情感状态下泣血痛伤。

方殿元十九岁中举,十年之后考中进士,其间因为要进京之故,进行了大量的游历活动,时间是在1654年至1664年的十年间。

在秦岭山脉中有"褒斜道",是古代连接关中与汉中的一条要道。因取道褒水、斜水两河谷而得名。自战国起,就有人在谷中凿石架木,修筑栈

---

① (民国)徐世昌辑:《晚晴簃诗汇》卷三十五,民国退耕堂刻本。

道，历代踵继，多次增修，后人就命名为"褒斜道"。汉武帝大加修凿褒斜道，从而出现了"栈道千里，无所不通"的盛况。唐天宝十五年（756），唐玄宗为躲避安史之乱，取褒斜道入蜀。方殿元还作有《褒斜道》诗："褒斜道，三载烽烟令人老。嵯峨云栈四百里，其下黑龙江中水。北走三秦南走蜀，长蛇猛虎盘深谷。张良一烧不可测，顾盼从容得秦鹿。诸葛艰难数出师，大星夜落三军哭。英雄成败且有数，况乃区区一狐兔。黄尘涸洞入秦州，风雪关山劳远戍。铁马回头望陇山，断肠家过秦川路。更有子午与黄金，十里百折伤人心。悬崖削壁日月黑，使尔战魂招不得。"① 诗境辽阔高远，吊古凭今。从"北走三秦南走蜀，长蛇猛虎盘深谷"，也能看出方殿元游历颇为艰辛，还到过三秦并从褒斜道进入蜀地。

方殿元有《蜀山高》诗一首："蜀山高，年年草木愁旌旄，西风凛冽心烦劳。绝壁岩峣开剑阁，栈道微茫千里窄。哀猿昼昼向人啼，豺虎嗥号夜相索。恨雨愁风魍魉豪，自古何曾帝王宅。当年昭烈汉王孙，羁旅风云无所托。先起奸雄不让人，草庐权定三分策。他如窃据公孙述，只作须臾狐兔窟。英雄步武自堂堂，险阻从来无用物。空使蛇龙作战场，孤儿弱母家相失。不见君乡昔日有望帝，化为杜鹃一何细。日日催归归无计，倒啼血泪三春逝。"② 蜀道艰险，英雄归去，唯有杜鹃啼血，历代人物风流轮转，而山河依旧。

方殿元还到过湖南，游览洞庭湖，作《洞庭波》诗，诗人笔下的洞庭湖，"朝朝日月镜中开，时时兰芷香风起。自从氛祲飞鲸鳄，白浪如山断衡霍。蛟龙一夜失窟宅，昼日冥冥风雨恶。四山阴火烧白骨，归梦无津湖水阔"③。因"夜半寒笛吹一声，哀猿尽叫丹枫脱。湘灵听之罢鼓瑟，九嶷无路

---

① （民国）徐世昌辑：《晚晴簃诗汇》卷三十五，民国退耕堂刻本。
② （民国）徐世昌辑：《晚晴簃诗汇》卷三十五，民国退耕堂刻本。
③ （民国）徐世昌辑：《晚晴簃诗汇》卷三十五，民国退耕堂刻本。

千峰黑",诗人于是"一时弹断五弦琴,惆怅南风来不得",思乡之情油然而生,"羁客穷途谁不老,何日湖边看春草"。方殿元在湖南还有诗《五溪深》,其中有诗句"南天杀气操生死,雁飞未到衡阳止。欲寄音书一问家,家过衡阳几千里"。苍茫壮阔的意境中饱含对故乡家人的思念。

此外,方殿元还游历到东南地区的福建福州。福州有吴航头,乾隆《长乐县志》载:三国时吴主孙皓派遣会稽太守郭诞在此造船航海。吴航头在县治马江旧恩波亭前,后作迎恩亭。昔吴王夫差造船于此,故名。方殿元游历至此,作《吴航头(在福州,夫差乘船略地至此,故名)》:"吴航头,日夜滔滔使人愁。夫差当日臣于越,七闽一顾雄心发。乘船直尽大海东,回向中原事征伐。黄池会罢国已空,潮去潮来只明月。太伯子孙尚如此,何况鸿毛窃风起。未许苴茅恋不归,化作战场几千里。海上波涛何日止,欲学田横岂能比。近闻剽掠到循城,科头跣足拥旄旌。吾家去此四百里,乘流一夜能兼程。有姊孀孤弟妹弱,满地兵戈何所托。待得安澜斩鲸鳄,羁旅忧多头亦白。"①

方殿元在诗中描绘了分布于国内各地的风景名胜。从其涉足的地域来看,地域广,时间长,过程也必定颇为艰辛,是对其体力、精神和情感的重大考验。《吴航头》一诗结尾方殿元说"羁旅忧多头亦白",可见漫长游历对其本身来说并非完全都是风花雪月。但此一番历练必将深深地影响到方殿元的人生岁月,开阔了视野,精神境界与诗歌意境亦有所升华。

方殿元担任江宁、郯城二地知县二十多年,在这么长的时间段内,对于当地的山川风物、历史人文必然是相当地熟悉。当然,方殿元的游历在广东省内应该更多,还到过澳门。当时澳门已经有葡萄牙人定居,有异国风情。方殿元《登虎头山诗》:"朝发扶胥口,暮宿虎头山。不见落霞明,安知水与天。须臾明月吐,云浪何烂斑。万里荡明镜,缥缈来神仙。夜深长鲸

---

① (民国)徐世昌辑:《晚晴簃诗汇》卷三十五,民国退耕堂刻本。

伏，天末静无澜。红日中夜生，星宿不足观。顾视人世间，万象犹漫漫。欲乘大鹏翼，高举凌云端。南游建德国，去去莫可攀。谁为送我者，回首失崖间。"①此诗的境界比较壮阔，天地山海等都被作者纳入诗中，作者还顾视人世，万象漫漫，欲乘大鹏翼，高举凌云端。此诗中的虎头山在澳门，今天澳门还有虎头山公园。据《澳门记略》记载，虎门即虎头门，大虎山峙其东，小虎峙其西，海水出入，东西二洋之所往来，以此为咽喉。

方殿元注重乡情亲情，因长期在外游历、为官，年老后移居苏州，所以情感就更为深切。在他的诗文中多次流露出这种情怀。《泊京口怀诸弟》一诗中，方殿元写道："西风初起越江头，九月寒波到润州。日落烟迷瓜步远，月高潮涌海门秋。归程客上西津渡，怀古人登北固楼。明日携家寄吴市，雁声南尽不胜愁。"②登高怀古，乡情悠悠。明末清初几十年，岭南地区长期遭受战乱的影响，生命和财产多遭摧残，方殿元对故乡和故乡人的情感就越发浓烈真切。其《狂生》一诗中有"田园一别荒芜尽，况复连年是战场"，就是写广州附近区域连年征战后的场景。1677年，方殿元四十二岁，"于故里置祭田百亩且以田给兄弟贫者"，并作《归与难赋》，其中国破家亡、物是人非的兴叹况味深深。《归与难赋》抒发了"贫徇五斗，欲养无亲；家隔千山，思归何路"的惆怅，也表达了"哀姊妹之不舍兮，诸弟阻乎天涯。五斗之养而不得兮，不如老乎故庐"的心绪与情怀。③

《归与难赋》：

并序云：仲宣作赋，尚尔依刘；子山述哀，犹然开府。仆贫徇五

---

① （清）印光任编：《（乾隆）澳门记略》上卷，清乾隆西阪草堂刻本。
② （民国）徐世昌辑：《晚晴簃诗汇》卷三十五，民国退耕堂刻本。
③ （清）戴肇辰等修，史澄等纂：《（光绪）广州府志》卷一百三十列传十九，清光绪五年刊本。

斗,欲养无亲;家隔千山,思归何路。暂栖淮水,时作越吟。此邦兴废,助我伤悲。故国存亡,求之梦卜,孰相怜而可语,岂能悲而不鸣。西南羁客,谁非行路之难;山水琴心,自有知音之听。时丁巳秋八月也。

嗟初生而有知兮,逢四海之乱。离家徙弃而不可耕兮,读先人之遗书。亲日老而无养兮,乃通名乎上都。顾怀拙而守直兮,非时人之所娱。既抱关之无吏兮,效一邑之奔趋。时事纷其日益兮,马步疾而加驱。生乌之不饱兮,夜半躞蹀而悲嘶。痛菽水之不加兮,忱达乎慈闱。临北风而掩涕兮,筴笼而无所之。倏弃我而不我鞠兮,呼旻昊而弗知。哀姊妹之不舍兮,诸弟阻乎天涯。五斗之养而不得兮,不如老乎故庐。死生同此怀士兮,魂摇摇其安徂。登高丘而回望兮,烽火接乎南陲。念五羊之旧郭兮,亦东南之隩区。依扶桑之高柯兮,首万象而光辉。观海波之不扬兮,知圣人之在兹。拥灵洲之佳气兮,叹斯文之不衰。昔尉陀之未臣兮,烦陆贾之说辞。彼杨仆之楼船兮,何似乎汉文之玺。书历数朝之生息兮,敦礼而明诗。甲第耸其云起兮,门十五而七衢。田畴错而沃肥兮,桑麻之菜铺。时长风之南来兮,贡舶凫从而争飞。俗文而不颣兮,士女繁而丽。都羌百川之朝东兮,独粤江而南趋。一朝而为戮兮,白骨纵横而蔽亏。吹画角于严城兮,寒月惨而且孤。罗美人而教歌兮,哭鬼杂而相呼。行行而过故里兮,心迷狂以焉如。寻崇台及曲池兮,唯荒榛与芃藜。秋风起于枯杨兮,宜旧日之笙竽。狐狸疑我而怒立兮,苍鸱睇我而愁啼。忽白日之西匿兮,磷熠熠而陆离。髑髅而人语兮,诉茕魂之无归。叹百年之华屋兮,一旦而他人居。曾年岁之几何兮,复存亡之不知。怀骨肉而不可见兮,托征鸿而致辞。迅奋羽于云中兮,徒颉颃而差池。彼罗浮之青鸟兮,路险难而不来拾。明珠而莫御兮，折珊瑚欲赠谁。鲸吐波于日角兮，鳌鼓翼于天池。滞鲲鹏于涸辙兮，扶摇欲起而待时。①

诗中有情感，有思想，有艺术文采，也颇见才情。

方殿元诗文成就突出，在苏州一带影响很大，后经沈德潜大力推崇，诗名誉满岭南，被认为是有清一代粤人之冠。关于方殿元的诗风，《（乾隆）番禺县志》卷十五记载："王邦畿诸人稍变欧梁之步，尚操唐音。顺治初，殿元与程可则同乡举，得名稍先于三家。久历仕涂，终老吴地。吴风变时，殿元仍不舍欧梁，希踪七子。其子弟俱能守家法，不逐吴音。吴中豪俊多从之，名藉甚。而岭南人惟发皇三家，无言九谷者。长洲宗伯沈德潜独称九谷诗文雄长南粤，鸿丽浑厚，苍然蔚然。所著出自成一子。《别裁集》中表殿元最甚，人始知九谷诗。长子还、次子朝，居吴，俱以诗名。方还，字蕙朔，贡生。父殿元负诗名，教还兄弟宗尚甚高，不令其读唐以后书。还少年耳目濡染，每在骚选，一切西昆、西江、剑南、石湖、四灵诸体，诗人所奉为鸿宝者，从未游目。"②

方殿元著有《九谷集》。《（道光）广东通志》卷一百九十七"艺文略九"中称方殿元《九谷集》中收录乐府二卷、诸体诗二卷、杂文一卷，末卷为《环书》上下篇，附以四书讲语数则。《钦定四库全书提要》中称：方殿元《九谷集》共六卷，乃两江总督采进本。③《九谷集》传世版本有清道光"南海伍氏诗雪轩"精刊本，黄裳称"其集罕传"，该传本是线装白纸初刻，共六册。黄裳《来燕榭读书记》中记康熙本《九谷集》一书，称方殿元

---

① （清）戴肇辰等修，史澄等纂：《（光绪）广州府志》卷一百三十列传十九，清光绪五年刊本。
② （清）任果等修，檀萃等纂：《（乾隆）番禺县志》卷十五，清乾隆三十九年刻本。
③ 参见（清）永瑢等《四库全书总目》卷一百八十三集部三十六，清乾隆武英殿刻本。

"其诗纯以神行,境界甚高"。《九谷集》还有清道光著名刻书家伍崇曜精刻本,名校勘家谭莹校刊,版心镌"诗雪轩校刊本"字样。今清华大学图书馆藏有《九谷集》康熙刻本。2015年版《广州大典》第441册收录《九谷集》六卷,清康熙间刻本,周连宽题识,据中山大学图书馆藏本影印。卷一、卷二是乐府,卷三、卷四是诗,卷五是杂文,卷六是《环书》。

方殿元在清初文坛尤其有地位,工诗文,尤长于乐府,为"岭南七子"之一。方殿元的族弟成鹫法师(方颛恺)在《灵洲诗序》中说,方殿元早年科举及第,中进士,担任江苏、山东两大县的县令,大有政声。鸣琴之暇,不废吟咏,所著有古文、诗词、乐府、《环书》诸集,传诵海内。[①]方殿元的曾外甥女婿状元钱维城在《勺湖集序》中说:岭南诗自三家外有方殿元、陶璜并称五家。[②]岭南三大家就是屈大均、陈恭尹、梁佩兰,他们是清初岭南文坛最为著名的三位诗人。这里称屈大均、陈恭尹、梁佩兰、陶璜、方殿元五人是可以共称并举的诗坛五家。此一时期,岭南诗坛作者如林,与整个国内诗坛一样,人才辈出,方殿元有如此高的地位与评价,实力自然不俗。岭南地区后生晚辈、著名诗人黄培芳也在《香石诗话》中评价方殿元,说:"国初吾粤诗人三大家外,则推程周量(可则)、方九谷(殿元)可以方驾,周量与王阮亭辈称诗日下,名重一时。……方九谷则沈宗伯称其高华伉爽、依傍一空,品不在三家下。"[③]这里他也认为方殿元是可以与岭南三大家屈大均、陈恭尹、梁佩兰并称的一位大诗人,可以侧身岭南五大家之列。

---

① 参见(清)释成鹫《咸陟堂集二集》卷四,广东旅游出版社2008年版,第82页。
② 参见(清)钱维城《钱文敏公全集》茶山文钞卷四序,清乾隆四十一年眉寿堂刻本。
③ (清)黄培芳:《香石诗话》卷四,清嘉庆十五年岭海楼刻嘉庆十六年重校本。

三、方殿元与广州方氏文化世家

在清朝初年的广州城,"'眉山三苏''禺山三方'足鼎峙"①,此与"眉山三苏"并称的"禺山三方"就是方国骅、方颛恺、方颛临父子。方国骅为番禺名士,大有声誉,"交游国中名士","以诗文名世,从之游者往往吟咏达旦"。方国骅长子方颛恺幼时有神童之誉,九岁能诗,十三为名诸生,在父子三人中诗文成就最高,精通诗文书画,"大抵其才以敏捷雄浩推倒一世,艺苑之士无与抗衡者"②。方颛恺在四十一岁时出家为僧,法号成鹫。成鹫法师是清初重要的诗僧,因其成就之突出,沈德潜认为"本朝僧人鲜出其右者"③。方国骅次子方颛临,为诸生,中武举,著有《道枢堂集》。方氏父子三人皆为秀才、举人。钱穆在《略论魏晋南北朝学术文化与当时门第之关系》一文中指出:"今所谓门第中人者,亦只是上有父兄,下有子弟,为此门第之所赖以维系而久在者,则必在上有贤父兄,在下有贤子弟。若此二者俱无,政治上之权势,经济上之丰盈,岂可支持此门第几百年而不敝不败?"④方氏父子正合乎文化世家的特征,方国骅开启了方氏家族的文化声名,他教育引导后辈,包括儿子以及侄儿方殿元。

---

① (清)释成鹫:《咸陟堂集》卷首,清石娥啸《咸陟堂二集》序,广东旅游出版社 2008 年版。
② (清)释成鹫:《咸陟堂集》卷首,胡方《迹删和尚传》,广东旅游出版社 2008 年版。
③ (清)沈德潜辑评:《清诗别裁集》卷三十二,清乾隆二十五年教忠堂刻本。
④ 钱穆:《中国学术思想史论丛》第 3 册,安徽教育出版社 2004 年版,第 144 页。

（一）方国骅

方国骅，字楚卿，生于仕宦之家，书香门第。祖父方琼，曾官至湖广襄阳府参军，后迁光化县令。父，懿生公，为胥吏（掾曹），早逝。因此方国骅"少孤食贫"，过着清贫的生活，"砚耕糊口于四方，瓶无贮粟，糟糠不饱"。但方国骅以书香不绝的家学传统，与兄长读书于广州城东门内，"少读书有文章名"。方国骅长子方颛恺，即后来的成鹫法师，在年届八十之际，在《纪梦编年》忆及家世，其中称："先府君名国骅，字楚卿，号骑田，举明季乙酉科乡荐。先母碧江苏氏，礼报资旷老和尚，禀受三皈，法名悟乾；礼仁寿纯觉和尚，受优婆夷五戒。寒家先世仕宦，书香不绝。至先曾祖，讳琼，字达和，官至湖广襄阳府参军，迁光化知县，卒于官。先府君生于楚中，故字楚卿。骑田者，楚粤名山也，因以为号。先祖懿生公讳□□，以掾曹早逝。先君少孤食贫，与先从伯正庵公同居省城之东门内，少读书，有文章名。先母二十于归，事孀姑孝谨，先君砚耕糊口于四方，瓶无贮粟，糟糠不饱，绝无交谪之言。"①

1645年，方国骅中南明隆武朝举人。"大清顺治二年广东有伪隆武一科广州中式"，"方国骅，番禺人"，时"试番禺，取一十五人"②，方国骅列名第二。1646年时，方国骅一家在广州城破之时，避兵乡下，生存受到了威胁。明末清初之际的战乱显然很大地影响到方国骅的生活，他不但不能再安心读书问学，还要面对生死大义。1647年，方国骅曾有性命之忧，差点儿死于非命。1648年，方国骅在艰难困苦之际，被南明永历朝廷诏授翰林院

---

① （清）释成鹫：《咸陟堂集》附录《纪梦编年》，广东旅游出版社2008年版。
② （清）戴肇辰等修，史澄等纂：《（光绪）广州府志》卷四十，清光绪五年刊本。

庶吉士（翰林庶常）。对于翰林来说，充任者多是精通经史、饱读诗书之士，方国骅能担任此职，虽然有"时方危乱，文臣缩手，词翰需人"的缘故，但不能否认方国骅在岭南的影响力。方国骅到肇庆上任不久，见到永历朝廷中众臣纷争不止、党争不断，知事不可为，乃匆匆离职归隐林泉，佃田数亩于广州东郊城外黄花塘畔，率儿仆躬耕自食，不再参加科举，不仕新朝。躬耕之余，著书授徒，从之游者数百人，世称之为学守先生。

方国骅的学识和志节对长子方颛恺（成鹫法师）产生了深远的影响。方国骅授徒之余，对子侄辈的教育也十分重视。若从1648年归隐算起，至1671年方国骅去世，他归隐读书授徒的二十多年，不但培养了一批人才，也对方氏家族自身的发展起到关键的引领作用。

（二）方颛恺（成鹫法师）

方国骅长子方颛恺，字麟趾，后来出家为僧，即成鹫法师，字迹删，号东樵。成鹫是清初非常重要的一位遗民诗僧，少年时期隐居不仕，盛年之际出家，见证了明清之际近百年的历史风云。成鹫生于明崇祯十年（1637），在康熙六十一年（1722）圆寂，时间跨明崇祯、南明隆武、清顺治，与清康熙朝相始终。他前半生为儒，后半生出家为僧，广泛游历岭南各地，频繁接触官绅、文人与僧界大德。"一时名卿巨公多与往还，藩使王朝恩、学使樊泽达、给事郑际泰盛誉之。"①

成鹫出家前是一位典型的儒者。处岭南文化昌盛之乡，家学渊源深厚，幼年即聪慧过人，号称神童，早年受到良好的教育。正是这种良好的家庭环境，造就了成鹫法师早期的士人儒者的传统文人形象。九岁时，与从兄方殿

---

① （清）马呈图等纂：《（宣统）高要县志》卷二十，民国二十七年重刊本。

元、弟方颛临师从李彪。成鹫称,此时"予颇有夙慧,耳闻心解,过目成诵。方明之季,学者不尊朱注,童蒙止授正文,予于本文独出己见,正以师说,甫一年,四子本经识得大意,下笔学为童子科业,颇能书写胸臆,文义卓然。观者或疑赝笔,即席命题而试,顷刻立就。律以制义八股体裁,漠然不顾也。时先君以诗文名世,从之游者往往吟咏达旦,予请于师,旁通风雅,粗知声律,自是矢口能诗,不自知有六朝、三唐、近体也。一夕,腊尽隆寒,先君与客分赋花、月、风、雪四诗,沉吟未就。予与仲弟嬉戏堂下,扰乱诗思,先君叱之使去,予鼓掌笑曰:'吟诗乐事,苦吟徒自苦耳。'客曰:'小子亦能诗乎?'即应声云:'瓶中一枝花,窗外一轮月。花落月归天,风吹满地雪。'座客皆惊,谓能四题合作,词约景该,长大当为作者。"十三岁时成鹫曾出应南明永历朝童子科试,被录为博士弟子员。然而此时,广州附近的岭南地区正是南明与清朝在南方激烈角力的时代,广州地区曾发生了一系列重大事件。十七岁时,他又取出家藏攻读,"尽弃制科业,力究濂、洛、关、闽之学","攻苦逾年,经学淹贯"。为了养家糊口,他十九岁出为塾师,从此开始了断断续续长达二十余年的教学生涯。

康熙十六年(1677),成鹫法师忽然自我断发出家为僧,时代的重大变迁是成鹫法师逃儒入佛的原因。明清之际,风云变幻,岭南地区几十年内历经沧桑,从明亡到南明再到三藩之乱,一批官绅、文人选择了"逃禅",由此造就了不少具有重要影响的遗民僧、诗僧。成鹫法师便是其中之一。

成鹫最初在广州府南海弼唐的亦庵自修,后来又寄迹于其老友陶握山在小漫山的别业。康熙十八年(1679),临济宗高僧离幻元觉入云门扫祖师塔,与成鹫邂逅于小漫山,成鹫以之为师。离幻元觉是罗浮山石洞禅院的方丈,号石洞,是曾被清顺治帝赐号"弘觉国师"的岭南名僧木陈道忞的徒孙,因此成鹫在法脉上属曹洞宗天童系。初受石洞佛法的成鹫最先在西宁(今广东郁南)主持翠林僧舍。康熙二十年(1681)回广州礼其师于华林寺,禀受十戒，入罗浮山。一年后，游海南岛，入会同县灵泉寺。几年后，到佛山仁寿寺，先当书记，后任首座。康熙二十九年（1690），成鹫辞去在仁寿寺担任的职务，到香山（今广东中山）铁城建立了东林庵，并仿晚明东林党故事结社，入社者共有僧俗三十余人。康熙三十四年（1695），成鹫应泽萌今遇和尚之邀，北上仁化丹霞山，客居于别传寺。康熙四十年（1701），成鹫受请入住大通烟雨宝光古寺（即今海幢寺）。康熙四十七年（1708），鼎湖山虚席，成鹫成为庆云寺第七代方丈。康熙五十三年（1714），归隐鹿湖山。两年后，还居广州大通寺。康熙六十一年（1722）十月初圆寂于大通寺。

成鹫作为清初具有代表性的岭南遗民诗僧，受到多方人士的广泛赞誉，中州名儒李来章称，"大通迹删上人（成鹫）以文字说法，著名海内，贤士大夫多与之游"①。"一时名卿巨公多与往还。藩使王朝恩、学使樊泽达、给事郑际泰盛誉之。名益显，诗文最富，所著《咸陟堂前后集》，识者谓其笔响风雨，崩山立海，凡蛮烟、黑雨、渴虎、饥蛟、草木、离奇、剑啸、芒飞直归纸上。浙西陈元龙谓，成鹫墨名而儒行，其文发源于周易，而变化于庄骚，涵负呈豁变化无碍。其诗在灵运、香山之间，时以为非阿好。成鹫戒律精严，道范高峻，与贵人游，道话外，公私一无所及。"②成鹫无论是作为文人还是作为僧人，都受到广泛认可。成鹫与岭南等地众多高官、文人士子以及佛门的高僧大德皆有交游往来，一生接触了大批官员、文人、僧人以及三教九流者，包括侠士、书画家、遗民、遗民僧，这是他一生经历丰富的表现，也是他英雄豪迈、气节过人而具有极大吸引力的表现。他的友人中有礼部尚书陈元龙、两广总督赵弘灿，广东省级官员以及大批知府、知县，还有一些武将，文人与僧人的朋友就更是人数众多。成鹫法师著书、结社、游历

---

① （清）释成鹫：《咸陟堂诗集》卷首，广东旅游出版社2008年版。
② （清）马呈图等纂：《（宣统）高要县志》卷二十，民国二十七年重刊本。

都有大量的事实,历史文化内涵深厚。成鹫法师诗才文才卓越,著述十分丰富,诗文集《咸陟堂集》有五十多卷、七八十万字,诗一千三百多首,文六百多篇,还有其他著述多种。

成鹫法师曾教授过方氏家族的方还、方朝,他们成为岭南有名的诗人,成鹫法师的一世文名文风,一定对两个侄儿有提携培育的促进作用。

方颛恺(成鹫法师)《题东华侄诗文集》中提供的信息,更清晰地说明方殿元的少年求学轨迹以及过人才学。"忆我伯兄九谷子(方殿元),先世分室城东居。一朝落地为兄弟,先后雁行如贯珠。七岁同师授章句,八岁九岁能操觚。十岁为文学声律,弟兄唱和无时无。大庭广众弄柔翰,满堂宾客争称誉。伯翁我翁莞尔笑,私心相庆阳谦虚。我年十三举博士,自夸逸足能先驱。须臾阳九天改步,儒冠高挂归田庐。伯兄十五始入学,一举再举登贤书。兄年十九我十八,从此出处天渊殊。兄方及第两出宰,廿年不调思归与。我年四十入山去,终老不材如大樗。殊途同辙各有以,盖棺事定当何如。"①成鹫法师把自己与从兄方殿元求学过程作了对比,后方殿元出仕清朝,自己出家为僧。"兄年十九我十八,从此出处天渊殊",方殿元正是在此年中举。兄弟二人从此人生经历完全不同。

(三)方颛临

"禺山三方"中的方颛临乃方国骅之子、方颛恺弟,比其兄方颛恺小一岁。方颛临在科举功名上是诸生②,古代经考试录取而进入中央、府、州、县各级学校,包括太学学习的生员。生员有增生、附生、廪生、例生等,

---

① (清)释成鹫:《咸陟堂诗集》卷四,广东旅游出版社2008年版,第69页。
② 参见(清)任果等修,檀萃等纂《(乾隆)番禺县志》卷十五,清乾隆三十九年刻本。

统称诸生。方颛临是中了武举，方国骅"次子曰广，武举"①。著有《道枢堂集》。②

四、方殿元开启的苏州方氏文化世家

方殿元是岭南人，但是从郯城知县退职之后，就没有再回到岭南广州，而是归隐苏州吴中。方殿元在官宦生涯三十年之后，必然在六十岁上下，他没有叶落归根回归家乡，必然是有着一番细致的考量与打算的。应该说，方殿元到苏州的做法是正确的。方氏家族父子在苏州，以诗结纳四方，声名远扬。他们自身有才能，又有苏州这种江南文化中心的环境，自然是如鱼得水、相得益彰。方殿元的两个儿子方还、方朝兄弟称为"吴中二方"。吴中是指苏州，表明他们在苏州当地的文名。当然，他们还活动于家乡广州，方还、方朝还并称"广南二方"，此当指广州南部番禺而言，这是兄弟二人的老家，此说见《粤东诗海》。清代张维屏《国朝诗人征略》卷二十三中记载，方朝，字东华，号寄亭，广东番禺人，太学生。著有《勺园集》。方还、方朝"吴中二方"之名，倾动艺苑。此说应该是出自沈德潜的《归愚文钞》。③

取得了这样高的成就，如果就个人而言，其中必然有个人的天生才学、后天勤奋攻读等因素，而一个家族内部同时产生一批有影响的人才，必然与家族的教育与家风的熏陶有关联。方氏的家风，"庶几晋谢氏之风"，差不多近似大名鼎鼎的东晋谢氏家族，这是相当高的评价了。谢家能保持几百年不衰，与其良好家风有莫大关系。东晋时，政治家谢安的侄子谢玄喜欢佩戴紫罗香囊，这种脂粉气很浓的物件流行于当时的贵族青年中。谢安见后，既怕他

---

① （清）戴肇辰等修，史澄等纂：《（光绪）广州府志》卷一百二十，清光绪五年刊本。
② 参见（清）李福泰修，史澄等纂《（同治）番禺县志》卷二十七，清同治十年刊本。
③ 参见（清）张维屏辑《国朝诗人征略》卷二十三，清道光十年刻本。

玩物丧志又不想伤害他的自尊心，于是，以和谢玄打赌的形式，巧妙地赢得香囊，并当面烧毁。这种启发式教育，属于不言之教，可谓煞费苦心。在优良家风的引导下，谢氏家族文武兼修，培养出了许多文化大家，垂范后世。①

说方氏家族的家风似东晋谢氏者，是常州状元钱维城（1720—1772）。方殿元的女儿是方洁，方洁是金祖静（1697—1777）之母，金祖静的女婿就是钱维城，他十九岁入赘金家。应该说钱维城在苏州时见闻了方氏家风之风采传承流布，他有羡慕称赏之意。其实钱维城本人也是获益者，常州钱氏本身就是大的文化世家，钱维城到苏州金家，受教于方洁与金祖静。这其中的渊源下文有具体的展示。方殿元的夫人是岭南著名诗人梁佩兰之妹，方殿元在苏州去世后，方殿元的夫人斋居，教三子如父之生时，实际上维持了家风家教，效果依然很好。三子事母殊谨，事无大小必白其母，出无远近必请，得请乃行。而梁佩兰、梁无技叔侄都是岭南重要的诗人，梁氏由此也形成了文化世家。

文化世家形成的条件固然机缘多多，但注重家族教育、有家学渊源显然是其中的必备条件。方国骅与两子方颛恺、方颛临并称，家学相传；方殿元受教于其叔父方国骅，与方颛恺、方颛临同学于塾师。方殿元二子方还、方朝，女方洁皆工诗，显然家学渊源深厚。方氏家族内一时之间出现了如此众多的人才，显然具有必然性。方殿元在文坛的重要地位显然影响到了他的孩子，子女都成为诗人，毫无疑问这样的家庭教育效果是良好的，没有家学的深厚熏陶与有意培育，是不可能有这样的效果的。方殿元为官清廉，加上他的游历与交游等活动都对子女的成长产生了良好的作用。甚至他做知县二十多年后，不回原籍广州，而移居另一文化重镇苏州，筑广歌堂，都能促进下一代文人的成长。方家往来苏州、广州之间，交游、游历活动自然会增多，

---

① 参见赵威《清正家风继世长》，《开封日报》2017年5月9日。

视野、境界自然会高,可广泛接纳四方英才,这都促进了下一代子孙文学道路的开拓。其中,二子方还、方朝,女方洁、女婿金绖等与沈德潜等人成为诗友就可充分说明此一点。

当然,方氏家族的文化色彩也有着时代的背景。岭南七子中的王邦畿,有子王隼(1644—1700),王隼"妻潘、女瑶湘并工诗"。王邦畿、王隼、潘孟齐、王瑶湘、王客僧一门也是广州番禺人,与方国骅、方殿元等方氏家族齐名,是清代广东有代表性的文学世家。此外,"岭南三大家""岭南七子"之一的梁佩兰,侄子梁无技与王隼号称"岭南二妙",梁无技妹,梁郢也工诗,与王瑶湘相仿。其他如陈邦彦、陈恭尹、陈励、陈世和四大世家等,代代传承,其家学渊源之内在因素十分明显。此一时期的岭南以及国内人才济济,方氏家族也必然受到整个社会文化氛围的影响。

第二节　方还

方还,乃方殿元长子,广州方氏世家第三代。笔者通过一些文献的有限记载,基本上发掘整理出方还的生平、交游、游历、创作实绩以及家世。方还是清初有名诗人,与父亲方殿元、弟方朝,都是"岭南七子"中的成员,在岭南文坛有深厚的地位与影响。这样高的地位与影响,确实是比较难得的。在传统诗文兴盛的古代中国,有才华能诗善文的人士也是不胜枚举,此一时期的岭南文坛与全国文坛人才辈出,方还、方朝二人若没有一定的能力与创作成就是不可能服众的。

一、方还生平

方还，字蕺朔，广东番禺人，贡生，方殿元长子。后随父亲居苏州，喜以诗结纳四方。诗人来吴者，登广歌堂，赋诗饮酒无虚日。"（方）还少年耳目濡染，每在骚选，一切西昆、西江、剑南、石湖、四灵诸体，诗人所奉为鸿宝者，从未游目。沈宗伯德潜未第时，与（方）还游。（方）还长数岁，宗伯兄事之，交最厚，常与（方）还集广歌堂咏旧边诗九章。时沈方舟、孙丕文、刘东郊、李客山诸能诗人俱在坐，还点笔而成，辞气腾上，议论激越。凡前明所以失，我朝所以得，画沙聚米，形势了如。诸人袖手敛气，莫能与角。宗伯每叹（方）还抱负不苟，可以有为，非争长于声华物采者。（方）还诗工于古乐府，彝鼎瓦甃并陈于前。至于公宴酬应，刻画小物，则非所长，然不以此掩也。（方）还卒后，沈宗伯方以诗名重天下，居显位。（方）还子平三为梓其《灵洲集》，集二卷，（方）还所自定也。宗伯叙之。"① 沈德潜对方还称颂不已，称其"诗品弥高"，"每一披读，多曩时相与分简，燃烛吟啸，歌呼而成者。而蕺朔墓草久宿矣。追维往事，触绪纭纭，能无山阳闻笛之感耶。弟东华诗近阮陶，风格古澹。女弟金夫人采林，善承家学，皆不染流俗，同康昆仑之误于入门者，并有集行世云"。②《番禺县志》的记载来源于沈德潜为方还《灵洲诗集》所作之序。沈德潜原序中还说，"蕺朔之抱负不苟，可以有为，非犹夫当世艺林之士争长于声华物采之间者也。生平工古乐府，彝鼎瓦甃并陈于前。于公宴酬应、刻画小物非所长。然而诗品之高，于兹弥章矣。方氏既以诗学擅其家，而九谷先生以后文

---

① （清）任果等修，檀萃等纂：《（乾隆）番禺县志》卷十五，清乾隆三十九年刻本。
② （清）任果等修，檀萃等纂：《（乾隆）番禺县志》卷十五，清乾隆三十九年刻本。

集未出，吴中想望方氏诗者日众。嗣君平三先镌其手（稿），定二卷。邮寄京师，问序于余。"①在文章中，沈德潜评述了方还的诗文成就，给予了充分的评价与赞赏。沈德潜作为文坛领袖、诗文大家，不但诗文成就卓著，还有诗论专著品评当时众多诗人，他对方氏家族三兄妹的评价应该是客观的、全面的，也是很有影响的定论。

沈德潜与方还等兄妹的交往是近距离的，他们是同龄人，友谊开始于青年时代，最为相知，感情深厚。沈德潜生于1673年，"（方）还长数岁，宗伯兄事之，交最厚"，方还比沈德潜大几岁，而方还弟弟方朝生于1675年，因而沈德潜年龄处于方氏兄弟之间，交往时年龄上差异不大，同为青年才俊，共同语言多。由于都是在苏州，他们之间的互相往来保持的时间比较长，互相应酬交游的事迹也多。1717年，方氏勺园广歌堂的一次诗会，此时沈德潜已经四十五岁，方还大概在四十七岁。可以肯定，这样的诗会雅集活动必然还有不少。《勺湖集序》中说："岭南诗自三家外有九谷子，与陶苦子并称五家。九谷者，方公殿元之号也。九谷官上元令，老卜居苏州，有子曰蒙朔，曰东华。蒙朔才高早卒。"②早卒之说，可能因方还去世时不是很年长，但康熙五十九年（1720），沈德潜与方还、方朝、沈用济等结北郭诗社。沈德潜在《北上述怀别诸同学》中有诗句说："联吟北郭怀中岁（予年四十余结北郭诗社）。"③沈用济"来吴，寓狮林寺垂十五年，与吴人士结北郭诗社"④。这说明方还四十六岁还在世。

方还著有《灵洲诗集》，其叔方颛恺（成鹫法师）作有《灵洲诗序》，是认识方还生平以及文学成就的重要资料。《灵洲诗序》："风雅一道，吾

---

① （清）李福泰修，史澄等纂：《（同治）番禺县志》卷二十七，清同治十年刊本。
② （清）钱维城：《钱文敏公全集》茶山文钞卷四序，清乾隆四十一年眉寿堂刻本。
③ （清）沈德潜：《归愚诗钞》卷十六七言律诗，清刻本。
④ （清）李铭皖等修，冯桂芬纂：《（同治）苏州府志》卷一百十二，清光绪九年刊本。

家家学也。昔明之季,先孝廉府君举于乡,未仕而隐,以古文词鸣世,教授生徒,诸子侄辈承授受于趋庭者,皆能属对声律,如俎豆之戏。然蓂朔侄则孙枝后起,能神明其事于继述者,风雅其绪余耳。蓂朔为先大兄九谷公冢子,视予再从诸父也。九谷公早年及第,通籍清时,两宰吴、齐剧邑,大有政声。鸣琴之暇,不废吟咏,所著有古文、诗词、乐府、《环书》诸集,传诵海内。晚年致政,卒于姑苏,因家焉。蓂朔与弟东华后先家学,竖帜吴门,传入岭南。予虽出家,闻家学之振起也,心窃喜之。及见其诗,殊有父风,尤为九谷喜。《东华集》成未梓,先索序言,报以长篇,就风雅言风雅也。越数年,蓂朔诗词梓行远近,归里应举,持其集曰《灵洲草》者质诸大通之室,予方卧病林下,得书卒业,病魔却三舍,犹《七发》也,是又不可以无言。昔九谷童时常闻诗于先孝廉之讲肆,蓂朔童时予为发蒙师,口授章句,后先一辙,虽神明其事,各在当人,要未始不由于家学。老僧中涂去儒从佛,离文字以为学,非家学矣。中间性命之归,实为风雅之本,家学不传之奥,予独得之,思为后人阐发久矣。顾蓂朔方有事于继述,未暇遽言及此,诚恐阻其向往也,蓂朔勉之。"①成鹫法师把方家的几位诗人的家学渊源以及诗风诗艺进行了说明,对于我们认识方还的文学创作很有启发,其中"蓂朔与弟东华后先家学,竖帜吴门,传入岭南","诗词梓行远近",表明此时的方还已经颇有声名,岭南、江南都有流传。方还赋旧边诗九首,按切时势,同人叹服。"诗人来吴者,每登广歌堂赋诗饮酒"②。

方还奉父亲之命卜居于苏,母亲钟爱二妹,因而厚于妹婿家,方还以承母志。方还还在婚丧诸事上循父亲方殿元所定家训,不惑于佛道。③方家一

---

① (清)释成鹫:《咸陟堂集二集》卷四,广东旅游出版社2008年版,第82页。
② 参见(清)张维屏辑《国朝诗人征略》卷二十三,清道光十年刻本。
③ (清)张维屏辑:《国朝诗人征略》卷二十三,清道光十年刻本。

门皆为颇有声名的诗人,家学传承离不开家教的醇厚绵长。方还母亲目前不知名姓,但可能为岭南七子中的核心诗人梁佩兰之妹,《金蕴亭先生遗稿序》中说,方殿元女婿、方洁丈夫金绽为"九谷(方殿元)之婿,药亭(梁佩兰)之甥婿"。如此岭南七子中四人有密切关系,是父子、舅甥关系,方氏一门十分突出。

二、方还的诗文成就以及著述

方还诗文著述见《灵洲诗集》,今已经不传。沈德潜《清诗别裁集》卷二十八收录方还诗,评价甚高。沈德潜还对方还作了简单介绍,并提出方殿元、方还、方朝是与"岭南三大家"屈大均、陈恭尹和梁佩兰齐名的岭南诗人,称"方氏派"。沈德潜在《清诗别裁集》中收录方还旧边诗,此诗所作,沈德潜正是在场亲见,方还才气纵横,举座皆惊。据《番禺县志》记载:"沈宗伯德潜未第时,与(方)还游。(方)还长数岁,宗伯兄事之,交最厚,常与(方)还集广歌堂咏旧边诗九章。时沈方舟、孙丕文、刘东郊、李客山诸能诗人俱在坐,还点笔而成,辞气腾上,议论激越。凡前明所以失,我朝所以得,画沙聚米,形势了如。诸人袖手敛气,莫能与角。宗伯每叹(方)还抱负不苟,可以有为,非争长于声华物采者。"此记载表明方还名气大,诗作也颇有气势。

方还有旧边诗九首:

《辽东》:

铁岭迢迢接锦川,关城三面绕烽烟。春深秣马蒲河北,秋老连营木叶前。沧海旧闻通运舶,金州谁解议屯田。诸军自失横江险,白草黄沙暗朔天。

《蓟州》：

北平雄镇翼幽燕，千里潮河朔漠连。司马高台闻夜吹，卢龙古塞入秋烟。开疆竟说分三卫，筹国何因弃外边。叹息宁封南徙后，遂令烽火达甘泉。（自注：初以大宁为外边，永乐中，宁王内徙，而蓟始重内边，此失策之大者，诗中畅言之。）

《宣府》：

万全八驿接神京，上谷千年汉将营。地险旌旗藏杀气，山盘鼓角壮军声。边歌竟日来红石，铁骑中宵度赤城。谁识兴宁残废后，漠南无计援开平。（自注：弃大宁后，土木之变又弃兴和，则开平亦不能守。）

《大同》：

马头北去是云中，极目川原处处通。绕镇卫城分十五，沿边都阃辖西东（自注：明初设山西行都司，管辖东西二路一十五卫）。颓垣正接葫芦（海名）月，旷野长吹雕鹗（堡名）风。闻道频年还调戍，诸臣何策建奇功。

《山西》：

三关平列势逶迤，日落连城鼓角多。帐外深烟迷众堡，营前孤月坠长河。赤山寒谷惊烽燧，青冢秋原入骆驼。谁使总戎移逸地，偏头空旷牧人过。(自注:嘉靖中,抚臣请移总兵于宁武,而偏头一带地皆空虚。)

《榆林》:

榆林四望黄沙际,千里连墩绝塞天。夹道陈兵横套口,长城环堑绕延川。徙边御史筹无缺(自注:旧治绥德,成化间都御史余子俊建议移镇榆林,内地遂安),折色司农计苟全(自注:弘治中,改延庆等府本镇之税为折色,军用始窘)。此地从来多勇敢,莫教枵腹事鸣弦。

《宁夏》:

镇城西倚贺兰开,满目沙飞苹箨哀。冰合黄河朝走马,云迷红寺夜登台。膏腴昔日称蕃庶,蹂践连年尽草莱。欲识金城旧方略,浚渠即是靖边才。(自注:自陕西筑为边墙,洼为沟渠,修复秦汉故迹边城,外固沟渠,内深以资灌溉,全陕之利也。)

《固原》:

秋入平原动鼓鼙,弓鸣风劲塞云低。汉家营垒沿山后,秦郡川原尽陇西。征调频年忧戍士,逃亡何计复烝黎。徘徊险阻谁为守,花马池边落日迷。(自注:固原为八郡咽喉之地,虞诩守阶州招流亡,开漕道,羌人慑服,即其地也。明代频调临巩西凤兵防守,刍粮在本军额内支给,乖前人策矣。诗中见及之。)

《甘肃》：

> 风急荒原落雁声，西河霜气逼严城。金筯几处秋乘障，铁马连群夜点兵。充国留屯沙际没，嫖姚遗垒月中明。古来无限安边策，哈密徒劳苦战争。

方还旧边诗作于苏州自家园林勺湖广歌堂，并非身至边关怀古而作，但金戈铁马，才气超迈。旧边诗很好地代表了方还的诗风与诗才。沈德潜颇为重视其旧边诗，所以全录于《清诗别裁集》。据沈德潜记载，众人在方还勺湖广歌堂中唱和，在座者方还、沈德潜、沈方舟、刘东郊、李客山、孙丕文。1717年秋，方还、沈德潜，"同人集广歌堂，赋旧边诗"，众人"或成一二首，多者四五首"。方还"日才亭午（中午），已成全诗"，众人叹服。沈德潜诗名满天下，为文坛领袖，年轻时已经在才艺上有所表现。但是，方还才思敏捷，就连沈德潜也深感敬佩。同赋诗聚会者也都名重一方，各有声名。值得注意的是，旧时边关，明显脱离不开军国大事、历史风云，吟咏之间必然涉及朝代兴亡以及讽刺评论，也很能显现诗人的抱负与思想情怀。旧边诗里不但能见方还的诗才，也能见其气节与性情。

方还诗《镇海楼》："独立危城城上楼，层层遥接大荒秋。三条江色来千里，四面山光尽十洲。东海鸡鸣红日拥，南溟鹏徙白云流。试观百粤声名盛，离火文明贯斗牛。"[1] 此诗气势雄浑，意境高远，词义畅达，应该是能代表方还诗作的成就。镇海楼又名望海楼，因当时珠海河道甚宽，故将"望江"变为"望海"。又因楼高五层，故又俗称"五层楼"。它位于广州市越秀山小蟠龙冈上，现在为广州市标志性建筑之一，巍峨壮观，被誉为"岭

---

[1]（清）沈德潜辑评：《清诗别裁集》卷二十八，清乾隆二十五年教忠堂刻本。

南第一胜览"。镇海楼几经兴废,楼前碑廊有历代碑刻。明朝洪武十三年（1380）,永嘉侯朱亮祖扩建广州城时,把北城墙扩展到越秀山上,同时在山上修筑了一座五层楼。方还青少年时期在广州番禺,移居苏州后也多次还回故里,有登镇海楼的机会。历代文人骚客多有吟咏镇海楼者,方还此诗应该说是很重要的一首。

方还有诗《少年行》,"不解阴符与六韬,似知名姓五陵豪。此身未识为谁用,慷慨长歌看宝刀。（传出聂政、荆轲心事,视'不通名姓粗豪甚',及'系马高楼垂柳边',皆皮肤语耳）"[①]方还是贡生,没有过高的科考成绩,也没有担任过官职,但显然他也是很有追求、很有抱负的,其父方殿元是进士出身,担任知县长达三十年,久在官场。方还的外甥金祖静更是官至贵州按察使,正三品。方还"此身未识为谁用,慷慨长歌看宝刀",似乎也有其慷慨激昂之意绪,沈德潜称其"抱负不苟,可以有为"。当然方还在科考上也努力过,方还曾回原籍广州参加考试,"老母许我扬名",只是"至秋观场,不得志于造物"。当然,方还虽然没有功名,但是颇有文名,依然是才俊之士,此诗彰显了方还的抱负。

三、方还的交游活动

方还随父亲居苏州,喜以诗结纳四方。诗人来吴者,登广歌堂,赋诗饮酒无虚日。所谓物以类聚、人以群分,要了解方还的生平与影响,必须认识方还所交往的文人群体。

---

① （清）沈德潜辑评:《清诗别裁集》卷二十八,清乾隆二十五年教忠堂刻本。

（一）沈德潜

方还最重要的朋友是沈德潜（1673—1769）。沈德潜，字确士，号归愚，长洲（今江苏苏州）人，清代著名诗人。乾隆元年（1736）荐举博学鸿词科，乾隆四年（1739）成进士，曾任内阁学士兼礼部侍郎。所著有《沈归愚诗文全集》。又选有《古诗源》《唐诗别裁》《明诗别裁》《清诗别裁》等，流传很广。《说诗晬语》是沈德潜的论诗著作。

沈德潜未登科第之时，与方还游。方还长沈德潜数岁，故德潜以兄事之，交谊最深厚。沈德潜与方还交往最为有名的一例，是众多诗人雅集于勺园广歌堂赋咏旧边诗九首。沈德潜与方家关系之密切，沈德潜本人也多次提及，他还先后为方殿元、方还、方朝、方洁诗文集作序。方氏父子能青史留名，固然有自身的实力因素，但与沈德潜后来执掌文坛，大力推荐方氏父子有一定关系。沈德潜《清诗别裁集》中也收录方氏父子多首诗作。

王宏林《说诗晬语笺注》前言中论及沈德潜与方还以及方氏家族的关系，显然方还与沈德潜的交往对于沈德潜也是重要的事项，事实上至少在沈德潜与方氏家族交往的时期，方还等人在文人中的地位与影响并不低于沈德潜。王宏林指出，沈德潜在康熙五十四年（1715）应方还之聘来到方家坐馆。方还、方朝皆好诗，有诗名。在方家坐馆对沈德潜诗学上"宗唐"思想的形成有决定性的影响。当时吴中"宗宋"之风颇为浓厚，方氏家族尊崇汉、魏、盛唐之诗风，沈德潜在此遇到了难得的知音。《唐诗别裁集》正是在这个背景下编撰的，这是沈德潜系列诗歌选本的第一部，奠定了沈氏诗学的基调。《唐诗别裁集》于康熙五十六年（1717）完成之后，沈德潜即编选《古诗源》，对唐前诗歌精心选评，康熙五十八年（1719）完成。通过这两个选本，沈德潜建立了推尊汉、魏、盛唐，重归七子格调立场的论诗体系。康熙五十九年（1720），沈德潜与方还、方朝、沈用济、周准等结北郭诗社。北郭诗社存在约两年。在此之前，沈德潜与这些诗友们即常在方家论诗。从诗学宗旨来看，诗社诸人均有明显的宗唐倾向，并有意区别于当时吴中的宗宋之风。按王宏林的论述，沈德潜的诗学以及有关的几部著述受到方还以及其他几位诗人的影响。此对于方还来说，自然更难能可贵。关于沈德潜与方还、方朝等结北郭诗社，应该是确有其事。沈德潜在《北上述怀别诸同学》第三首曰："折柳歌闻尊酒余，故人于此送征车。联吟北郭怀中岁（予年四十余结北郭诗社），分手河梁及夏初。畏我友朋宜养拙，生逢尧舜敢逃虚。他时凭眺燕台上，目断南鸿尺一书。"① 于此，沈德潜亲自说，在四十余岁结北郭诗社，沈德潜生于1673年，四十余岁应该是1713年之后的几年。

沈德潜有《芙蓉映水歌和方冀朔》："江潭一夜飞清霜，芙蓉寂漠开寒塘。宛如美人对明镜，碧空影里涵红妆。谁家少妇搴湘芷，见此踌躇暮愁起。遥天瑟瑟鲤鱼风，剪断红芳落秋水。"② 这是沈德潜与方还应和诗中的一首。

（二）沈用济

沈用济，字方舟，浙江钱塘人。沈德潜与沈用济也是好友，有诗《赠方舟兄》："岭海宗工后，吾兄此代兴。风云悲绝塞，木黍感荒陵。足迹天边到，才名域外腾。老来心力健，犹似脱鞲鹰。"③ 可见沈德潜非常肯定沈用济的成就。沈用济后贫老无子，依参议张廷枚以终。张廷枚，字卜臣。累官福

---

① （清）沈德潜：《归愚诗钞》卷十六七言律诗，清刻本。
② （清）沈德潜：《归愚诗钞》卷九七言古诗，清刻本。
③ （清）沈德潜：《归愚诗钞》卷十二五言律诗，清刻本。

建布政使，曾三为朝鲜节使。有《春晖堂集》，诗波澜老成，尤近元代大儒吴莱（1297—1340）。①

《文献征存录》卷十记载："沈用济，字方舟，钱塘人，国子生。少喜吟诵。及长出游。一至山东，登岱岳。又之楚、之闽、之粤东西，与屈绍隆、梁佩兰友。诗益大进。又之边塞，留右北平，一变为燕赵声。一时名流，几莫与抗。然以诗质同人，或讥弹之，登即改定，不自吝也。居长安，安和亲王蕴端，号红兰主人，重之。用济妇朱柔则，常以画卷寄用济，主人题诗云：'柳下柴门傍水隈，夭桃树树又花开。应怜夫婿无归信，翻画家山远寄来。'用济即日归，一时传为美谈。用济诗若《燕山》云：'我行经燕山，凭吊古战场。当时锐头儿，誓死事戎行。功业未得成，金镞遗山冈。皂鵰如车轮，飞来立人旁。黄云散四野，风沙浩茫茫。驱马行出关，悲歌慨以慷。身着短后衣，剑佩百炼钢。扼吭度飞狐，仰面看天狼。生当为冠军，死当为国殇。大同道中云，千岭朝阴岳，三城控大同。云形随列嶂，山响应彫弓。马踏黄河雪，鹰呼白草风。飞狐那用塞，天险古来通。又沙干奔渴，马风急下饥，鹰大行山云。山作潼关险，艰哉势独雄。千盘拔河内，一折走辽东。大壑云雷伏，阴崖日月通。巍巍天下谷，元气结鸿蒙。'《八达岭》云：'策马出居庸，盘回上碧峰。坐窥京邑尽，行绕塞垣雄。夕照沉千帐，寒声折万松。回瞻陵寝地，云气总成龙。'《潼关》云：'重关踞天险，三辅重神京。绣岭遥尊岳，黄河曲抱城。一夫今保障，群盗苦纵横。星陨何年事，常伤父老情。'……有《方舟集》。杭堇浦言未刻，在闽藩张廷枚家。袁子才常以书询沈归愚，欲刻之江南，终不得录其全篇为多。归愚云，在张少弋家，少弋，廷枚宗人也。长安陶友兰爱其诗，临卒，命以《方舟诗集》置棺中，亦一异人。母柴静仪，善诗，有《贻子用济送行诗》二首，云：'吾子廉吏

---

① 参见（清）法式善《八旗诗话》，稿本。

孙，读书昧生理。三十未成名，徒然还乡里。外侮旋复来，内忧方未已。忽然远行役，披衣中夜起。明星光在天，河流正泱泱。行云有返期，游子靡所止。揽涕下高堂，长途从此始。''野雀从南来，翩翩思择木。感此主人贤，飞鸣集其屋。才地非独优，处卑愿亦足。矧有嘉树林，朝昏托栖宿。鹰鹯过莫窥，罻罗无由触。哀彼黄鸟诗，长谣念邦族。'著有《凝香室诗钞》若干卷。用济室朱柔则《寄远曲》云：'恨少垂杨柳，殷勤系玉鞍。夕阳鸦背暖，春雪马蹄寒。入世逢迎拙，依人去住难。痴儿啼向我，昨夜梦长安。'"①此记载展示了沈用济的丰富生平事迹。沈用济壮游大江南北长城内外，到了东南、西南、燕赵等地，对于其个人气质与诗风文风产生了影响，在长期的游历过程中，他也接触了一批优秀人士，开阔了视野，提升了诗艺。沈用济的母亲与妻子都是女诗人，显然其品行与诗文才艺受到了家庭的影响。

沈用济与方还家庭颇为相似，都是家族内部有众多诗人的文化家族，女性诗人也有突出表现。他们也都没有很大的科举成就，也没有担任很高的官职，都曾进行过长期的游历活动。无论是论述方家，还是展示沈家的风采，其宗旨都是要说明中华传统文化以及家族文化的悠久厚重与历代传承。

（三）刘震

方还唱和者还有刘东郊。刘东郊，名震，长洲（今苏州）人。明末布衣，入清朝仍以布衣终，有《刘东郊诗》十卷。刘震诗有历史况味，这也是以诗论史的传统。

刘震也是遍走天下，结交名士，以诗会友。他和沈德潜关系也十分密切。沈德潜有诗《送刘东郊之闽中》："节序逢摇落，况当君远行。难为今

---

① （清）钱林辑，王藻编：《文献征存录》卷十，清咸丰八年有嘉树轩刻本。

日别,并见古人情。客路千江雨,秋心万木声。蔗洲如已过,应近越王城。四海为家客,闽中又此回。不须行旅断,已是夜猿哀。马甲随潮入,鲛宫向月开。知君重怀古,独上钓龙台。"①沈德潜称其四海为家客,指其游历比较广泛。历代以来,如同大诗人李白一样,游走各地,增长见识,从而提升诗作的内涵与气韵者,较为常见,方殿元以及子、婿都有游历各地的经历,其他几位诗人都是如此,大致而言,肯定是当时时代的一股风气。

尤怡,字在泾(一作在京),长洲(今苏州)人,布衣,乃刘震同乡。尤怡有《刘东郊归自关中,述华山之游,为作诗纪之》,载沈德潜《清诗别裁集》卷二十九。方还妹婿金绽与刘震有交往,包括在苏州广歌堂的聚会。金绽有诗《送刘东郊》:"木落岭猿愁,江帆开素秋。寸心千里远,孤剑一身留。闽海天垂尽,仙山云半浮。安期方待子,且抱古琴游。"沈德潜注语云:"律诗最争起手,起手得力,下迎刃而解,餍饫盛唐者能之。"②尤怡还与方朝有交往,下文有论述。同时代的诗人之间,往往互有勾连与渊源。

刘震还与李锴有交往。李锴,字铁君,号鹰青,汉军旗人。乾隆丙辰(1736)举博学鸿词,辛未(1751)举经学。有《睫巢集》。"与长洲刘震、吴县陈淇友契。其殁也,各经纪其丧,归刘榇于吴。嗟夫,山人其古处者乎。山人方颐修髯,庄凝如画。工诗、古文、草书,旁及术数。著《尚书春秋解》及《尚史》共数十卷,藏于家。自伤年近六十,未有子,预为生圹。因余友祝君游龙走书数千里,属余为志。祝君非妄许人者。遂本山人家传,志其略,且为之铭。铭曰:盘山之谷云暧𫗪,山人不来谷虚待。谷音跫然山人卧,岚光掣电虹夜堕。苍苍碑藓宿星斗,石可泐兮名不朽。"③这里既可知李锴生平为人,也可知刘震之交游,从中我们也知晓刘震最后死于盘山附近,由

---

① (清)沈德潜:《归愚诗钞》卷十二五言律诗,清刻本。
② (清)沈德潜辑评:《清诗别裁集》卷二十九,清乾隆二十五年教忠堂刻本。
③ (清)陈梓:《删后文集》卷十三,清嘉庆二十年胡氏敬义堂刻本。

李锴"经纪其丧,归刘榇于吴"。盘山乃天津蓟县城西北,上有北少林寺。

刘震交往的还有不少,有满洲人赛音布等。赛音布,字九如,号岸亭,满洲人。曾官至吏部笔帖式,改任步军校,以荐入实录馆。有《宜园集》《溯源堂诗》。赛音布诗不涉险怪,五言诗浑然而成,非徒以新警见长。"与沈方舟、刘东郊酬唱。方舟称为劲敌,东郊称为老将,庶几不愧。每构思,木形灰色,钩深诣绝,穷夜涉旬。一字不安,其稿立毁。身历边庭,故其赠人出塞诗能写河梁之苦、军中之豪,几欲与崔司勋、岑嘉州埒。"① 刘震还交往费锡璜、闵华。费锡璜有诗《送刘东郊李客山游南京》:"二子江南去,桃花江上开。香中双橹发,红处片帆来。金少徒工赋,天高不爱才。如题怀我句,同上凤凰台。"闵华有诗《赠刘东郊》:"天涯憔悴一衰翁,五字诗篇老更工。曾向长安吟落叶,几经辽海哭秋风。晓行残月霜林外,夜坐孤灯旅舍中。莫怅间关头已白,才名如此不妨穷。"② 刘震这些朋友多有才而名不显达,与刘震本人类似。而且这些友人遍及各地,这也正是刘震游历各地之见证。还可见刘震老病他乡,最后憔悴天涯,死于羁旅。他与方还的交往也正有此特征,即都是有才名,一生布衣,科举以及官宦方面没有进展。

此外,方还是广州人,多次回乡探亲访友。方还回岭南时,其叔父诗僧成鹫法师已经是颇有影响的高僧,官员士子纷纷与其交往,可以说处于文坛的中心地位,使得方还接触岭南文坛更加便利。文人之间的交游结社唱和是不可避免的,交游唱和也是文人的特性,很能体现文人的才华性情。有声名的文人不能离开文人之间的交游游历活动,离不开文人群体的切磋烘托。故此展示方还交游中的几位代表性文人,是应有之义,也是整个文化环境的有效构成部分。可见,一个文化家族以及文化世家,不是封闭的,也不可能是

---

① (清)法式善:《八旗诗话》,稿本。
② (清)闵华:《澄秋阁集》一集卷一古今体诗,清乾隆十七年刻本。

静止的存在，甚至可以说是开放的、多元的、生动的、灵活的，与社会生活有着必然的联系与互动。方氏家族就表现出这样的特点。

方还在父亲方殿元去世后主门户，敬母爱弟，有孝行，虽远游必请示于母，家风家学得以维持。按上文的说法，沈德潜到方家坐馆授徒也是方还所邀请。方还叔父成鹫法师《送侄冀朔还姑苏序》中对方家此时的状况有饱含深情的叙述，很可一观："伯兄九谷子宦成于郯子之国，既老而家于姑苏，乃捐馆焉。嫂氏斋居，教三子如父之生。三子事母殊谨，事无大小必白，出无远近必请，得请乃行耳。大侄冀朔长主门户，旦夕承欢，必先诸弟，未尝一日违色笑也。嫂之爱其子也，亦如之。其去坟墓也，三载矣。乙酉宾兴，春三月，先归本籍，待举于乡。过予禅室。喜其来也，问讯嫂氏，得安胜已，次及行李，曰：'斯行也，母命乎？请而得乎？'则告曰：'老母许我扬名矣。'至秋观场，不得志于造物，予深惜之。忽忽岁暮，复来告别，勉留之曰：'母既汝许，当无汝忧，盍为坟墓计，至春扫除，启行未晚乎？'曰：'向之许，以名也。名不可得，复不遄归，贻门闾戚矣。'请辞。知其不可留也，乃遣之行。行未几，静中思惟，不觉失笑。古人云：'官废于宦成，孝衰于妻子。'非也。仕之以贪墨败者，多由于宦之未成，冀速成之。仕则慕君，不得则热中焉。孺慕杀减矣，岂惟人子哉！慈母之爱其子，亦复如是。向者嫂侄之在姑苏也，慈孝相依，未尝暂舍，忽以科名之故，母忍割爱而命其子，子复旷厥晨昏以事远游，为名故耳。假令秋试而捷，惟公车之是急，又何暇于言归？今者游子倮装，急于报命也，岂以名哉！孺慕之由于衷，未容少假耳。名不可无也，无之，无以报其父母；名不可有也，有之，爱慕寖衰矣。古之至人常自处于非有非无、若有若无、不有不无、即有即无之间，可有可无，无不可者。爱慕，天性也，岂容有情人之。予思逃名久矣，顾名于我何仇哉？而逃之也。以此自笑，笑至日夕，不知笑所从来。书以赠冀朔之行。持入吴中,当有识者见而笑之。"①

成鹫法师此诗序情深意切中涉及家事。对于国人来说,家人中每个人的婚丧嫁娶、科举学业、经济与仕途、清贫与显达是无论何人都不能回避的主题,这是存在于每个家庭中的一套话语体系,应该是古今皆有。一生归隐避世享年八十六岁的高僧成鹫法师,在此文中还是与侄儿方还探讨了方家的家事,此乃国人家国情怀的生动体现。而方还在诗文之外也不得不面临家庭的忠孝伦理科名,方家的优良家风传承在方还手中得以继续发展。

第三节 方朝

方朝,字东华,广东番禺人,方殿元子,方还弟。居吴,喜以诗结纳四方。诗人来吴者,登广歌堂,赋诗饮酒无虚日。方朝工诗,宗唐,诗风高古,不类当时流行的诗风。所著有《勺园集》《勺湖集》,《清史》列传中有方朝传。沈德潜与方氏父子皆熟知,认为方朝诗名要高于哥哥方还,虽然远近交推兄弟二人,而弟弟方朝声名尤其著称。方朝的诗文集也没有流传下来,笔者根据有关资料,大致梳理了方朝的生平与诗文创作成就。

---

① (清)释成鹫:《咸陟堂文集》卷二,广东旅游出版社2008年版,第32—33页。

一、方朝生平

"方朝,字东华,太学生。初,(方)朝十岁余而盲,阅六七年复明。年将冠矣,父殿元教朝惟读书,不使制举艺,所读惟周秦以来,唐以后不与。诗自风骚后,汉魏至盛唐时,元和以后亦不与。(方)朝学既成,每吐所蕴,无纤佻柔靡习,而于诗尤深,性爱闲静,嗜山水。无事坐勺湖之楮荫轩中,有得,形诸翰简。良友至,邀清谈赋诗辄终日。轩中寂不闻声,如无人。及出游,近自金陵、江淮,远至皖城、豫章、广南。遇佳山水,必探奇抉奥,至猿狖不到处乃还。时谓(方)朝诗得江山面目,并得江山性灵云。(方)朝与兄(方)还虽师父殿元,而各得所近,(方)还以雄杰疏快胜,(方)朝以深远古淡胜。称'广南二方',亦称'吴中二方',以籍寄于吴也。四方诗人来吴者,每诣方氏定交,方氏每为东道主。(方)还常回广南,或留都下,故朝结纳尤多,诗名尤远播,并推唐音。(方)朝性孝友,笃于交谊,乐周人急,自号芬灵道人。著有《勺园集》。年六十卒。后二十余年,家渐零落。旧时与(方)朝同好者,梓朝诗,属沈宗伯德潜芟薙之。宗伯谓,前此三四十年远近竞尚宋诗,见读唐人诗者辄笑之。时吴下不染宋习者,惟许武平竹素及东华。竹素遍阅唐宋诗,断断焉,严分界限。东华胸中目本无宋人诗,故未尝严分界限,而所占自高。两人皆不随流俗者,艺林交重之。"①

沈德潜还称方朝诗近阮陶,风格古澹。② 沈德潜《清诗别裁集》卷二十八收录方朝诗二十首,可以说在众多诗人中是很多的,在方氏父子中也是最多的,反映了沈德潜对方朝的充分肯定。

---

① (清)任果等修,檀萃等纂:《(乾隆)番禺县志》卷十五,清乾隆三十九年刻本。
② 参见(清)任果等修,檀萃等纂《(乾隆)番禺县志》卷十五,清乾隆三十九年刻本。

二、方朝的诗作与游历

方朝不少诗作也是描写游历中的各地风物。

方朝有诗《中宿峡》:"沧海云际来,一泻开地轴。嶔岑双屏转,块轧森草木。仰窥流光短,益觉日暮速。乃知东南天,于此亦不足。鲛宫倚禅房,鱼梁饮麋鹿。帝子去杳然,清光映江曲。维舟探遗踪,云旗想幽谷。"①中宿峡,在广州府清远县。方还叔父成鹫法师也多次出入中宿峡,作诗几首。沈德潜评此诗说:"起步突兀,东南天亦不足,此景此意,无人道过。"对于方朝的诗歌手法,也是很赞赏。

方朝还有《碧落洞》:"日暮棹秋水,烟花满江曲。翠壁何嵯峨,幽岩凿山麓。我来纵游观,天风振樛木。其外不可攀,其内可以屋。洞底上回磴,兹山乃空腹。石阁两三层,苍莲根地轴。香烟老苔藓,佛床女萝绿。老僧击晚磬,寂寞共云宿。"②此碧落洞应该是位于广东北部的英德。据《英德县志》记载,碧落洞,在县南十五里。前高三十余丈,后高二十余丈。下通溪流,悬石如霓旌羽盖状。旁有小洞,名云华洞,深不可测。循磴而上,至一洞,其广二丈,宽四丈,高四五丈。③碧落洞颇有名,历代游览的文人以及诗文都有不少,特别是苏轼曾至之,留有石刻,还作有《碧落洞(在英州下十五里)》《次韵程正辅游碧落洞一首》诗。大概苏轼游历碧落洞之后,此地名声大振,更加吸引游览者的到来,到清朝初期,方朝至此。

方朝在湖南作有《听抚洞庭秋思曲》:"曾放扁舟溯楚天,清猿泪竹思

---

① (清)沈德潜辑评:《清诗别裁集》卷二十八,清乾隆二十五年教忠堂刻本。
② (清)沈德潜辑评:《清诗别裁集》卷二十八,清乾隆二十五年教忠堂刻本。
③ 参见(清)刘济宽、陆殿邦纂《(道光)英德县志》卷四,清道光二十三年刻本。

凄然。廿年梦里湘山月,今夜分明在七弦。"①此诗意境旷放悠远,引人怆然静思。诗中大意是,作者听人弹奏洞庭秋思曲,想起自身二十年前也曾在楚地洞庭湖上行舟,回想往昔风物,世事变迁,心中凄然。此正是月明之夜,也曾梦里梦外怀念彼时湘楚山月。沈德潜认为,"只末句写听曲,作法最工"。一曲之下,引人遥思。

方朝还有《大江吟》:"大江曲,山树秋,天寒日暮,野鸟啁啾,中流激荡风浏浏。北兼汉沔,东下扬州,沧波浩瀚谁能收?江上何所有?芙蓉北渚,葭菼中洲。江中何所有?鲸鱼鼓浪,天吴嬉游。峨嵋雪消春水涨,瞿唐巴峡猿啼幽。奔涛瞬息千里泻,雷霆惮赫日月愁。思欲一济无方舟,美人旄旆云外浮。乍去乍来不我求,青鸟欲语意夷犹。天路险阻怀灵修,白日西驰不我留,长歌徒倚增离忧。"②大江者,应该就是长江。此诗意境辽阔,颇有声势,表明方朝诗风的意境也有豪壮的一面。沈德潜的评价说:"末段缅云路之阻长,叹塞修之未遇,正则遗音,耐人吟讽。"方朝的大江诗未必是在湖南境内所作,但是方朝既然游楚,"曾放扁舟溯楚天",游览长江并赋诗是完全有可能的。当然江西、江苏境内也可游览长江。

方朝一些写景状物之作也颇有韵味,如《开先寺观瀑布》:"客寻瀑布来,恰到云归处。层峦耸万叠,悬雷空中注。白昼泻银潢,中天昭太素。逝者无终穷,千秋等朝暮。古寺枕寒渊,苍崖喷长雾。蛟龙卜灵窟,形神洽幽趣。洗心视听外,无言发清悟。"③此诗境界阔大,描摹了开先寺瀑布的声势。沈德潜对此评价颇高,认为可参"子在川上"章,不止清言起悟,可媲美苏东坡作诗境界。开先寺应该在庐山。方朝如果从岭南到江南,其路途上正可能进入江西庐山,观览大名鼎鼎的庐山瀑布。可以证明方朝是到过庐山

---

① (清)沈德潜辑评:《清诗别裁集》卷二十八,清乾隆二十五年教忠堂刻本。
② (清)沈德潜辑评:《清诗别裁集》卷二十八,清乾隆二十五年教忠堂刻本。
③ (清)沈德潜辑评:《清诗别裁集》卷二十八,清乾隆二十五年教忠堂刻本。

的，还有方朝另一首诗《三峡涧》："宿昔梦龙门，兹晨越三峡。湍雷翻水花，林风坠霜叶。行人与飞鸟，邂逅忽相接。寺门苍崖削，松台紫云叠。我欲穷源泉，于兹将远涉。所恐触潜虬，俯视为气慑。"[1]三峡涧正是在庐山。方朝的父辈大诗人、清初岭南三大家之一的屈大均也曾广泛游历各地，他也有《三峡涧》："廿四溪潭汇，惊雷响不通。如何三峡水，都在一桥中。白喷炎天雪，寒吹古涧风。栖贤僧舍外，坐久瀑声空。"[2]此处应该也是文人们游历庐山时常至之处。清初岭南著名遗民僧领袖释函罡也有《忆三峡涧》。

方朝还有一首《蓺姑山》："一角青天缺，孤峰补白云。洞深泉自出，山险路难分。日月愁关锁，风雷乱见闻。但令栖隐去，何必遇神君。"这首诗也是沈德潜很称赏的诗作，他认为"风雷乱见闻"之句，深山中疑鬼疑神，真写得出。蓺姑山在江西贵溪县南七十里，高四十余丈，广三十余里，泉石甚胜，有封鬼洞、幞头石，瀑泉注下，相传张道陵曾至此，留有遗迹。

方朝登江西余干山，作《由临川北道抵余干山行五首》：

鸡鸣发征夫，驱马万壑黑。仰观参星横，俯怯崖石岊。峰回溪流转，林密寒光逼。空山鸟吟悲，百里无人迹。安知丛莽中，不有猛兽匿。惊风吹客衣，伫立增太息。

寒泉泻崇阿，绝壁开古道，暮投渔樵烟，朝拂溪涧藻。征云遘微风，相随越林表。出门闻雁声，客舍非春草。江湖风波轻，梦寐间关杳。苍茫问前途，下视见飞鸟。

炎晖焦林木，客子朝雨汗。侧见垂萝静，四岭云气断。幽崖响淙潺，竹泉远分灌。行行度谷口，黯淡惊雷电。马头风云兴，涧底蛟龙

---

[1] （清）沈德潜辑评：《清诗别裁集》卷二十八，清乾隆二十五年教忠堂刻本。
[2] （清）屈大均：《翁山诗外》卷八五言律诗，清康熙刻凌凤翔补修本。

见。苍黄顾僮仆，中道已失散。

出郭落月辉，涉涧山日昼。客行路纤回，我影忽左右。悬猿啸风枝，飞鸟来烟窦。回瞻寒潭口，潇洒石泉溜。东皋苗尚青，溪南稻多秀。神明何施为，物情自为候。

山行宿常迟，白日忽已坠。美人在天末，明霞倩谁佩。总角事远游，夙昔临东岱。中怀念旧丘，极目炎云外。奈何来豫章，咫尺庾关在。明朝乃回车，转欲向吴会。

方朝此诗别有特色，描摹细致。沈德潜对此诗也评价说："'老、庄告退，山水方滋'，昔人以品谢公者，请移赠斯人，以品地风格略近前贤也。末章已近庾岭，未返南粤，惓惓有故园之思焉。"

以上诗作应该是方朝在苏州和广州之途中所作，所以有广东、湖南、江西。余干山诗五首的最后一句"明朝乃回车，转欲向吴会"，就是明天就回苏州。

苏州有山水园林亭台，可供观览之处不少，其中有寒山岭、支硎山、白马涧、花山、天池、北峰坞、白象湾等景致。花山有莲花峰。方朝有诗《月下自寒山还至莲花峰下》："西阁寒日没，策杖寻松径。归鸟半在巢，山家烟火静。清月流素辉，幽篁生虚听。依然向来路，云影飞无定。欲逐樵人踪，尽识山中胜。行行见柴门，寒潭似清镜。"此诗应该就是苏州游览时所作，诗中的境界清幽。

苏州有山水名胜，方朝登支硎山，曾作《春日自邓尉移棹支硎山中信宿》："川原既逶迤，我游亦无定。甫别湖上峰，旋蹑云中磴。临渊想修鳞，过寺闻清磬。渔樵相引接，水石交绵亘。野风吹春服，低回发清兴。林端敛斜阳，浦上轻云暝。"支硎山在吴县西南，晋支遁隐此，平石为硎。山有平石，故支遁以支硎为号，而山又因支遁得名。有梁武帝报恩寺，又称报恩山，东址有观音寺，亦称观音山，山中有放鹤亭、白马涧，皆支遁遗迹。

方朝在苏州之影响颇大，清汪缙《支硎中峰三先生传》有生动描述，文章中把方朝作为隐士看待了，了解方朝，不可不观此文。《支硎中峰三先生传》载："……先生尝馆方先生东华家。方先生名朝，东华其字也。先世岭南人，因随父宦于吴中，遂家焉。予既得凌张二先生之为人，心慕之。因亟问念亭游于中峰者，复有人乎？念亭因举东华先生。予曰：'其为人何如？'念亭曰：'其为人，不读唐以后诗。'予意其非通人，遂不复究其本末。已而见《水明楼题壁诗》，曰：'独树已荫屋，群山不满窗。'予遂惊问曰：'壁间诗谁作？'念亭曰：'东华先生作也。'予乃叹：'唐人三昧其在是矣，其糠秕唐以后也宜哉。'因复喜闻念亭谈东华先生。先生与石帆樵人相善，馆其家，每合席而食。有时持论不相下，至饭冷不能食，罢去。念亭曰：'石帆先生馆于中峰时，年已老矣。其举动犹若孺子。东华先生亦然。'予笑曰：'两先生之友善，所谓相与于无相与者邪。'然东华先生颇溺于阴阳家言，而石帆樵人为不可及矣。"[1] 此文给人的感受是，内容丰富，落笔错落有致，也体现了方朝的思想取向与情感意蕴。方朝工诗，无科举身，很像是一位旷达悠远的隐士，这些都体现在此文的字里行间。

成鹫法师《题送行图示东华侄还姑苏序》曾说："东华侄生有美质，颇能脱略于俗情，从父远宦，遍游江陵、郯城之间，吴越、齐鲁，古今名胜，足迹几遍。身虽隶籍金阊，心实不忘桑梓。年二十有奇，两返丘园，三度庾岭，长途跋涉，江山之奇，滩泷之险，身之所试，足之所至，尝耳之目之，宜其知之详而言之确也。去冬归粤，今秋还吴，里中诸子绘图为诗以赠其行，问序于老僧。老僧今年六十有六矣，株守一丘，卧游五岳，譬诸埳井之蛙，不复知有东海之大，其视东华盛衰远近之迹，奚啻天渊，人各有幸有

---

[1] （清）汪缙：《汪子文录》卷九碑述传，清道光三年张杓刻本。

不幸焉，无足道者。斯图也，摹写山川人物之胜，归程歧路之详，固旷乎其大观矣。已而注目寻思，卷中之画，画中之境，境中之人，人中之宾主，胶青而涂丹者，披图而索句者，耳之所闻者，十目之所见者，一身之试之、足之、至之者，惟姑苏之归客耳。"①这很好地说明了方朝长期遍游各地，由此影响到其诗风与诗韵。

此外，方朝还有几首写景诗流传下来，如《清溪》："清溪知几曲，深处有楼台。树杪江帆去，门前潮水来。温风丹荔熟，明月素馨开。童稚歌连袂，桥南浴始回。"还有《江夜有怀》："风力卷云霾，孤舟傍翠崖。江星动鱼脊，山果落猿怀。旅梦滩声断，乡心驿路乖。不知莲社客，谁最念天涯。"此诗境界悠远。沈德潜认为"江星"二语，字字生新，而"山果落猿怀"，尤极自然，却又无人写到。或谓此句之妙近贾岛。沈德潜认为方朝诗境"转觉过之"，就是比之贾岛还要高明一些。②

方朝还有一些诗作描摹田园生活，他以太学生终，没有做官也没有经商，与其兄隐于苏州勺湖，酬唱于广歌堂，文人才子来吴者多访之，但这样的生活显然还是有生计问题的存在，要有财源方可维系。其《力田》二首显然是抒写田园耕作的生活。"躬耕习农时，岂敢称高蹈。侯门不可干，聊以从吾好。方春理耒耜，随时调水潦。布衣足掩形，茅檐频洒扫。日暮耕者还，斗酒相欢劳。四运有常功，吾生复何校。""仓庚鸣桑林，唤我荷锄子。雨泽一以降，耕作从兹始。黄犊分我劳，葛条系我履。行行石梁畔，涧道多新水。草花纷芳菲，山光无表里。乘闲偶流眄，木末春云起。"沈德潜评论说，此诗脱胎于陶渊明，起语四句已到自然天成的妙境。诗风与鼎鼎大名的陶渊明有一比，自然是诗艺水平非同一般，只是诗意中体现出的安乐自足之

---

① （清）释成鹫：《咸陟堂文集》卷二，广东旅游出版社2008年版，第33—34页。
② 参见（清）沈德潜辑评《清诗别裁集》卷三十二，清乾隆二十五年教忠堂刻本。

中，也有亲自躬耕的劳苦。诗人方朝也有慢饮低唱、顾影徘徊的幽情，其《苔》诗："偶尔逢时雨，延生过井栏。托根多在石，为性不知寒。古洞封长满，阴崖湿未干。是谁留屐印，幽处久盘桓。"方朝《勺湖集》有六卷，诗词颇丰。清张维屏《国朝诗人征略》卷二十三称方朝诗"五古浑朴近陶，遒炼近谢，自是高手"。

另外，方朝幼病目，遂谢举子业，肆力诗、古文，所作多超诣。行草亦疏宕可爱。① 在诗文之外，方氏家族以及其他文化世家中人擅长琴棋书画者不在少数。

三、方朝的交游

方朝叔父乃岭南著名诗僧成鹫法师，成鹫法师也有多篇诗文提到侄儿方朝，有《送侄东华归吴门兼报嫂侄述衰老状》："今者吾丧我，旁人那得知。最怜木上座，不厌老支离。过眼秋云薄，惊心白日驰。新诗携满袖，吟和独迟迟。大阮老无泪，穷途哭不能。过桥成独笑，招影伴孤僧。欲写吴门札，难偷隔壁灯。空囊无可寄，千里一壶冰。我老不足惜，汝来殊盛年。艰难凭道力，作述有家传。慈母古钟郝，难兄今惠连。言归荨楼上，应补白华篇。去国久不返，还家宁惮劳。宗祊馨黍稷（东华兄弟承父命送产入祠，永为祭田），封树怆焄蒿。知有题桥笔，应无割爱刀。故乡何者是，两地片云高。"②诗中描述，作为一代文坛健将的成鹫法师已经是迟暮之年的老僧，见秋云薄阳，叹岁月荏苒。但是见到方朝侄儿在苏州创下诗名声望，取得良好的成绩，仍然是欢欣不已。家事人生，岁月悠悠，在江南与岭南之间，有不

---

① 参见（清）李铭皖等修，冯桂芬纂《（同治）苏州府志》卷一百十二，清光绪九年刊本。
② （清）释成鹫：《咸陟堂二集》卷十四，广东旅游出版社 2008 年版，第 367 页。

可割舍的亲情与怀想。

方朝友人多有与方还同者，兄弟二人共同欢歌于广歌堂，与苏州文人和来苏州的文人们会聚。因方还"常回广南，或留都下"，故方朝结纳尤多，诗名尤远播。而且方朝性孝友，笃于交谊，乐于周人之急，如此结交的友人就更多。方朝有友人尤怡。尤怡，字在泾，长洲人。性沉静，淡于名利，往来皆一时名流。所著医书数种，已刻者《金匮心典集注》《医学读书记》及《北田吟稿》二卷。

方朝兄弟二人最重要的朋友当数沈德潜。沈德潜与方朝也有诗词应和，诗论中也提到方朝。沈德潜有诗《归雁和方东华》："万族迎春气，征鸿返朔方。此行慎辛苦，边塞尚冰霜。久客怜摧羽，长天恐断行。南中风物好，曾否忆沅湘。""物性偏知候，归飞向远天。一声辞泽国，万里破春烟。前路临关近，乡心较客先。莫过张掖郡，诸将正防边。"①此诗二首，显然是送方朝还归广州故里所作，意境悠远，情深意切，看来沈德潜与方朝交情匪浅。

方还、方朝还有朋友费锡璜。费锡璜（1664—1696），字滋衡，一作滋蘅，四川新繁（今新都）人，侨居江都。费密次子，随父会友，作《江舫唱和》诗，满座皆惊，称"凤毛"。费锡璜与黄叔威、刘静伯结诗社，颇有影响，其性格豪放，诗如其人。著有《道贯堂文集》《掣鲸堂诗集》。费锡璜与其兄锡琮皆有诗名，曾合撰《阶庭偕咏》三卷。从方还、方朝与费锡璜的交往，也可以见证此乃一文学圈层的互动与往还。

方朝还与岭南周大樽等有交往，或参与结社集会。周大樽，名瓠，以字行，一字冷泉，南海人。康熙壬午（1702）举人，居石门山中，以文行著于庠序，孤云野鹤，随心去留，人莫测其踪迹。访吴中山水殆遍，还南游富春

---

① （清）沈德潜：《归愚诗钞》卷十二五言律诗，清刻本。

江，之楚游衡岳。曾经数岁不归。① 可能正是在吴中一带，周大樽接触到了方朝，同为岭南人，自然容易接近。方朝的叔父成鹫法师也与周大樽是好友。成鹫法师在岭南文坛深具影响力，与岭南文坛诸多人士都有一定的渊源。成鹫法师与佘锡纯有交往，方朝也与佘锡纯相熟。

四、方朝诗文集刊刻以及方氏家族之衰落

方朝有《勺湖亭稿》六卷，收录于《清代稿钞本》中。广东省立中山图书馆藏有《勺湖亭稿》，乃清抄本，2015年出版的《广州大典》第442册收录《勺湖亭稿》，据广东省立中山图书馆藏本影印。沈德潜为《勺园集》作序。沈德潜序中称："东华没距今二十余年，家渐零落，集未付锓，同人恐其散轶也，谋为锓之，属余芟薙。诗为主，文亦附焉，东华之性情学问见矣。至生平孝母氏，重然诺，轻财利，备见李处士客山传中。读者如遇其为人。"② 沈德潜此序中指出，方朝去世后，方家衰落，甚至连其诗文集都无力刊刻面世；也指出方朝秉承家风，孝敬母亲，重然诺，轻财利。

1717年腊月，成鹫法师为侄儿方朝作《勺湖亭集序》："文之纶，扁之斫，父不能得诸其子，盖其所能者人也，其所不能者天也。人各成性，天有定命，欲易其性、造其命而不可得，惟独得其得者而后得之，此学道之捷径，立言之微旨也。忆余童时与家大兄九谷子同居省会，同生一室，出就外传，同一师说。兄年十岁，余年九岁，同学为文，兄文体醇正，步武朱、程，余独师心出奇，大类庄、列。先府君顾之怃然，谓先伯曰：'兄子当早贵，予儿穷老轗轲耳，是以其文卜之也。'今思其言，每自咎其所

---

① 参见（清）阮元修，陈昌齐等纂《（道光）广东通志》卷一百九十七，清道光二年刻本。
② （清）李福泰修，史澄等纂：《（同治）番禺县志》卷二十七，清同治十年刊本。

好之奇。大兄成进士,出宰江宁、郯城二邑二十余年,以廉介不调,告休归里。道经姑苏,停居七日而卒,因家焉。生三子,皆能读父书。仲子东华,结发学为古文辞,有乃父风,十六年前归里,出以取正,心窃喜之,示以长言坚其志,使自策励,以进于道。余中道出家四十余年,尝以古道自律,众弗悦也。日暮途穷,计无复之,掩室焚砚,平生著作束之高阁,恐徠造物之忌。丁酉腊卧雪空山,东华家报适至,函其勺湖亭所集诗文远寄,开缄卒业,大喜吾家有人,九谷有子。岭南作者,名噪吴中,自幸老夫年过大耋,获睹家声之振起也。欲报以一言,无可言者。虽然,无言之言,是谓真言,凡有言说,皆糟粕也。九谷之道,尽在《环书》,余糟粕耳。有子如此,自当世其家学,出其渣滓,发其英华。亭毒深广如太湖之水,涵天浴日,浩淼无垠,一勺之多不足以尽太湖之量,即此一勺,太湖全量不外乎是,是能独得其得者,庶几道乎?余老矣,尝有好奇之癖,而得奇穷,不忍复以予之所好者强复贤以好吾之好,作轃轲俑也,夫复何言,书以报之。"①他回顾了与方殿元、方朝父子的交往,对方殿元有方朝这样优秀的儿子,能继承方氏家学而自豪。成鹫法师此文内涵深厚,情感浓烈。明亡清兴,成鹫法师年仅八岁,其后七八十年都隐居不出,作隐士、遗民,后又出家为僧。但是作为具有儒家思想的一代著名诗僧,对于方氏一门人文昌盛,出现了好几位颇有影响的诗人,他是心生欢欣与自豪的,他称"大喜吾家有人,九谷有子",家学绵延,父子称雄,就连世外高僧也不免兴高采烈。

方氏家族虽然比较有影响力,但是如同历史上无数的文化家族一样也未能永久地兴盛下去。方还早卒,1734年方朝年六十而亡,家渐零落,勺湖园易人,广歌堂风采凋零,方氏子孙在方朝之后没有闻达者,此家风与

---

① (清)释成鹫:《咸陟堂集二集》卷六,广东旅游出版社2008年版,第137—138页。

诗学诗风没能代代传承。方朝孙子为小官，"仆仆风尘间，不能梓行于世"。方朝《勺湖集》亦几散失，直到1778年，才在方朝外甥贵州按察使金祖静主持下，由金祖静女婿、状元钱维城修订后刻印。我们能从钱维城《勺湖集序》中看到方朝的生前身后事。"东华，名朝。所居有亭台竹木，有池曰'勺湖'，日啸咏其上，因自号勺湖云。蕴亭金先生，九谷婿也。受诗学于外家。予年十九，赘于金，为先生女孙婿。时勺湖已前卒，先生每论诗，辄称之不置。彩林夫人，九谷女，蕴亭先生配也，亦喜谈诗。每曰，吾先子云何，吾先兄云何。时余甫操管，学为诗，窃耳熟而心识之。乾隆三十二年，外舅定涛公既刻《蕴亭》《彩林集》，邮寄予。其明年春秩满，来京师，出手钞一帙，曰此《勺湖集》也，亦将付梓，子其订之。盖三十年以来耳熟而心识之者，于今乃得读其全帙焉。当方氏之盛也，父兄子弟，人各能诗，每一篇成，彼此传诵。更唱叠和，庶几晋谢氏之风焉。今亭台竹木皆他人有，惟《九谷》《勺湖集》犹存。《勺湖集》亦几散失，其孙为小官，仆仆风尘间，不能梓行于世，仅得之吾外舅之手录，其不与亭台竹木同尽者有几？然今之居勺湖者，又数十年。其所传于世而为人所爱惜者，何如也。蕴亭先生曾谓予曰，勺湖方沐，弟子有请业者曰，诗法如何？勺湖两手持巾，左右绔水，淋漓滴盘中，曰：'尽是矣，夫诗忌直而贵曲，顺逆相错而精味流焉。篇法句法莫离乎此。'勺湖目击道存，不言而以象传之，则其诗可知矣。"①这其中自然是谈方朝的成就与影响，也谈及《勺湖集》的刊刻，但从中也可知，方氏家族的众多文人在历经三代之后，渐渐没落无闻，没能延续父祖的声名与成就。文化世家的不能长久维系，更可见文化世家之难能可贵，家风以及家学渊源之优异表现并非偶然出现，需要多种因素才能共同促成。假如方殿元在1696年六十岁辞官后居苏州，至方朝去世，则前后四十年之久。方氏

---

① （清）钱维城：《钱文敏公全集》茶山文钞卷四序，清乾隆四十一年眉寿堂刻本。

家族在人文鼎盛的江南重镇之苏州，能维持四十年的风流意蕴、诗文岁月，也是难得一见的多情风雅。

第四节　方洁

方氏家族还孕育产生了女诗人方洁（1673—1757）。方洁乃方殿元次女，其父方殿元，兄弟方还、方朝，丈夫金绂皆为诗人，后大贵，身为名媛。家学渊源之下，方洁和姐姐也深受熏陶，才艺过人，方洁撰有《方彩林诗集》一卷。

关于方洁生平，其孙女婿钱维城撰写了详细且生动的《方太恭人传》："方太恭人，讳京，字彩林，岭南番禺人。九谷先生（方殿元）女也。九谷以诗名岭南，与屈翁山、陈元孝、梁药亭、陶苦子称岭南五家。起家郯城令，后为上元令。因家于苏，两女皆字苏州。金氏恭人，其仲也。恭人幼好书史，女红薄不屑为，其为诗一禀庭训，长于汉魏乐府，近体宗盛唐，不读中晚以下。年若干，适蕴亭先生。先生之诗，浩瀚排奡，凌邈一切。与恭人持论，每不相下。然其浑穆严肃，若集中《白开行》诸什，即蕴亭先生无以过也。维城年十九就婚于金氏，为恭人女孙婿。时恭人年六十余，望之若三十许。性严重，不苟言，喜愠不以见于面。日手一编，咿唔若寒士。而尤好琴。予尝听之，澹而无味，其音落落而不相属。曰：'恭人之琴听者俱欲寐，而好之何也？'曰：'有明之琴有三派，曰吴、曰越、曰岭。吴越之琴，繁音促节，世俗好之。思陵之末，吾岭有抱琴而死海上者，或以为节义，或以为神仙，故琴之派，岭为正。声音之道，通乎人心，达乎政事。故太音希声，宗庙之瑟，朱弦而疏。越琴之为声，有木有丝有肉，重则伤木，轻则伤肉，轻重半伤丝，伤于一非音也。吾音一，而丝肉木三之乃成耳。吾之始作也，徐气而深息，以吾之情游于琴之中，其继也，洋洋焉，洒洒焉。琴之音与吾之情若游鱼之衔索而出，喜以征喜，戚以征戚，是谓不以手鼓而以心鼓，浩乎天风明月，照之太古以上，吾将见之。'微矣哉，恭人之论琴，而岂徒论琴也。其性情德行，与所为诗皆是也。恭人又工书。予藏其尺牍数纸，字类钟太傅。近日之号为能书者，殆不及也。恭人年八十余，神明不衰。乾隆二十二年正月十一日卒。生子二，以长子定涛公贵，封太恭人。定涛公，即维城外舅，名祖静，原任山东运河道。次子祖昌，辛未进士。庶子二，祖苾、祖芬，恭人视之如己出。"① 按此钱维城亲身所见，方洁秉承父兄之家风诗教，"为诗一禀庭训"，长于汉魏乐府，近体宗盛唐，有一定的创作成绩。丈夫金绖之诗，浩瀚排奡，凌邈一切，但是在浑穆严肃方面，方洁可超越之。钱维城还具体描述了方洁的风采，年六十但容貌如三十余，年八十余，神明不衰。"性严重，不苟言，喜愠不以见于面。"喜好吟咏，"日手一编，咿唔若寒士。而尤好琴"，其对于琴道之论述，表明方洁有颇为深厚的知识文化底蕴，此与其性情德行以及诗文是一致的。方洁还工书，字类似大书法家钟繇，"近日之号为能书者，殆不及也"，表明其书法成就也非常高。至此，方洁女诗人、才女的形象已经非常清晰。

方洁著有《方彩林诗》一卷，也称《彩林诗稿》《方彩林诗》《彩林集》。《(民国)吴县志》卷五十八中记载，方洁有《彩林诗稿》一卷。② 《香咳集选存》中也有同样记载，还载有方洁《薤上露》诗："薤上露，日出晞，朝槿日

---

① （清）钱维城：《钱文敏公全集》茶山文钞卷十一传，清乾隆四十一年眉寿堂刻本。
② 参见（民国）曹允源、李根源纂《（民国）吴县志》卷五十八中，民国二十二年铅印本。

暮萎。微物转瞬间，人生谅如斯。彭祖帝尧民，亦复同所归。服食求神仙，仙成竟何时？守道以待终，令名庶可垂。"对于方洁《薤上露》，沈德潜评论道："薤露原词只言人命奄忽，以挽王公贵人。此陈求仙之谬，而以守道令名为不朽，粹然儒者之言。"沈德潜《清诗别裁集》卷三十一还收录方洁两首诗，《送孟调大侄南还》："相对疑梦寐，言别百愁生。孤飞易为感，使我心魂惊。聚散人生常，此别难为情。尔我本一树，相期共枯荣。尔今折枝条，芽糵何时萌。沾润我本怀，老髦愿难行。尔今返吴中，闭门守硁硁。勉哉崇令德，努力以扬名。取法不在远，祖父有遗型。周亲我老矣，垂涕重丁宁。"①沈德潜对此诗的评价是"古意古音，勖之以正"，意思是方洁的诗很古典有古风，很正统，有意蕴。方家诗风就是崇尚唐诗，方洁应该也是与其父兄一样，诗作仿古。方氏家族本来是广州人，这是方洁送侄儿南还之作，感叹于自身年老难以回归故乡的感伤以及对后辈的殷切期望。方洁还有诗《示长媳杨珊珊》："十年为妇蓼莪余，疏水家风乐自如。宛似举场勤苦士，妆成唯对古人书。"沈德潜的评述是，"姑近儒者，妇近书生，闺中乐事，备于一家矣"②。婆媳都是诗人，都是儒者书生，可谓风雅满门，此正是历代以来注重家庭、家族兴盛的国人最为崇慕的情形与境况。更何况，方氏家族与杨氏家族都是人才众多。杨珊珊是一位女诗人，其父亲是名士杨宾。

《两浙輶轩录》卷四十也征引方洁诗两首，其记载："方京，字彩林，山阴人，按察使金祖静母，艺苑名言杨珊珊之姑。方恭人有《示长媳杨珊珊诗》。蔡英曰，珊珊之姑方彩林，沈宗伯《别裁》称其古体宗汉魏、近体宗盛唐。"《乡思楼》：'旅寓金阊五十秋，亲年多半老依刘。嗟予未识乡关路，廿载空登乡思楼。'"③方洁是广州番禺人，随父移居苏州，其媳杨珊珊是浙

---

① （清）沈德潜辑评：《清诗别裁集》卷三十一，清乾隆二十五年教忠堂刻本。
② （清）沈德潜辑评：《清诗别裁集》卷三十一，清乾隆二十五年教忠堂刻本。
③ （清）阮元辑：《两浙輶轩录》卷四十，清嘉庆刻本。

江山阴人。所谓山阴,乃绍兴之古称。也有把上述《乡思楼》列为杨珊珊的诗,但浙江山阴距离苏州并不遥远,而广州距离苏州则相当遥远,《乡思楼》更有可能是方洁所作。方洁享年八十五岁,"旅寓金阊五十秋"者也更可能是方洁。方洁诗文集或杨珊珊诗文集目前还未见,若能观览之,也许才能确定是谁人的诗。

在方殿元、方还、方朝诗集相继刊刻的情况下,方洁之子金祖静也把方洁诗集刊刻出来。钱维城《勺湖集序》中称,"彩林夫人,九谷女,蕴亭先生配也。亦喜谈诗。每曰,吾先子云何,吾先兄云何。时余甫操管,学为诗,窃耳熟而心识之"。乾隆三十二年(1767),金祖静"刻《蕴亭》《彩林集》"[①]。钱维城也在《金蕴亭先生遗稿序》中再次提及此事,1755年八月,钱维城谒岳父金祖静于济阳,以一卷诗文授予他,并说,"先公遗稿,以属子为订定,将谋剞劂",此两则资料都说明金祖静刊刻了父母二人的诗文集。《蕴亭集》《彩林集》今皆未见。

方氏诗人的作品刊刻,应该与苏州一带江南文化传统有关。江南地区的经济文化、世家大族、科考教育、书籍刊刻收藏等包含传统文化精髓的一系列行为,在事实上形成了综合因素,共同推动了文化世家以及才女文化的层出不穷。文化世家尚且如此,一般文人的著述刊刻也就更加顺理成章。方氏家族以及后来的金氏家族虽然没有家集,但是几乎每人都有著述的刊刻,这同样能说明在苏州一带的江南文人对于著述刊刻的重视。在本著中所涉及的诸多文人与文化世家中,甚至包括女性诗人,大致都有刊刻著述的现象。

本章主要论述了方氏家族的文化面貌,主要有两个部分,一是广州的方国骅、方颛恺、方颛临父子三人,二是方国骅侄儿方殿元及其子女方还、方朝、方洁。方殿元父子由广州移居苏州。方家出了好几位非常有影

---

① (清)钱维城:《钱文敏公全集》茶山文钞卷四序,清乾隆四十一年眉寿堂刻本。

响的诗人。以往对方氏家族的研究比较稀少，本章基本上展示了其基本状态与影响，显示了方氏家族的创作实绩以及他们家风家学的延续与传承。

　　苏州方氏家族所处的时代，大致是在清朝初年，即顺治、康熙以及雍正年间。下一章，由方氏家族再过渡到苏州金氏家族。方洁嫁入金氏世家，金氏家族也成为在文化上表现优异的新一代文化世家。方氏与金家有血脉亲情，当然也有文化渊源。由之，论证说明文化世家内部有文化教育的传承性、延续性，而不同的文化家族以及文化世家之间也具有传承性与延续性。从情理上推断，中华泱泱五千年的文化本来就是如此这般地在一代代流传与延续，这里把其具体化、形象化，用生动丰富的例证充分展示，自有一种广阔文明空间与思想情感领域。

第 三 章

苏州金氏世家

苏州方氏家族的文化风采在历经四十多年的繁花似锦之后逐步黯淡。方洁，婚配金绖，开启苏州金氏文化世家。方洁、金绖夫妻之长子金祖静，官至贵州按察使，正三品官员，精通诗文、书法。方洁、金绖儿媳，金祖静妻杨珊珊也是一位女诗人，而杨珊珊的父亲是一代名士杨宾。金祖静女婿钱维城，十九岁入赘金家，受到金氏家学家风的熏染。钱维城之弟钱维乔乃文学家、戏曲家，与钱维城有"常州二钱"之誉。常州钱家也是有名世家，吴越王钱镠（谥武肃）之后裔，历代以来人才辈出。钱维城之子钱中铣、钱中钰。钱维城之女钱孟钿是清朝中期著名的女诗人。

本章论述金氏文化世家，兼及杨氏世家。主旨在于，在论述、展示一个个文化世家的内部传承之同时，也关注不同世家之间的渊源与联系。这是文化传承与发展壮大的应有之义，也是中华文化博大精深、丰富多彩的表现。虽然此等意义与价值国人皆耳闻目染、耳熟能详，但是在富有具体细节的展示与回顾中，如同进入百花园，流连忘返，常见常新。

第一节　金绖

金绖原籍与方氏家族一样也是广东，后迁移吴县。金绖能诗，著《蕴亭诗稿》。晚年研究易理，著有《读易自识》。《（同治）苏州府志》卷八十二称，金绖诗负奇气，不肯一语庸下。晚年研究易理，不复为诗，所著《蕴亭诗稿》皆少壮时所作。《（同治）苏州府志》卷第一百三十六记载，金绖有《读易自识》《蕴亭诗稿》二卷。关于《读易自识》，《四库提要》有著录。"《读易自识》（无卷数，江苏巡抚采进本），国朝金绖撰。绖字丝五，吴县人。是书随笔记录，未分卷帙。首为总论，次为《系辞》《序卦》，次乃为六十四卦，次序与诸本迥异。又《序卦论》中乃多解《说卦》，标目亦不相应。盖未成之稿，后人以意抄合，遂倒乱无绪也。其说《易》好为新解。如谓《南华》取象，率本于《易》。如《逍遥游》曰鲲，阴物类也，犹坤卦之象马也。曰鹏，阳物类也，犹乾卦之象龙也。鲲化为鹏，阴变而阳，自北溟而徙南溟，盖自一阳之动于至阴，而历六位以时成，故曰六月息也。曰九万里，曰六月息，即卦之用九用六，以言变也。言鲲化而不言鹏变，盖复可喜而变不可言，而《易》之扶阳抑阴也云云，持论之异，大抵如是，亦可谓之好奇矣。"[①]按《四库提要》的说法，金绖的《读易自识》，多有新解奇见，我们从中也可见金绖思想之一斑。清初诗人，早年为诗，晚年关注性理之学，比较常见，大致是中青年时代纵情诗歌，中老年逐渐沉郁浑厚，转而进行更多的思辨与探究，有哲理性的著述问世。金绖的岳父方殿元就是先有诗名，后著《环书》，而且方殿元最为看重《环书》。

金绖生平事迹，最可靠的文献是金绖女婿、状元钱维城在《金蕴亭先生遗稿序》中的记载与描述，颇生动传神，也很有深厚的情谊。"蕴亭先生以乾隆庚申（1740）五月卒于京师，维城亲视其含敛。辛酉（1741）二月归葬于吴门之西碛山，维城与执绋。乙亥（1755）八月，请急归省，谒外舅定涛先生（金绖子金祖静，字定涛）于济阳，以一卷授余曰：'先公

[①]（清）永瑢等：《四库全书总目》卷十经部十，清乾隆武英殿刻本。

遗稿，以属子为订定，将谋剞劂焉。'呜呼！先生卒十六七年矣，其声音笑貌，言论丰采，日往来于梦寐间者，犹昨日也。今复见其遗稿，未开卷而泪浸浸下矣，尚何能握管而序一言耶。虽然，其又可无一言耶。先生天资豪放，不修边幅，其与人天真烂然，无富贵贫贱老稚皆率意遇之，好周人之急。家素封，以此中落，而先生意洒如也。岭南诗学，自曲江而后，代有作者。至近代而邝湛若、屈翁山、陈元孝、梁药亭、陶苦子、方九谷诸公，卓然名家，得风雅之正。先生九谷之婿，药亭之甥婿也。故其诗渊源二家，而风骨过之。其在吴，与方勺湖、沈归愚、李客山、刘东郊相切磋。少游京师，与红兰主人（勤郡王岳端，字兼山，号红兰主人）之社一时名士，交手让之。时阮亭尚书（王士禛）以诗雄视海内，见先生'高云不碍静，迟日自知寒'之句，为之倾倒。顾不自爱惜所作，恒散失，今所存者多零篇残幅，掇拾于败簏之中。忆戊午秋，维城就婚甥馆，时年十九，先生年六十有七，每有所作，辄曰：'钱郎云何？'时时上下，其议论泛滥于古今名家，流分派别，较若列眉。指其得失，别其同异，而一以李杜为归宿。先生之所以开余者如此，其深且至也。先生之视余，谆复如弟子，莫逆如好友，爱惜保护如骄子。其所期余者甚大，今淹忽十六七年，迄无所成就，学日益以荒，余之所以副先生望者，何如哉。维城今年三十有七，又如是十六七年，则亦将老矣。人生几何，其所谓十六七年者有几。方其时，才力犹可足用，且得先生日夜耳提而面命之，尚不克自树立，以稍涉古人之藩篱。今去先生益久，微言绪论，日就坠失，质益钝，牵以世务，刺刺无须臾之闲，虽欲发愤强进，譬犹瞽者之无相，迫以日暮。而趋三月聚粮之路，陵谷又从而间之几何，其不颠蹶彷徨涕泣而无所归也。谨就先生诗，稍正其鱼鲁，以应外舅之命，而并述先生之所以教余者，志感焉。先生配方太恭人（方洁），年八十三，尚康强无恙。自有集，归愚宗伯（沈德潜）为之序。"①钱维城因为曾入赘金家，故此对于金𫓧的风采乃是亲见，其天资豪放，不修边幅，与人交往天真烂然，无论富贵贫贱老稚皆率意相对，而且好周济别人之急。金𫓧家道素清贫，即使中落，而意态洒如。可亲可敬的金𫓧之文人风采跃然纸上。虽然金𫓧本人的家学渊源已经不可考，但是他显然继承发扬了岳父方殿元之家族的家学家风，也借鉴了另一岭南大诗人梁佩兰的诗学与诗风。梁佩兰与方殿元二人又都是岭南七子中的成员，金𫓧诗文的风骨要超越两位长辈高人，其诗作水平之高就不言而喻了，这是至高之评价。

钱维城与金𫓧感情很深厚。钱维城在金家之时，还是一位青年，年方十九岁，直接受到已经六十七岁金𫓧的指导教诲与关怀，金𫓧对其爱惜保护如骄子，所抱期望甚大。对于金𫓧，钱维城显然是敬仰尊重的。钱维城《宿二道并夜读金蕴亭先生诗》："千古知音能有几，一生落拓岂无情。不知寂寂秋坟里，听否人间夜读声。"②大致是称金𫓧是其知音。钱维城在《勺湖集序》中也多次提及金𫓧，笑貌音容如在眼前。方家、金家一门诗人之盛，已经形成了良好的文化氛围与意蕴，颇值得称道赞赏，文化渊源与家学传统的辗转流变，又影响到钱氏家族、计氏家族与杨氏家族。

金𫓧交友较多，在苏州，与方朝、沈德潜、李果、刘震相切磋。青年时游京师，与红兰主人岳端等一时名士相往还。岳端，又称蕴端、袁端，号玉池生，别号红兰室主人，又称长白十八郎、东风居士，安乐郡王岳乐之子。康熙二十三年（1684）封多罗勤郡王。岳端在清初文坛上颇有名望，是一位学有成就的诗人和画家，无论在诗歌、绘画、音乐、戏曲诸方面的造诣都达到了相当高的水平。岳端有诗集《玉池生稿》，戏曲《扬州梦传奇》，选辑有

---

① （清）钱维城：《钱文敏公全集》茶山文钞卷三序，清乾隆四十一年眉寿堂刻本。
② （清）钱维城：《钱文敏公全集》茶山诗钞卷六，清乾隆四十一年眉寿堂刻本。

唐代诗人孟郊、贾岛的作品集《寒瘦集》。他画山水的艺术，洒丽纵逸，类八大山人，墨兰得元人之秀致，绘画作品逾百幅。无论何时何代，京城总是文化资源与文人士子最为荟萃集中之地，即便是有多个文化中心，京师也必然是其中最为兴盛的中心之一。金绖来到京城，受到王公贵族以及文人群体的欣赏与赞扬，这无疑充分肯定了金绖的诗文成就，表明其获得了文坛的认可。《清文献通考》卷二百三十五经籍考："《蕴亭诗稿》二卷，金绖撰。绖字连城。吴县人。钱维城序曰，蕴亭诗派出自岭南。少年至京师。秋日游灵佑寺，有'高云不碍静，晴日自知寒'之句，为新城王士禛所赏。"[1] 王士禛以诗雄视海内，也倾倒于金绖诗句，只此一例，就可显现金绖的诗才。

沈德潜与金绖相知很深，交情也很深厚，且对金绖的才学与品行十分赞赏。沈德潜有《狂歌行赠金蕴亭移居》一诗："丈夫不能驰骋疆场间，博取状貌图凌烟。便当云卧避尘世，安能逐逐城市终日不得开心颜？之子少负封侯相，置身宛在青云上。西之秦晋，北幽燕，挟策常思干伯王。功名蹭蹬无所成，冷落微官气凋丧。朝泛宛溪水，暮宿敬亭云。乞钱不遇苏司业，籴米谁过郑广文？归来依旧栖吴门，日饮美酒颜微醺。耳语欲鄙程不识，射虎自诧飞将军。酒酣耳热吐高论，谬悠荒怪不顾惊人群。年来每遭俗眼白，途穷四顾乾坤窄。大鹏甘与鹪鹩伍，骐骥翻随驽骀迹。尘埃扰扰上须眉，壮志消磨竟何益？幡然便欲辞喧嚣，卜宅江村弄泉石。白云最深处，高卧林塘幽。垂纶钓鲂鲤，荷笠骑耕牛。偶然兴到著篇翰，寓言仿佛逍遥游。云霄万里无梦寐，闲身分作坳堂舟。繄予僻处鲈水头，东西相隔路阻修。望而不见心怀愁，何当访尔随白鸥？相逢命酒但痛饮，狂歌直欲寻丹丘，握手一笑三千秋。"[2] 诗中回顾展示了金绖的生平行为。他曾游历北方，也有一定的青云

---

[1] （清）官修：《清文献通考》卷二百三十五经籍考，清文渊阁四库全书本。
[2] （清）沈德潜：《归愚诗钞》卷八，清刻本。

之志,如"西之秦晋,北幽燕,挟策常思干伯王。功名蹭蹬无所成,冷落微官气凋丧",就是功名抱负实际上没有实现的表现。但是金绥没有气丧,仍然保持了气节与豪迈之性情,纵情诗酒,酒酣耳热之际仍然高论阔谈。壮志消磨,幡然便悟,辞别喧嚣,白云深处,高卧林塘,在个人修为上自有一番境界。

金绥作有《寄芝仙西征幕府》:"枚生长托乘,王粲始从军。会有平戎策,能开西极云。令严千雪帐,犒士万羊群。指日应降虏,铙鼓奏凯闻。"①诗意平整畅达,有古风之意蕴,表达了如古代之文人谋士建功立业于西北战场的意绪。《雪桥诗话》记载:芝仙为常熟徐芬若,生三岁,家人偶出,辄能自起跏趺,合掌而坐。学诗于王士祯,为红兰主人岳端所知,题其诗集曰《飞云》。勤郡王岳端的《玉池生稿》中还收录有与此次西征相关的几首诗。康熙三十五年(1696),勤郡王亲征漠北,安郡王驻守归化城。徐芬若以书生的身份跃马相从出塞。金绥与勤郡王岳端、王士祯相识交往,认识徐芝仙,故此写下《寄芝仙西征幕府》。西北风景异于内地,金戈铁马之下有雄壮英武也有风霜苦艰雨雪漫天。金绥与西北边塞将领的交往,应该说是在诗才之外,其身上还有豪壮的奇气,这也反映了金绥不单单作为一名文人,他其实也想有所作为,有功用于国家社会。

金绥著有《蕴亭诗稿》二卷,上文已经见于钱维城所作序,且知《蕴亭诗稿》由金祖静刻于1755年、钱维城修订。《四库全书总目》卷一百八十五集部三十八:"《蕴亭诗稿》二卷,江苏巡抚采进本。国朝金绥撰。绥,字连城,先世居广东。绥移居于江南,遂为吴县人。是集为其子祖静所编,前有钱维城序,称其诗派出自岭南。少年至京师,秋日游灵佑寺,有'高云不碍静,晴日自知寒',为新城王士祯所赏。又附载旧评数条,其一条云,才不

---

① (清)沈德潜辑评:《清诗别裁集》卷二十九,清乾隆二十五年教忠堂刻本。

富却有气，如裴旻舞剑，非行阵之才，而亦能令吴道子长笔；力思不苦，却自深如帝释天，人不能参扣闻大迦叶语，亦一一八真法藏；语格欲正，却亦别如蜀汉南唐，称名甚正，论其立国，固是偏隅，亦颇得其似云。"① 金绖之才，有可称道之处。《清通志》卷一百三艺文略、《（同治）苏州府志》卷一百三十六都注明金绖有《读易自识》《蕴亭诗稿》，说明金绖著述曾一度流传于世，也得到学界、文坛的认可。

关于金绖的生卒年，钱维城曾说，金绖于乾隆庚申（1740）五月卒于京师，钱维城亲为其含殓入棺。第二年二月金绖归葬于吴门之西碛山，钱维城又去送葬。钱维城还忆戊午（1738）秋，钱维城就婚之时，时年十九，其年金绖年六十有七，据此推之，即金绖生于1672年，卒于1740年，年六十九岁。金绖有子四人，女一人。长子金祖静，次子金祖昌。庶子二人，金祖苾、金祖芬。女一人，未留下名字与生平事迹。

关于金祖昌，《（同治）苏州府志》卷六十五："金祖昌，仲聃，通州籍。顺天中式见进士。"金祖昌在乾隆二十五年（1760）到乾隆二十八年（1763）为湖北利川知县。乾隆十六年（1751）金祖昌曾写《夹壁回龙寺》诗："山房雨湿近黄昏，借读传灯净六根。愧我腰无学士带，且留三字镇山门。"当时寺僧向金祖昌乞书的"回龙寺"三字，今尚存。回龙寺，位于今利川市毛坝镇夹壁村，明代古刹，建于明天启年间，也曾远近闻名，香火鼎盛，乡民又称之"张爷庙"。今仅存石制庙门，已经是断壁残垣，门楣书"临门舒雅"四个字。② 金祖昌的经历大致如此。

---

① （清）永瑢等：《四库全书总目》卷一百八十五集部三十八，清乾隆武英殿刻本。
② http://blog.sina.com.cn/s/blog_3e67aa230101ed9e.html.

第二节　金祖静

一、金祖静生平

《(同治)苏州府志》卷八十三:"金祖静,字会川,又字定涛。继子,母方氏,名京(洁),能诗,岭南方殿元女也。雍正初,祖静游京师,荐举贤良方正科,授户部云南司主事,升广西司员外,旋擢云南司郎中。从大学士忠勇公傅恒经略金川,佐理军务。忠勇公深器之。凯旋,授四川叙州府知府。亲老告近,补山东济南府知府。擢济东泰武临道,调运河兵备道。告养回籍,丁内艰,服阕授浙江金衢严道,调湖北荆宜施道,擢贵州按察使,署布政使。历官三十余年,俱有惠政,年七十五致仕归。所居授经堂,在阊门皋桥里,芦帘棐几,瓦枕藤床,晏如也。读书老而弥笃。书法模虞永兴,继从外舅杨宾游,始攻晋帖。四十后,从二王。稍降赵集贤,而尤近文待诏。群从子弟以时相见,问字必博征古今,缘起根末,终日无倦。性好俭,尝语人曰,惟俭可以养廉,惟俭可以惜福。起居饮食淡泊寡营。卒年八十一。"[①]金祖静仕途成功,官宦生涯很长,历官三十余年,官至贵州按察使,正三品。至七十五岁,才致仕,归苏州,卒年八十一。

金祖静是在雍正二年(1724),举贤良方正科。1738 年,金祖静先是在

[①] (清)李铭皖等修,冯桂芬纂:《(同治)苏州府志》卷八十三,清光绪九年刊本。

户部为官。《金夫人家传》中记载:"戊午(1738),夫人(金祖静二女儿金安)年十九,按察(金祖静)方官农曹。"农曹是指其任职户部而言。金祖静在户部大约十年。

1748年九月授傅恒以大学士,代讷亲经略金川军务。金祖静"从大学士忠勇公傅恒经略金川,佐理军务。忠勇公深器之。凯旋,授四川叙州府知府"。傅恒深受乾隆宠信,整个清代,太师、太傅、太保"三公"加于一身的宰辅寥寥无几,傅恒则是其中之一;当时紫光阁陈列百名功臣像,傅恒赫然列居首位;两度晋封为一等公的,在乾隆朝,傅恒当是绝无仅有。因金川之战,傅恒更是声名远扬。

1749年,金祖静担任四川叙州府知府。因金川之战到乾隆十四年(1749)正月就基本结束,那么凯旋后,授金祖静四川叙州府知府的时间不会太久,金祖静担任的时间就可能是在乾隆十四年,即1749年;而且金祖静在叙州府知府后任济南知府,时间是1750年。金祖静的女婿钱维城曾作诗两首,提到金祖静在四川。《赠外舅安安先生之蜀》:"蜀都本号繁华地,太守原非冗长官。绝徼只今烽火急,高堂况是别离难。天涯涕泪挥鞭尽,江介风云满目寒。公是汉宫题柱客,惊尘回首一长叹。"① 从此诗"烽火急"看,可能是作于金祖静前一年随傅恒经略金川佐理军务之时。钱维城还有《怀安安先生蜀中不归》一诗:"三城罢战戍楼荒,一载储胥尚未遑。早说陈情来令伯,不闻回驭有王阳。简书严切愁猨鸟,宦况鞿迟过雪霜。滟滪即今高似马,愁君何日下瞿塘。"② 金祖静在四川叙州府知府任上只一年就因"亲老告近,补山东济南府知府"。钱维城作《喜外舅安安先生以亲老改刺近郡》,其诗曰:"莫叹从戎素愿违,还朝许着老莱衣。桃关戍卒日边静,雪岭

---

① (清)钱维城:《钱文敏公全集》茶山诗钞卷二,清乾隆四十一年眉寿堂刻本。
② (清)钱维城:《钱文敏公全集》茶山诗钞卷二,清乾隆四十一年眉寿堂刻本。

使臣天外归。露冕不贪符守贵，绝裾真觉古人非。江行早晚能千里，休看鹍鹄南向飞。"①《大清高宗纯皇帝实录·乾隆十四年（1749）三月上》记载："据舒赫德奏，拣发四川候补知府金祖静，家有老母。因蜀道崎岖，不能迎养，可否仰邀圣恩，俟该员查核军需事竣回京，或以近省之缺补用，或留京作何补用等语。金祖静，着照例以近省知府补用。"所以才有下一年之时，金祖静任济南知府的任命，此时他获得了朝廷的照顾。

金祖静乾隆十五年（1750）任济南知府，乾隆十七年（1752）十二月任济东道（济东泰武临道）。对于金祖静担任济东道，《（道光）济南府志》卷二十九记载："分守济东道一员，驻济南府，参议衔，兼理通省驿传。旧本武德道，康熙六年裁，九年复设，改为济东道，辖济南、东昌二府。初驻德州，十二年移驻济南府，兼辖武定泰安等处，正与今制同。……各道列参政、参议、副使。……王廷诤，安徽全椒人，举人，十六年二月任。吴士功，河南光州人，进士，十七年十月由盐运使兼署。金祖静，江南吴县人，监生，十七年十二月任。"②可见金祖静担任济南知府两年，担任济东道也前后两年时间，到乾隆十九年（1754）。《（民国）始兴县志》卷八收录有山东乡试考官、编修林明伦所作《山东乡试录奏本》，时间是1753年，其中有"皇帝御宇之十有八年，岁在癸酉"，提调则盐运使吴士功；综理庶务纲举目张鉴试，则济南道金祖静；内鉴试则登莱青道沈廷芳。③表明1753年之时的金祖静是在济南道任上。

金祖静在任职济东道两年之后，由朱若东于1754年五月接任，金祖静也调运河兵备道。《（乾隆）兖州府志》职官志记载，运河兵备道史奕昂，江苏溧阳人，乾隆十四年任。金祖静，江苏吴县人，乾隆十九年任。蔡学颐，

---

① （清）钱维城：《钱文敏公全集》茶山诗钞卷二，清乾隆四十一年眉寿堂刻本。
② （清）王赠芳等修，成瓘等纂：《（道光）济南府志》卷二十九，清道光二十年刻本。
③ 参见（民国）陈赓虞等修《（民国）始兴县志》卷八，民国十五年刊本。

河南虞城人，乾隆二十年任。① 运河兵备道官署应该是在山东济阳，据雍正《清会典》载："顺治初，仅设河道总督一人，又称总河，综理黄河、运河两河事务，驻济宁州。"

1755 年，金祖静在济阳。金祖静女婿钱维城曾在济阳见金祖静，他在《金蕴亭先生遗稿序》中说："乙亥（1755）八月，请急归省，谒外舅定涛先生（金祖静，字定涛）于济阳，以一卷授余曰：'先公遗稿，以属子为订定，将谋剞劂焉。'"济阳县邻近济南，因其位于古济水之北，故名济阳。钱维城还赋诗两首。第一首，《壬戌（1742）之秋下第南归，与外舅安安先生相遇济阳舟次，旅况萧瑟，以诗见示，依韵奉酬，有"互审别容都道瘦，借看游橐各赢诗"之句。今请假南归，道由济上，先生方驻节于此。留宿署中，剪烛夜话，不胜今昔之感，仍次前韵》："鸿爪萍踪是夙期，十年重此话羁思。旌麾坐拥非当日，风雨连吟又一时。后晤有凭应听雪（长至前后北上当复过此），前游似梦怕翻诗。人生此会真难得，鲁酒如渑醉莫辞。"② 还有一首诗《奉答外舅金安安先生济阳见赠之作》："把菊重阳已后期，满天风雨压离思。云山极目相望处，舟楫无心乍遇时。互审别容都道瘦，借看游橐各赢诗。与公便结同行伴，共卧秋帆咏好辞。"③ 此诗作于 1742 年金祖静与钱维城翁婿相见时。

1757 年，金祖静因母亲方太夫人离世，辞运河兵备道之职务回家守丧。因此金祖静担任运河兵备道时间有三年。金祖静父亲金绖卒于 1740 年，金祖静母方洁卒于 1757 年，而金祖静是从"补山东济南府知府，擢济东泰武临道，调运河兵备道，告养回籍，丁内艰，服阕授浙江金衢严道"，可以推之，金祖静因母去世，离开运河兵备道之职务，母丧三年丁忧结束后，在

---

① 参见（清）觉罗普尔泰修：《(乾隆)兖州府志》职官志，清乾隆二十五年刻本。
② （清）钱维城：《钱文敏公全集》茶山诗钞卷四，清乾隆四十一年眉寿堂刻本。
③ （清）钱维城：《钱文敏公全集》茶山诗钞卷一，清乾隆四十一年眉寿堂刻本。

1761 年担任金衢严道，此时是乾隆二十六年（1761）。

1761 年前后，金祖静任职金衢严道。《清代文字狱档》之"林志功捏造诸葛碑文案"，正是发生在 1761 年，此时金祖静在任上。《清代文字狱档》："闽浙总督杨廷璋、浙江巡抚庄有恭，军机处档。闽浙总督革职留任臣杨廷璋、浙江巡抚革职留任臣庄有恭谨奏，为奏闻事。本年四月十五日，臣庄有恭接据金衢严道金祖静、衢州府知府甘士瑞禀称，四月十一日据常山县知县张又泰赴郡禀称，该县于四月初三日差竣回任，访闻该县九都地方，有林志功，素患疯癫。近称抄有诸葛碑文，遂密赴该犯家，查拿收检，于该犯房中四书内，获有底稿八纸，细加阅看，语多不经，但尚无悖逆之句，随提伊叔林鸿瑞、伊子林常本隔别研讯，据供林志功自雍正十三年妻子相继亡，故感发疯症，医治不痊。乾隆二十、二十一等年疯疾愈甚，经前任县府押发收管，解回锁锢，有案。今已于本月初四日出门，他说到玉山县妻父张宝臣家去等语，复提邻保徐明远等供质，相符，随即押属查拘。"有关犯人俱发往黑龙江宁古塔。时间是"乾隆二十六年五月初十日。乾隆二十六年五月二十六日奉朱批该部核拟具奏钦此"①。金衢严道是清代浙江四道之一。雍正十二年(1734)置，驻衢州府，领金华府、衢州府、严州府。

1762 年，金祖静在金衢严道之后，贵州按察使之前，任职荆州道，其间苏长龄在 1768 年接任，到 1769 年金祖静再任，1769 年金祖静调任贵州按察使。荆州道或可称荆南道，后扩大称荆宜施道，乾隆四十八年（1783）奉文兼督荆州钞关。《乾隆实录·乾隆三十四年十月下》："湖北荆南道金祖静为贵州按察使。"《荆州府志》更是明确记载金祖静两次，《（光绪）荆州府志》卷三十三："金祖静，江苏监生，乾隆二十七年（1762）任。苏长龄，直隶贡生，乾隆三十二年（1767）以荆州知府护。金祖静，乾隆三十三年

---

① （民国）故宫博物院文献馆编：《清代文字狱档》，民国本。

（1768）再任。"① 金祖静上任贵州按察使途中，正是从荆州出发，过施南。金祖静之弟金祖昌在乾隆二十五年（1760）到乾隆二十八年（1763）为清朝第八任利川知县，利川属于施南府。钱维城有诗为证，《晚抵荆州，适安安先生行部施南，不晤，怅然有作》："六千里外韩公面，三十年来卫子心。到地忽判蛮洞远，漫天空对楚江深。灯前亲切诸郎话，道左逢迎过客吟。我在黔阳长北望，星轺早上莫侵寻。"② 诗中注曰，"时公已擢贵州按察使"。此诗境界开阔，也论及自身的生平与当时的心境。

1769年（乾隆三十四年）冬十月，金祖静任布政使，至1771年致仕归。《大清高宗纯皇帝实录·乾隆三十四年十月下》："调河南巡抚喀宁阿为贵州巡抚、安徽巡抚富尼汉为河南巡抚、以江苏布政使胡文伯为安徽巡抚、安徽按察使姚成烈为江苏布政使、直隶热河道增福为安徽按察使、湖北荆南道金祖静为贵州按察使。"《（道光）贵阳府志》《（民国）息烽县志》都记载金祖静于乾隆三十五年（1770）十一月十九日任布政使，第二年有人接任。《东华续录（乾隆朝）》则记载，金祖静是乾隆三十四（1769）任贵州按察使。然后在乾隆三十六年（1771）三月离任到京。《东华续录》还记载："（乾隆三十六年三月）癸亥，吏部议奏，署云贵总督彰宝，前任贵州巡抚宫兆麟、喀宁阿，布政使观音保，按察使金祖静等，于署威宁州知州高玮等短缺铅斤米石及短发工本等款，不行查揭，应照例降革。得旨，依议，宫兆麟着革任，彰宝着降一级留任，金祖静着降三级用。"③ 乾隆三十六年是1771年，三月，金祖静降三级留用按察使，五月，金祖静即离职回乡。而《乾隆实录》则记载，早在乾隆三十五年（1770）九月，就有调离金祖静的想法。《大清高宗纯皇帝实录·乾隆三十五年九月下》：

---

① （清）倪文蔚修：《（光绪）荆州府志》卷三十三，清光绪六年刊本。
② （清）钱维城：《钱文敏公全集》茶山诗钞卷十，清乾隆四十一年眉寿堂刻本。
③ （清）王先谦编：《东华续录》乾隆七十三，清光绪十年长沙王氏刻本。

"谕军机大臣等,宫兆麟具奏,属员贤否折内,称臬司金祖静两耳重听,难以听断等语。臬司为通省刑名总汇,如果重听,不能审断,自难胜任。金祖静原不过循分妥当之人,因其在道员任内较久,特加擢用。或系年齿渐老,耳聋衰惫,亦未可定,一经朕面为询察,自不能稍有隐饰。但藩司三宝,现已奏明起程来京,两司不便同时俱缺。着谕宫兆麟,俟三宝回任后,即令金祖静来京陛见。"《大清高宗纯皇帝实录·乾隆三十六年二月下》:"又谕:去秋宫兆麟奏属员贤否折称,金祖静两耳重听,因臬司为刑名总汇,若果耳聋,于听断非宜,一经面为询察,自难掩饰。遂传谕宫兆麟,俟三宝回黔,即令金祖静来京陛见。宫兆麟接奉此旨,止须传令金祖静来京,初不必告之以故。今日阅金祖静折,则称抚臣恭录廷寄转行。宫兆麟所办,甚属错谬。信谕旨,理宜慎密,岂可轻泄于人。若抄录转行,则更无此情理。前因宫兆麟在湖南臬司任内办事尚属认真,是以特加擢用。及简任滇抚以来,见其办事粗率,动多舛误。看来不过一专恃口给,毫无实际之人,难胜封疆重任,因将伊降补臬司,尚不料其糊涂不晓事竟至于此。昨来行在召见,看其精力亦渐就衰,恐并不能如前此之奋勉。着传谕明山,俟宫兆麟到任后,传旨申饬,并为留心察看,如其办事仍不着要或神气日复衰颓,即行据实奏闻,毋稍徇隐,着于明山奏事之便,传谕知之。"《大清高宗纯皇帝实录·乾隆三十六年三月上》:"又谕曰:贵州按察使金祖静,年逾七旬,精力渐衰。现令来京陛见,候朕另降谕旨。其贵州按察使员缺,着蔡应彪补授。"《大清高宗纯皇帝实录·乾隆三十六年三月下》:"吏部议奏:署云贵总督彰宝,前任贵州巡抚宫兆麟、喀宁阿,布政使观音保、按察使金祖静等,于署威宁州知州高玮等短缺铅斤米石及短发工本等款,不行查揭,应照例降革。得旨,依议。宫兆麟着革任,彰宝着降一级留任,金祖静着降三级用。"基本上可以肯定金祖静在1771年三月不再担任贵州按察使。

金祖静生卒年失载,只知其年八十一岁卒,七十五岁致仕归。《(道光)

贵阳府志》《(民国)息烽县志》都记载金祖静于乾隆三十五年(1770)十一月十九日任布政使,第二年有人接任。《(道光)贵阳府志》卷六十六还记载:"孙英以二十九年九月去(职位),湖北京山熊绎祖继之。绎祖以三十一年去(职),高积继之。积以三十五年伏法,江苏吴县金祖静继之。祖静以三十六年(1771)五月去布政使。三宝兼署。三宝以是年六月解任,浙江仁和蔡应彪继之。应彪以三十七年六月迁布政使,不知继者何人。"① 可见金祖静是乾隆三十六年(1771)五月离任,他是贵州按察使署布政使,所以按察使和布政使一起离职,由三宝接任。如果说,八十一岁卒,七十五岁致仕归,是准确的事实,则金祖静是生于1697年,卒于1777年。金祖静父亲金绖生年为1672年,母亲方洁生于1673年,女婿钱维城生于1720年,金祖静是生于1697年,正好三代人之间在年龄上也是比较恰当。有说金祖静生于1736年,卒于1795年者,生年、卒年等相差太远,应该是不准确的。此处对于金祖静仕途的考察,显然是对其生平、年龄、家世以及文化活动的必要补充。

二、金祖静生平与交游

金祖静的生平与交往基本上比较详细。他主要结交了一些当世的文人。

金祖静与文史大家王鸣盛有交谊。王鸣盛(1722—1797),官侍读学士、内阁学士兼礼部侍郎、光禄寺卿。王鸣盛是著名的史学家、经学家、考据学家,撰有《十七史商榷》《耕养斋诗文集》《西沚居士集》。金祖静生于1697年,比王鸣盛大二十多岁,钱泳在金祖静家见到王鸣盛,"始识于金安安先生坐上",当在1775年前后,此时金祖静年近八十。王鸣盛是嘉定人,今上海嘉定区,距离苏州金祖静家不远,后王鸣盛更是迁居苏州,二人交往是

---

① (清)周作楫修,萧琯等纂:《(道光)贵阳府志》卷六十六,清咸丰刻本。

可能的。

金祖静与苏州顾宗泰也有联系。顾宗泰《月满楼诗文集》诗集卷十七系船集有《安安先生归自蓟门赋呈》："女坟湖畔柳如烟，天际初归鹤发仙。喜入香山联旧侣，别开诗国擅新篇。星轺遍历江湖胜，云阁重寻翰墨缘。尽许画屏传好事，荷衣竹杖步花前。"①安安乃金祖静别号。《(同治)苏州府志》卷九十："顾宗泰，字景岳，乾隆四十年进士。为诸生时，试辄冠军，与吴县诸生刘璜齐名。家有月满楼，文酒之会无虚日。袁枚称其诗清冠等夷，海内知名之士无不交投缟纻。官吏部主事，出为广东高州知府。罢归。"②顾宗泰与王鸣盛同从沈德潜学，而沈德潜与方氏家族和金家关系密切，王鸣盛也与金祖静有往来，因此顾宗泰与金祖静相互熟悉是可能的。

钱泳与金祖静关系密切，虽然钱泳本人比金祖静小六十岁。钱泳《履园丛话》中丛话六之耆旧部分有"安安先生"条，安安乃金祖静别号。钱泳说，自己"年十七曾受业于先生之门，与吴中贤士大夫游，自此始也"③。钱泳，江苏金匮（今属无锡）人。长期做幕客，足迹遍及大江南北。工诗词、篆、隶，精镌碑版，善画。钱泳还提道："余年十七尝受业于金安安先生之门，先生时年八十，精神尚健，日以赋诗作书自课，偶命诸公子分赋瓶菊诗，余亦分得堂字韵，有云'寄人篱下非长策，喜带新霜入画堂'，先生为之击节叹赏，谓诸公子曰，此生出笔颇有作意，将来必能自立者。呜呼！余一生坎坷不遇，岂能自立耶。追忆师言，辄呼负负。"④钱泳《履园丛话》卷七"援墨入儒"条，涉及金祖静的思想，其中说："业师金安安先生有句云'一官骗得头全白'。推此而言，人生富贵功名声色货利以至翻云覆雨之

---

① （清）顾宗泰：《月满楼诗文集》诗集卷十七系船集，清嘉庆八年刻本。
② （清）李铭皖等修，冯桂芬纂：《(同治)苏州府志》卷九十，清光绪九年刊本。
③ （清）钱泳：《履园丛话》卷六，清道光十八年述德堂刻本。
④ （清）钱泳：《履园丛话》卷八，清道光十八年述德堂刻本。

事，何莫非骗局耶。甚而骗到身后之名，可悲也。故佛家有五蕴皆空、六根清净之说，为之一笔钩销，甚属畅快。然余以为，毕竟六根清净始可立圣贤之基，果能五蕴皆空，方与言仁义之道。若一入骗局，便至死而不悟矣。斯言也，并非援儒入墨，直是援墨入儒。"①钱泳与金祖静之间的隔代交往与回顾，都可堪观览。

金祖静之家族渊源深厚，又长期担任重要官职，且本人高寿，诗文应和以及交谊友朋自然很多。包括王士禛在内的名人都曾与金祖静一起酬和赋诗，而金祖静诗作颇受好评。禹之鼎作《顾侠君先生小秀野图》："压卷渔洋调最工，高吟一十九人中。安安腕有羲之鬼，后劲端应属此翁。"同时诸公雅集，自王士禛而下题写者有十九人，卷尾有安安老人跋。安安，金定涛先生别号。②这里的安安、定涛是金祖静的字和号，都是指金祖静。

三、金祖静的诗文与书法

虽然金祖静久在官场，颇有惠政，但他还是一位诗人、书法家，读书老而弥笃，书学方面也很有成就，著有《定涛诗文集》十二卷，赵执信、沈德潜两人为之作序。沈德潜与方氏家族关系密切，他与方氏家族中人三代皆有交往，沈德潜本人也很高寿，在世时间很长，故此与金祖静这一代还有往来，可谓是世交。赵执信（1662—1744）为王士禛甥婿，清代诗人、诗论家、书法家。

金祖静三十多年做官各地、历任多个职位，一些地方尚有其文字留存。《（乾隆）历城县志》卷十八古迹考五："兴隆寺，乾隆十八年金祖静重修

---

① （清）钱泳：《履园丛话》卷七，清道光十八年述德堂刻本。
② 参见（清）翁心存《知止斋诗集》卷九古体诗八十二首，清光绪三年常熟毛文彬刻本。

记，历城东黄石庄，有兴隆寺，唐时旧刹也。"①《(同治)苏州府志》卷一百四十一："《五路财神庙记》，金祖静撰，林蕃钟书。乾隆三十八年，在芝草营桥。"②"《重立苏碑序》，金祖静撰，在定慧寺。"③金祖静父亲金绖从广东移居吴县，应该是金氏家族在吴县之始，但是金氏很快就成为苏州有影响的家族，今天吴县金氏留下的族谱有七部，其中吴县《洞庭夏泾金氏宗谱》八卷，清金兰军编，清道光十一年（1831）叙伦堂活字本，共八册，藏于国家图书馆。金祖静作有1761年四修宗谱序，曰："夫谓家之有谱，犹国之有史也。史纂一朝，所以纪年号、表褒贬之类。谱联一族，所以奠世系、别亲疏之属。以国以家者，最所重且亟矣。盖其所以重，一本之所始，百世之所共，五服之所分，九睦之所辨；而祖孙父子，循环脉络焉。靡弗条贯于其中，疏注于其下。散处数千里之远，历经数百年之遥，统而合之，同出一祖；绪而分之，各成一族。此其理势然也。窃忆吾族之来，必由先人之说，当在宋纪，家世休宁。迨及元时，宦籍吴县。至于大明，播遍山林水泽之乡。迄于本朝，特出荣显隐德之士。据先君子之言，良足征也，俱见载籍。爰今辛巳（1761）之春，予得林屋之游，追寻胜概，屡宿丛林。恰遇岳源、康民两宗贤于古柏堂，迎敬交致，雅叙成欢。"按此，苏州金氏在元代时期已经存在，金绖也许从广州而来，是认祖归宗。金祖静作宗谱序，时间是在乾隆二十六年（1761）禊春望日，署名"特授中宪大夫直隶山东运河兵备湖北道按察使司副使前工部虞衡清吏司郎中宋忠肃公第二十四世皋里（皋桥里）从孙祖静安安氏拜序"。

金祖静工书法。他先是模仿大书法家虞世南，继从岳父杨宾，攻学晋帖。四十后，又从学"二王"——王羲之、王献之的书体。稍降，再学元代

---

① （清）胡德琳修，李文藻等纂：《（乾隆）历城县志》卷十八古迹考五，清乾隆三十六年刻本。
② （清）李铭皖等修，冯桂芬纂：《（同治）苏州府志》卷一百四十一，清光绪九年刊本。
③ （清）李铭皖等修，冯桂芬纂：《（同治）苏州府志》卷一百四十一，清光绪九年刊本。

赵孟頫，后又学明朝文徵明。转益多师之下，书法成就可想而知是颇有成就的。他是受到精通书法的岳父杨宾的亲自教导，书法上自然非单单临摹名家者可比。此外，金祖静的母亲方洁书法成就也很高，金祖静的书学造诣肯定在其幼年或青少年之时受到方洁的影响与培育。

《国朝书人辑略》卷四："金祖静，字会川，别号安安，江苏吴县人。官贵州按察使。先生好读书，老而弥笃。案头尝置五色笔，见载籍中有人地事迹年月先后可疑者，必厘而点乙之，时作蝇头小楷，撮记大要，以便翻阅。"[①] 此记载来源于钱泳《履园丛话》。《(民国)吴县志》卷六十载有一则资料，"《凤氏宗祠义田记》，王鸣盛撰，金祖静书。咸丰十一年。见《吴郡西山访古记》"[②]。此等碑刻石刻，往往是请一方名士书写，或者是在书法艺术上有造诣之人用笔，金祖静应该是兼而有之，而且是王鸣盛撰文，更能比对说明金祖静在当时的文坛地位是真实存在的，金氏文化世家以及其他世家中的几代人物距离今日的读者也许并非完全陌生，也非遥不可及。

第三节　杨珊珊

金祖静之妻杨珊珊也是一代才女，名士杨宾女。杨珊珊作为方洁的儿媳，"妇与姑俱工诗"。沈德潜说，方洁近似儒者，杨珊珊近似书生，"闺中

---

① （清）震钧辑：《国朝书人辑略》卷四，清光绪三十四年刻本。
② （民国）曹允源、李根源编：《(民国)吴县志》卷六十，民国二十二年铅印本。

乐事，备于一家"。联想到方氏家族以及金氏家族的人才济济，此闺门佳话更为可喜，文化意蕴更加丰厚。"文化世家子弟一般地说都具有较好的文化素养，父兄对子弟的教育都比较重视，也重视对女子的文学教育，因此才女辈出。而这些大家出身的才女，又往往嫁与世家巨族之才子，因此形成文学夫妻，并深刻影响其子女的文学趣味。这些女子使世家通过姻亲结成网络，这些女子的素质特别是文化素质影响着子女，影响着夫家。"①此诚然很有道理，金祖静的母亲方洁来自方氏文化世家，妻子杨珊珊又来自杨氏文化世家，方氏与杨氏的家学家风必然会对金氏家族产生影响。同理，金家的才女们嫁入钱氏、计氏、杨氏，也必然连带着传承了文化。

《（同治）苏州府志》卷一百三十九："杨珊珊，《佩声诗稿》一卷，字佩声，山阴杨宾女，金祖静室。"《两浙輶轩录》卷四十："杨珊珊，字佩声，山阴人，布衣杨宾女，番禺金祖静观察室。蔡英曰，珊珊之姑即方彩林，妇与姑俱工诗。沈宗伯《别裁》云，姑近儒者，妇近书生，闺中乐事，备于一家。其父杨宾，号大瓢山人，康熙中诗人。"②《全浙诗话》《香咳集选存》《晚晴簃诗汇》关于杨珊珊之记载也大致是这样。杨珊珊《佩声诗稿》今天不见。

杨珊珊父杨宾，生于书香门第。杨宾的祖父杨蕃是个文武双全之人，生活在明代，曾任兵部职方司吏及京口（今江苏镇江）副总兵等职。杨宾的父亲杨越，字友声，初名春华。杨越也继承了杨蕃的特点，"少喜读书，任侠"，长而"重气节，好交游"，"慨然有济世之志"。明亡后，他散家资结客，豪杰盈门，加入了反清队伍。后流放苦寒边远的东北宁古塔，与陈嘉猷、张缙彦、方拱乾、张贲、吴兆骞父子等一样，成为流人，最后死于东

---

① 凌郁之：《苏州文化世家与清代文学》，齐鲁书社2008年版，第35页。
② （清）阮元辑：《两浙輶轩录》卷四十，清嘉庆刻本。

北。《(同治)苏州府志》卷一百十二:"杨宾,字可师,山阴人。少颖悟,八岁能作擘窠书。及长,以刑名经济之学历佐大吏幕,好著述,兼善书法,才高气豪,名重一时。初,宾年十三,父春华坐友人累,偕妻流宁古塔。康熙己巳,圣祖南巡,宾偕弟宝迎叩御舟请代父戍,不许,遂至宁古塔省亲。途中堕马,几殒。及父殁于戍所,复诣阙泣请归骨,而格于例,遍访旧案,久之始获一卷,以请部议,从之。乃迎母奉父柩,葬于苏州,遂家焉。卒年七十一。"① 杨宾居住在苏州,故此有与金家联姻的可能性。可能因为父亲杨越的原因,杨宾本不乐于仕进,时杨宾侨居吴门,康熙朝大臣张鹏翮欲以应诏荐举,杨宾闻之潜逃而去,一生以归隐、不入仕途为主。

对于杨宾的生平事迹,不但《苏州府志》有记载,其家乡绍兴文献更是不可缺少。《(乾隆)绍兴府志》卷五十九记载:"初,宾年十三,父春华坐友人累,偕妻流宁古塔。圣祖南巡狩,宾与弟宝叩御舟,求代父戍,不许。遂间关侍养。父既殁,例不得携骨归。宾走京师,哀吁不得达,日搏颡(叩头)于贵人舆前。有知之者,为奏更例。遂迎母奉父柩归葬于苏州。凡戍死者亦咸得归焉。"② 杨宾东北之行,以及冒死救父母的壮举,可谓感动天地。此记载稍异于前文,前文是杨宾"遍访旧案,久之始获一卷,以请部议,从之",即杨宾认真找到旧例而使父亲遗骸回归,此处则是杨宾是找贵人求情,而改变了以前成例,使父亲的灵柩得以归乡。以实际情形而论,似乎是求贵人更为可能,先前旧案例即便是有也须得贵人们同意才能行。杨越之后东北流人都可以在死后遵循此例,对于戍死人的亲属是莫大的安慰。杨宾的孝道与气节通过此事得以充分体现。

杨宾善书,年八岁能作擘窠书。工诗,古文声名重一时。康熙十七年

---

① (清)李铭皖等修,冯桂芬纂:《(同治)苏州府志》卷一百十二,清光绪九年刊本。
② (清)李亨特撰:《(乾隆)绍兴府志》卷五十九,清乾隆五十七年刊本。

（1678），举博学宏词科。杨宾著述颇丰，有《晞发堂诗文》十六卷、《金石源流》六十卷、《藩镇考》四卷、《柳边纪略》四卷。①《（同治）苏州府志》卷一百三十九还记载，杨宾有《存疑录》十二卷、《金石源流》二十四册、《题跋》十卷、《藩镇考》、《柳边纪略》五卷、《日富编》、《客舍钞存》、《晞发堂诗文稿》、《杨大瓢杂文残稿》二册。② 杨蕃、杨越、杨宾事迹看，父子兄弟才学名节皆感人至深。到杨珊珊已经是四代传承，出生于有文化有气节之世家，自然耳濡目染，诗风有别于常人，风骨自然不可少。杨珊珊的公公、婆婆、丈夫都是诗人，还有更上几代也是诗人、文人，家学渊源已经积累下四五代人，很是深厚，自然有助于其文化才艺的继承与发展。故此杨珊珊与金祖静的三个女儿也工诗，金安、金兑最为有名，另一女名字失考。

---

① 参见（清）李亨特总裁《（乾隆）绍兴府志》卷五十九，清乾隆五十七年刊本。
② 参见（清）李铭皖等修，冯桂芬纂《（同治）苏州府志》卷一百三十九，清光绪九年刊本。

第 四 章
计氏文化世家

若以方殿元为第一代，方还、方朝、方洁、金铤等为第二代，金祖静与杨珊珊等为第三代，则金祖静三女，即金安、金兑及另一名字失考者就是第四代。第四代三女分别嫁入不同家族，实际上在血脉与文化上确实呈现出了传递性特征。金安为金祖静次女，嫁状元钱维城。金兑，吴江诸生计嘉禾之妻。还另一女，嫁杨大德，生刑部江苏司员外郎杨梦符（1750—1793）。

第一节　金兑

金兑，字泽娥，号梽生，吴江诸生计嘉禾之妻。金兑的祖母、母亲都是诗人，两位姐姐也是懂诗识文的闺阁中人，文化素养很高，她著有《梽生诗稿》《梽生小草》，她的三个女儿也擅长诗作。

《江震人物续志》卷十："金梽生，字泽娥，吴县人。廉使金祖静女，盛泽庠生计嘉禾妻。少承庭训，于归后，唱和甚多。为诗雅正清新，无脂粉气，而情深一往，有猿啼鹤唳之悲。稿仅存一卷。次女趋庭，字南初，适常郡汤贻吉，少秉母教，工诗，与姊妹家庭唱和。早寡，无子。遗诗附母诗后。长女捷庆，字心度，适曹村金怀会。三女小莺，字青来，适长洲职监陈朴。皆能诗。"①

金兑还是著名文坛领袖袁枚二十多位女弟子之一。《乾嘉吴中女性诗人研究》指出，招收女弟子并非由袁枚首开先例，晚明李卓吾就有女弟子，清代更多的文人加入提倡闺阁作诗的行列，但是，如袁枚随园招收女弟子人数之多、范围之广、影响之大，再难有出其右者。正如王英志先生所说："其人数之多，整体实力之强，达到中国古代妇女诗歌创作之高峰，随园女弟子是中国诗歌史上少见的女性诗歌创作群体。"②袁枚为乾嘉时期诗坛盟主，声望极高，基于其"性灵说"的诗学主张，袁枚十分推崇女性本乎性情的诗歌创作，他广收女弟子，一时间"四方女士之闻其名者，皆钦为汉之伏生、夏侯胜一流，故所到处，皆敛衽扱地以弟子礼见。先生有教无类"。对此，袁枚自称"以诗受业随园者，方外缁流，青衣红粉，无所不备"。③随园女弟子以苏杭二州为两个中心，其中苏州地区的女弟子较之杭州者更得袁枚青睐。据韩丹丹研究，袁枚曾在苏州，先在虎丘邂逅吴门才女金逸、汪玉轮、沈散花、江碧珠等闺秀，几人在虎丘剑池边大谈《越绝书》《吴越春秋》诸故事，"洋洋千言，此往彼复"。之后，袁枚在阊门绣谷园与吴门才女张滋兰、顾琨、尤澹仙、金兑、金逸、周澧兰、何玉仙等举行诗会，各人纷纷以《集绣谷园送随园先生还金陵》为题作诗，传为佳话。这其中就有金兑。

金兑之诗被评为"雅正清新"，如《外至荆州欲寄》："风雨经宵别绪稠，宦游轻舸若浮鸥。江湖波浪萦闺思，无处山川壮客游。康健翁姑时劝

---

① （清）赵兰佩辑录：《江震人物续志》卷十，载江庆柏主编《清代地方人物传记丛刊》第五册，广陵书社 2007 年版，第 765—766 页。
② 王英志：《袁枚评传》，南京大学出版社 2002 年版，第 267 页。
③ （清）袁枚：《随园诗话补遗》，江苏古籍出版社 1993 年版，第 780 页。

膳，娇痴儿女学为裘。荆南自古多佳士，崔李还登黄鹤楼。"①诗中，作者丈夫将要前往荆州任职，江湖路远，山川壮游。作者要在家照顾公婆老幼，培育儿女，尾联意境超越儿女情长，鼓励丈夫要有古代才人佳士之风，登高望远，获取辉煌人生。

第二节　吴江计氏家族

金兑嫁吴江计嘉禾，计氏家族也是很重要的文化世家。计家先祖计东（1625—1676），字甫草，号改亭。清初学者。计东浪游四方，所交皆贤士大夫。对客议论风发，或愤激怒骂，人目为狂。计东与顾茂伦（顾有孝）、潘稼堂（潘耒）、吴汉槎（吴兆骞）合称为"吴中四才子"。

计东的生平事迹很有特色，有才学，诗文纵横，雄豪有奇。《（乾隆）吴江县志》卷三十二："计东，字甫草，茅塔人。父名故，乃名士。东自幼好跳荡，父友吴翿独器重之，妻以女。年十五，补诸生，文誉日起。遭乱家居，取经史诸书尽读之，讲求义理，指归治乱得失之要，旁及权衡、兵法、阴阳、占候之术。尝著《筹南五论》，上阁部史可法，可法奇之。顺治十四年，中顺天乡试，御试第二，名动长安，三试礼部，不第。旋遭奏销案，被黜。既不得志，乃出游四方。尝自京师，北走宣云，南历洺漳邢魏，东之济兖，所至结交贤士大夫。诗文纵横跌宕，务极其才力而后已。对客议论风

---

① 费善庆、薛凤昌编：《松陵女子诗征》卷五，吴江费氏华警堂1918年版，第1页。

发,一坐尽倾,时或愤激怒骂人,皆以狂目之。卒年五十二。"①以上可见计东具有一定的声望与影响。计东著有《改亭集》十六卷。②

计东不但本人是个文人,计氏家族也是重要的文化世家。"吴江计东家族一门文学,是一个典型的文学家族。计东是当时有名的大才子,有'计、顾、潘、吴'四才子之目(即改亭、茂伦、稼堂、汉槎)。这样一个文学家族也与当地名门望族保持着比较密切的婚姻关系。计东之妻吴氏,系复社盟主吴扶九之女,其子计准又聘宋既庭之女。宋既庭系慎交社领袖。计东还是著名学者朱鹤龄的内侄,朱则是惊隐诗社的重要成员。计家与这些著姓的联姻,无疑也表明了计家的社会地位。因为有这层姻亲关系,计家就不太可能只是一个单纯的文学世家,它已被带到时代思潮的前沿和苏州社会的最上层。吴、宋、朱等也都是著名文人,而且是文社领袖,他们之间的揄扬鼓吹对于一个文人的文学声名是十分重要的。"③宋既庭与计东是姻亲关系,主导慎交社。

计东之子计准,字念祖,"三岁读毛诗,五岁就外传,知向学,事亲孝母。弟不率教,必长跪自责。与人交,冲和无崖岸。尝半日读书,半日静坐。年十四,补诸生。至十六而夭。"④董以宁《计甫草思子亭图记跋》:"吾友计甫草之长子准,贤而有才,欲著圣学救书。十五补诸生,逾年而殇。甫草匆忍殇之久而思,思而不置,为构'思子亭'。"⑤计准有才名而早丧,有

---

① (清)陈荛缠、丁元正修,倪师孟、沈彤纂:《(乾隆)吴江县志》卷三十二,清乾隆修民国石印本。
② 参见(清)陈荛缠、丁元正修,倪师孟、沈彤纂《(乾隆)吴江县志》卷四十六,清乾隆修民国石印本。
③ 凌郁之:《苏州文化世家与清代文学》,齐鲁书社2008年版,第34页。
④ (清)陈荛缠、丁元正修,倪师孟、沈彤纂:《(乾隆)吴江县志》卷三十二,清乾隆修民国石印本。
⑤ (清)董以宁:《正谊堂诗文集》,清康熙书林兰荪堂刻本。

贞女，名宋景昭，郡城举人宋实颖女。"（计）准，号神童，殇，女即长斋讽经，讽毕，书黄纸誓天，愿以己龄与父母，而速死，以报所天。久之，有求婚于其家者，宋闻之遂不食死。时康熙十二年，年二十三。东迎其柩，归与准合葬焉。"①汪琬（1624—1691）为宋景昭撰墓志。而另一位有名文人归庄（1613—1673）也作有《贞孝诗为宋氏作》，其序曰："宋氏，既庭孝廉之女，字计甫草孝廉之子准。未嫁夫亡，守节于父母家，年二十余而夭。篇中叙事，皆据宋孝廉自撰传。"②有名文人为宋景昭作文，在事迹本身之外。一定是看在计东的交情之上。宋景昭是贞女，计东也为贞女汤尹娴作传。汤尹娴，字洽君，江苏吴江县人，善天文历律、开方立方筹算，工丹青，诸生汤三俊之女。嫁同邑计来，计来卒，汤尹娴绝粒以殉。③此文引自计东《改亭集》。文人们提倡贞节，据研究，清朝江南大行其道，受表彰的女性大大超越前代，这也许与明清时期江南出现大批才女并行不悖，都是文化的传承与表现。

计东小儿子计默，字希深，以诗文游四方，名满京师，撰有《蓑村遗稿》二十卷。在计东诸子中，唯有计默"专为诗古文辞，能传其家学"。计东孙、计默子，乃计元坊。"计元坊，字维严，江南吴江人。计维严为甫草先生之孙，希深同学之子，硁硁自好，诗有源流。雍正甲辰，访予于葑溪老屋，不值而返。寄诗三章，已臻古淡，今虽散佚，每一追忆，如尘如梦，不胜惘惘也。"④计元坊有《励志诗》。

计东从孙计朱培，字传一，好学，重交游，为诸生，有名。年八十余

---

① （清）陈荩缵、丁元正修，倪师孟、沈彤纂：《（乾隆）吴江县志》卷三十五，清乾隆修民国石印本。
② （清）归庄：《归玄恭遗著》，1923年上海中华书局本。
③ 参见（清）冯金伯纂辑《国朝画识》卷十六，清道光刻本。
④ （清）沈德潜辑评：《清诗别裁集》卷二十六，清乾隆二十五年教忠堂刻本。

卒。尝仿《韩诗外传》体，撰《尚书外传》若干卷，积二十年，三易稿而成。临殁犹沉吟订正某卷某行，呼其孙改讫而后瞑目。①《(光绪)吴江县续志》卷四十六中还记载，计朱培有《尚书外传》，还有《蓑笠亭集》。

计氏家族不但男性诗人几代传承，女性诗人更是很有声势。计氏家族共有女诗人达十几人之多，其中五人通过家族联姻嫁入计氏，包括金兑。金兑的诗作雅正清新，著有《枏生诗稿》。沈德潜之女沈清涵嫁计嘉谷。宋静仪，字琴史，长洲人，嫁计洵。静仪工诗善，骈体文，著有《绿窗小草诗萃》。丁阮芝，嫁监生计嘉贻，其性耽吟咏，著有《白燕诗》，结句云"红襟紫领都非侣，寄语霜翎好自珍"，命意颇为高洁。另外七位女诗人为家族下一代：金兑的三个女儿自幼享承父母教导，工诗善书。长女计捷庆，字心度，曹村金怀会室。次女计趋庭，字南初，常州汤贻吉室，早寡无子，遗诗附母《枏生草》后。三女计小莺，字青来，长洲陈朴室。归家省亲时，母女几人常共榻一楼更唱迭和，颇具午梦堂风。此外，计氏家族女诗人还有计蕙仙、计瑞英、计采、计珠仪、计珠容、计七襄。②

计蕙仙，字素英，吴江陈镐室。有《剩香集》一卷。③

《两浙輶轩续录》卷五十四：

> 计珠仪，字蕊仙，秀水人，光炘女，陶震元室。于源曰：蕊仙工写生，故多题画之什。

---

① 参见（清）陈奠纕、丁元正修，倪师孟、沈彤纂《(乾隆)吴江县志》卷三十二，清乾隆修民国石印本。
② 参见（清）仲廷机编《乾隆盛湖志》，载《中国地方志集成(11)·乡县志专辑》，江苏古籍出版社1992年版，第76页。
③ 参见（清）李铭皖等修，冯桂芬等纂《(同治)苏州府志》卷一百三十九，清光绪九年刊本。

《新秋即事》：小院无愁残暑侵，有时闲步到槐阴。绿窗刺罢花间蝶，绣阁眠余月下琴。薄薄晚凉微雨过，声声蝉噪夕阳沉。徘徊立尽西风里，一叶梧桐仔细寻。

计珠容，字芸仙，秀水人，光炘次女，候选郎中沈兆珩室。《耘庵诗话》：芸仙女史，幼承家学，工于吟咏，兼工绘事。

《寄怀蕊仙姊》：碧草和烟水一涯，绣余无事启窗纱。春风不管怀人切，开遍沿阶姊妹花。①

从以上简单有限的记载，可感受到计氏部分闺阁才女的才情。如诗句"碧草和烟水一涯，绣余无事启窗纱"，就细致传神地描摹了江南春日碧草烟水中的安闲优美，有柔婉之风情。

展示、论述一个个文化世家之时，突出了文化世家之间的互动与传承，彰显才女在婚嫁过程中文化血脉的延续。有些是才女组建新的家庭，与丈夫共同催生了新的文化家族；有些则是才女嫁入了原来就有的文化家族，强强联合，相得益彰。金兑嫁入的计氏家族，还有金安嫁入的常州钱氏家族本身就是文化大家族。

---

① （清）潘衍桐辑：《两浙輶轩续录》卷五十四，清光绪刻本。

第五章

绍兴杨氏世家、
松江王氏世家

苏州金氏世家很兴盛，但是金氏家族也是几代之后默然无闻。金祖静有三女，金兑嫁入吴江计氏家族，上文已经论述。金安嫁入常州钱氏家族，此又是一个人才兴盛延续四代的大家族，下文再加以论述。金祖静还有一女，名字失考，她嫁给绍兴杨大德，此女有可能是金祖静长女，因为说金安是次女，然后再说金兑，似乎金兑在金安之后，是第三女。绍兴杨氏也是几代传承，有不少的诗人出现。与之同时，杨氏家族的杨绍文妻王韫徽乃是在清代中期产生重大影响的女诗人。王韫徽是松江（今属上海）人，王氏家族也是文化家族，王韫徽与妹妹王昆藻并举齐名，称"闺阁二难"。王昆藻的丈夫陈柘慈，是河南商丘陈氏，陈淮、陈伯恭、陈柘慈（陈炌）也是父子三代文人。陈淮是大词人陈维崧侄孙。

第一节　绍兴杨氏家族

金祖静有一女嫁杨大德。杨大德，会稽山阴人（今浙江绍兴），生刑部江苏司员外郎杨梦符（1750—1793）。洪亮吉称金祖静是杨梦符外祖父，钱维城是杨梦符"外姻"，还称杨梦符母为"金太宜人"。但是杨大德以及这位"金太宜人"的事迹基本上不显。

一、杨梦符

杨梦符，字西传，一字与岑，号六士。山阴（绍兴）人。汉太尉杨震是其远祖。曾祖杨国英。祖父杨之琳，优贡生，官至广西通判借补平乐县知县。父亲杨大德，国子监生，候选州判，赠奉直大夫。杨梦符母金太宜人，即贵州按察使金祖静之女。杨梦符为乾隆丁未（1787）科进士，官至刑部员外郎，著有《心止居诗集》。

洪亮吉《北江诗话》中评价杨梦符说其好学六朝文，小诗亦极幽峭。洪亮吉尝以一联戏之，"诗笔四灵文六代，科名两度籍三州"，盖因杨梦符寄籍山东，补博士弟子；续举陕西乡试，成进士；则又是浙江绍兴原籍。杨梦符后又寄居常州，宅在乌衣桥三将军巷。杨梦符卒后，其子以杨梦符的遗命，乞请洪亮吉为其父作墓表。洪亮吉访常州将军巷，大树犹存；过邗水之桥，溪流半涸，也足以凄怆伤心。陶濬宣（1846—1912）说，杨梦符移家常州，故居在会稽之平水，故《送许皞堂归山阴诗》有句"平水西桥有敝庐，飘摇今作谁何居"。平水，就是绍兴若耶溪。若耶溪，今名平水江，是绍兴市境内一条著名的溪流。当时杨梦符与曾燠（1759—1831）、洪亮吉、汪中（1744—1794）诸先生相酬唱，诗笔卓绝。其诗文集久佚，后代无可访寻，仅于曾燠《朋旧遗诗合钞》及断稿零章搜存数篇。①

杨梦符家境贫苦，家粮告匮，小女长饥。自念无以为养家糊口，受人雇佣以抄书为业长达十载。迨三十八岁考中进士，有孝悌之心但父母已亡，"于是擢第则泣，擢官则泣，岁时祭祀则泣，十余年如一日"。杨梦符英年早逝，洪亮吉撰《刑部江苏司员外郎杨君墓表》："乾隆五十八年（1793）岁在癸丑十一月二十一日吾友刑部江苏司员外郎杨君以疾卒于京邸，年甫四十

---

① 参见（清）潘衍桐辑《两浙輶轩续录》卷十四，清光绪刻本。

有四。呜呼哀哉！越明年二月，始奉君之赴，为位哭于官廨。又逾月，君之孤绍恭等缮状来，乞为表墓之文。谨按状，君姓杨氏，讳梦符，字西躔，一字六士。汉太尉震，其远祖也。宏农之裔，卅世迁于会稽安城之乡，五传载其隐德，绍兴府学生赠承德郎讳国英者，君之曾祖也。优贡生，广西通判，借补平乐县知县，讳之琳者，君之祖也。国子监生候选州判赠奉直大夫讳大德者，君之父也。母金太宜人，梦长庚星入怀而生君，故小名长庚。及长而名与字皆取义焉。传说之骑箕尾，犹属后时，曼倩之为岁星，乃征先兆。九岁能作诗，二十工举子业，二十八以国子监生中式陕西乡试，改归浙江。又十年，而成进士。历官刑部提牢厅及湖广清吏司主事，江苏清吏司员外郎。总办秋审，处其间，扈跸山东，随围热河各一，又随侍郎玉德按狱奉天直隶江西浙江诸处。时大学士英勇公阿桂管部事，及尚书胡公季堂等皆深倚之。呜呼，处元奉使来归，甫及十旬，奉倩积劳，迁官未尝满岁，亦可谓死于其职者矣。若君之居室也，孝于亲、友于兄弟。其友于兄弟也，使妯娌无间言；其孝于亲也，使邻里消勃谇。盖自长乐君之卒，君之考以贫故迁徙不常，最后寓常州之邗沟，因定居焉。客籍甫占，家粮告匮，巢栋之燕伴，季女而长饥，翔林之鸦感太和而辍响。君又念无以为养也，动捧檄之念，则投牒者数州，习负米之劳，则佣书者十载。迨乎登巍科官省闼，而君之亲已不及见矣。于是擢第则泣，擢官则泣，岁时祭祀则泣，十余年如一日焉。捧而不辍者，盈尺之砚；让而不居者，一成之田。推乎庭闱，以及亲故，则戚党之待以举火者又十数家也。呜呼，至魂乍离之日，复念周亲目未瞑之时……余与君交二十年，每见有才奇而不遇，守正而遭踣者，君叹愤辄形于色。是则君之交友亦根于性者，与若君之服官也。以刘穆之之才，居崔祖思之任。事理无滞，神明不欺。盖自幼时侍君外王父（外祖父）按察司金君祖静、外姻赠尚书刑部侍郎钱文敏公，皆奇其开敏之资，与商讯谳之务，君偶发一言，辄惊二老，以至身典案牍，职司豺扉，平疑狱者三，驰星轺者四。"①

洪亮吉与杨梦符交往二十年，是友情深厚的朋友，应该不是泛泛之交。洪亮吉很欣赏他，每见其有奇才而境遇不佳，认为他有刘穆之之才、崔祖思之任。洪亮吉也指出，杨梦符受到外祖父金祖静、姨父钱维城的影响。杨梦符君子家贫，晚年寓住常州之邗沟，此能近距离接近姨父钱维城钱氏家族，必然与钱氏文人有交往，而洪亮吉也是常州人。

杨梦符比较有文名，九岁能作诗，在文学艺术上也表现出很高的造诣。洪亮吉作《刑部江苏司员外郎杨君墓表》中对杨梦符的基本生平有充分的记载，还称"外王父（外祖父）按察司金君祖静、外姻赠尚书刑部侍郎钱文敏公，皆奇其开敏之资，与商讯谳之务，君偶发一言，辄惊二老，以至身典案牍，职司豺扉，平疑狱者三，驰星轺者四"。这就明确了杨梦符是金祖静外甥的事实，其姨父就是钱维城。杨梦符是刑部官员，曾主持查案之职，此是继承了外祖父金祖静曾担任按察使、姨父钱维城曾担任刑部侍郎的渊源。按察使与刑部侍郎都是级别比较高的狱讼司法方面的官员，商讨讯谳之事务，杨梦符偶发一言，辄惊二老，皆惊奇其开敏之资，可见杨梦符也是很有天赋的一位能臣干员。可惜杨梦符英年早逝。

杨梦符著有《心止居诗文集》十二卷、《三惜斋笔记》二卷。诗文皆有成就，洪亮吉称其好学六朝文，小诗亦极幽峭，可见颇有文才。《湖海诗传》卷四十收录杨梦符诗四首——《九日》《重至东昌书院》《残荷》《题戴嵩画斗牛》。

《九日》：

风雨成佳节，秋林万木哀。有家频作客，非病倦登台。梦入秦云迥，心随朔雁回。何时伴松竹，三径共衔杯。

---

① （清）洪亮吉：《卷施阁集》文乙集卷八，清光绪三年洪氏授经堂刻洪北江全集增修本。

《重至东昌书院》：

阅世成华发，惟余作客工。怀人花影后，得句鸟声中。湖海半知己，云萝隔几重。庭前有枯树，便是主人翁。

《残荷》：

荡舟曾记揽新妆，零落秋波易感霜。初日依然临画槛，惊飙何事到银塘。早知解语心原苦，但有余芬梦亦凉。太华峰头明月在，如船藕欲为谁长。①

字句平正疏朗有致，诗风悠远，情感张弛有度，可谓意境深厚幽峭。杨梦符《题邵叔宀先生遗集》《移居八角琉璃井》，也可观览，颇有意绪，中有写史与抒怀。

《题邵叔宀先生遗集》：

玉清小住成朝隐，未敢同高更乞闲。便不终身为祭酒，也应卒业在名山。华阳肯起青龙卧，臣朔原从金马还。绝似当时庾开府，暮年萧瑟赋江关。

寒山飞雪客来时，座上春风次第吹。独许清神如叔宝，空惭鬌岁识丘迟。青衿弟子文谁似，白发词臣序已悲。昨日闻诗过孔鲤，孤儿风貌似吾师。

---

① （清）王昶辑：《湖海诗传》卷四十，清嘉庆刻本。

《移居八角琉璃井》：

乌衣门巷记曾游，排草披榛径独幽。桑下探环疑夙世，井间投辖为名流。登堂自有千秋意，置我何须百尺楼。最喜散衙无一事，买书十步大航头。

不费多金早得邻，王言孙盛往来频。车犹可售能供客，釜不因人且讳贫。深巷月来常半夜，晴檐花暖易成春。可知心计粗还未，卖饼歌时听最亲。①

洪亮吉与杨梦符关系密切，从这首诗中可见，也许年少未达之时，还不是那么的富贵，但是乌衣门巷之间有二人意气相投的共同岁月。洪亮吉撰写的杨梦符墓表文中称"余与君交二十年，每见有才奇而不遇，守正而遭蹭者，君叹愤辄形于色。是则君之交友亦根于性者，与若君之服官也。以刘穆之之才，居崔祖思之任。事理无滞，神明不欺"。刘穆之（360—417）是东晋末年大臣，汉高祖刘邦庶长子齐悼惠王刘肥之后，官至尚书左仆射。刘穆之深受刘裕倚仗，更屡次在刘裕领兵在外时留守建康，并且总掌朝廷内外事务。死后追赠侍中、司徒、南昌县侯。南朝宋受禅，追封为南康郡公，谥号文宣。崔祖思，字敬元，清河东武城人，崔琰七世孙。曾任征虏将军、督青冀二州刺史。洪亮吉称杨梦符有刘穆之的才干，这是相当高的评价了，有助于读者进一步认识评价杨梦符，也让杨梦符的形象更加生动。

杨梦符有两首写给洪亮吉的诗，《秋夜忆别心牧并柬家惺园庶常洪大稚存》《寄洪稚存》。

---

① （民国）徐世昌辑：《晚晴簃诗汇》卷一百五，民国退耕堂刻本。

《秋夜忆别心牧并柬家惺园庶常洪大稚存》:

故人已别西窗雨,贱子空成东阁吟。槛外寒钟残夜酒,枕边落木五更心。贫交几辈如公等,殊俗无端变土音。三日晴皋听过雁,旧枝谁是越山禽。

《寄洪稚存》:

曾言卖赋办归装,归着蓑衣住蟹庄。不道雍容美车骑,游梁便拟作赘郎。①

诗意清雅,颇能感受到二人之间情谊亲近,关系融洽。"槛外寒钟残夜酒,枕边落木五更心",这一句意境深厚,表明二人是知心至交的好友,情感非同一般。

杨梦符还有诗《偕竹初师洪稚存、蒋松如访梅邓尉因至吾山绝顶作》:

春溪日日吹东风,春云如梦酣晴空。寻春十步已得地,花气中人酒薄醉。傍花觅路恐或失,目不暇应神已出。忽然置我吾山颠,花光连湖湖接天。忽然沿山入花港,压帽疏枝低首让。洪生顾影颇汲汲,破晓先携一舟入。四山迷离逞孤往,花里篮舆恰相及。百年离合奈何许,正好徘徊吹急雨。青山偶然佳可惜,暮帆色褐来,岂不为梅花,如此梅花住不得。②

---

① (民国)徐世昌辑:《晚晴簃诗汇》卷一百五,民国退耕堂刻本。
② (清)潘衍桐辑:《两浙輶轩续录》卷十四,清光绪刻本。

此诗描写了林森花繁的湖光山色。洪稚存就是洪亮吉,诗中"洪生顾影颇汲汲"之洪生,应该也是洪亮吉。诗中提到的"竹初师",应该就是钱维乔,号竹初,乃杨梦符姨父钱维城的弟弟,文学家、戏曲家。诗中,诗人们在春风中畅游春山,探访梅花。邓尉山在苏州,是比较有名的风景名胜。邓尉山有支峰马驾山,亦名吾家山。吾家山有"香雪海",香雪海邓尉梅花甲天下,清康熙帝、乾隆帝多次登临赋诗。

二、杨绍恭、杨绍文、杨绍垣、杨淞

杨梦符元配夫人为钱宜人,"克相夫子,勤于内政"。杨梦符有三子一女,三子分别是杨绍恭、杨绍文、杨绍垣,皆"聪颖特达,端妍善文"。杨淞为杨绍文之子。

(一)杨绍恭

杨绍恭的生平事迹不详,只有《(民国)镇洋县志》卷七记载,杨绍恭曾在道光年间担任镇洋县丞。

洪亮吉与张问陶都是杨家故人。张问陶有一首诗《题杨子靖绍恭山阴雪棹图(子靖,山阴人,今居常州)》:"买田住阳羡,对雪画山阴。名士爱吴语,远游思越吟。春迟松岭秀,寒峭水窗深。乘兴自来去,澹然忘古今。"[①] 从这首诗题中言杨子靖绍恭还是山阴人来看,必定就是杨绍恭,还可知杨绍恭字或号是子靖。胡传淮作《张问陶年谱》记载:"乾隆五十六年辛亥(1791)二十八岁,正月,题杨绍恭《山阴雪棹图》。杨绍恭,字子靖,

---

① (清)张问陶:《船山诗草》卷六,清嘉庆二十年刻道光二十九年增修本。

山阴（今浙江绍兴）人，时居常州。"从此诗可知，杨绍恭善画，作有《山阴雪棹图》，被称为名士。

张问陶，清代杰出诗人、诗论家，著名书画家。字仲冶，一字柳门，号船山，其别号与清代大学者王夫之别号船山相同，世称"王张二船山"。张问陶也称"老船"，因善画猿，亦自号"蜀山老猿"。乾隆五十五年（1790）进士，曾任翰林院检讨、江南道监察御史、吏部郎中。后出任山东莱州知府，后辞官寓居苏州虎丘山塘。晚年遨游大江南北，嘉庆十九年（1814）三月初四日，病卒于苏州。杨绍恭与张问陶的交往应该是在他们年轻时就开始了。

（二）杨绍文

杨绍文为杨梦符第二子，担任盐官，官至中长芦批验大使（䕩尹），杨绍文子杨淞也担任盐官。长芦批验大使是盐引批验所大使之一，元代于都转运司之下设检校批验所，明代称批验所，清代改称盐引批验所，共十一处。叶绍本有《题艺兰课子图为王韫徽女史作（监䕩大使杨云在之室）》，可见杨绍文，字号是"云在"。吴嵩梁《香苏山馆诗集》有诗《杨云在大使》："才福难兼擅，风流让此君。寒闺多丽句，下吏有高文。把酒招明月，论心赠白云。鸥波成小筑，翰墨愿平分。"①从诗中能看出杨绍文也是雅韵风流之士，通翰墨，有高文丽句。

（三）杨绍垣

杨梦符第三子杨绍垣（1783—1802），字子厚，年二十余即早逝。杨绍

---

① （清）吴嵩梁：《香苏山馆诗集》今体诗钞卷十六，清木犀轩刻本。

垣也是颇有才学，乃张惠言心爱弟子。张惠言在京师，做杨绍垣的老师。京师大水饥，后疫病大作，张惠言遇疾，杨绍垣日夜侍候。但是张惠言还是在1802年去世了。可能杨绍垣也是受到疫病的传染，也在此年病逝，年仅二十岁。董士锡《齐物论斋文集》卷五《杨子厚哀辞》："余舅氏张皋文（张惠言）先生官京师时，馆于子厚氏。子厚为先生弟子，先生与子厚相亲也。余居京师，寓舅氏室三楹，与子厚偕坐则共席，食则共器，夜则共一灯，与纵言，比三鼓，余寝，然后去。余未尝与世谐，顾与子厚善。余或不称意，闻子厚言，即释，盖不自解也。余穷于世固矣，所恃为同类，可与语者，独二三友朋，况不易得。方幸子厚之有以自立于学，惟子厚亦自好也。呜乎，今死矣。往季京师大水饥，今季疫大作，先生遇疾，子厚日夜侍，余亦恒夜不寝。先生没，子厚独得疾，体素羸，不自知也，竟以疫卒，嘉庆七年七月三日也，年二十。余视其殓，呜乎哀矣。子厚姓杨氏，名绍垣，绍兴山阴人。父曰梦符，刑部员外郎，先卒。余父之执也。"①

（四）杨淞

杨绍文子杨淞。杨淞也担任盐官。杨淞，号莲卿，工书，擅长小篆。杨淞与"畿南三才子"之一的华长卿相往还，还与海内名士全椒马鹤船、日照许印林、江宁端木子畴、曲阜孔绣山、怀宁方小东齐名。杨淞工书法，与"潘彤侯、何子向、孙子甘、辛召棠俱能把笔"②，"小篆亦一奇也"③。

华长卿《梅庄诗钞》卷五有《赠杨莲卿淞即送之宁波用昌黎石鼓歌韵》："山阴杨淞江海士，醒眼看天发醉歌。荣名千载期不朽，一官抛弃值

---

① （清）董士锡：《齐物论斋文集》卷五，清道光二十年江阴暨阳书院刻本。
② （清）华长卿：《梅庄诗钞》卷七，清同治九年刻本。
③ （清）潘衍桐辑：《两浙輶轩续录》卷四十三，清光绪刻本。

几何。破屋励志惜日短,愤气倒拔鲁阳戈。琳琅金薤既茫昧,古玉岂用粗沙磨。商盘周鼎秦汉碣,虫书鸟迹胸中罗。上追仓籀下斯邈,崚嶒健骨巍峨峨。东马严徐皆不贱,子云独寐藏岩阿。延誉每藉公卿力,矫俗不顾凡庸呵。鄙薄墨猪工篆隶,峄山字画久已讹。渊源邓氏传一线,孙洪与君殊斗蝌。临摹顷刻书万本,倏如麟凤忽鼋鼍。恶如鬼魅森相向,奇如坏木无枝柯。短长肥瘠骋万状,摇笔宛转悬金梭。丰神驰荡真超绝,褐裘公子非委蛇。妻妾亦解识奇字,朱颜皓颈侪英娥。自是君心有夙慧,蛮声姓字凌黄沱。岂无文星持藻鉴,珠璧韬彩须随和。我友边三与君好,储材待举宏词科。竖儒相士具肉眼,迂拘谫陋奚足多。纷纷余子竞薄宦,以马肿背为橐驼。鲰生狂纵里所鄙,草元亭上频经过。班史荀子互质证,六书疑义长相磋。俯视近代共述古,角逐恶肯随流波。妙论侃侃震屋瓦,经济畅达无偏颇。诗赋亦非君所乐,专营笃志矢靡他。功名有命学有术,脂韦媚世徒婀娜。干时乏策恐投畀,怖色揣称羞接挈。平生读书不读律,自笑伏首陈编哦。作传耻乞丁仪米,学字休换羲之鹅。劲敌当前张旗鼓,犀咒遗消弃甲那。壮士长揖辞易水,茫茫眼底谁荆轲。穷冬送穷复送友,风雪苍莽吹关河。四明狂客久相待,君其命驾毋蹉跎。"①诗中称杨淞为江海之士,醒眼看天,荣名千载,一官抛弃,破屋励志,倒拔鲁阳戈,说明杨淞很有才学与气概。从"六书疑义长相磋"等诗句上看,大致是华长卿与杨淞互相之间进行了志同道合的才艺切磋与讨论。

华长卿《梅庄诗钞》卷五有《怀人诗》,其中有关于杨淞的诗云:"子云飘然去,奇字无人问。睥睨薄冰斯,横扫龙蛇阵。四明多狂客,江海心相印。"《仓颉墓》中还说:"山阴杨莲卿,又有潘彤侯、何子向与孙子甘、辛

---

① (清)华长卿:《梅庄诗钞》卷五,清同治九年刻本。

召棠俱能把笔。"① 表明杨淞颇有才学。

与杨淞交往者还有钱观。钱观,字盥卿,号百生。钱任钧之子。杭州仁和人,官两淮盐知事,著有《玉照堂诗稿》。钱观自幼积学好吟咏,精篆刻,胸罗史传,文气超迈,千言立就。性慷爽,遇人急难,辄争先奔赴之。善集苏东坡诗。

不难看出,在杨氏家族中,杨淞也较有才学,堪称名士,颇有佳誉。杨淞母亲王韫徽是清中期著名女诗人,杨淞在家学渊源上一定是受到了母亲的影响。至此,杨氏家族四代之间的传承基本上比较清晰地显现出来了。

第二节 著名女诗人王韫徽

绍兴杨氏三代,各有声名与才学,而最为卓著者,则是杨绍文妻王韫徽。下面介绍松江王氏世家以及王韫徽。

一、松江王氏文化世家

王韫徽,字澹音,江南娄县人(今上海松江区、金山区),是知府王春煦女,盐场大使杨绍文妻。王春煦以诗闻名当世,王韫徽克承家学,工书善画,又能诗。王韫徽妹妹王昆藻也是女诗人。沈善宝把王韫徽、王昆藻并称

---

① (清)华长卿:《梅庄诗钞》卷七,清同治九年刻本。

齐举，称为"闺阁二难"。所谓"二难"，就是两人都很难得之意，并称之下，更加难寻。清代还有两位男性诗人并称"二难"，就是著名诗人张问陶与其兄张问安，乃康熙时期的名臣张鹏翮的玄孙。张问陶与杨绍恭相识，杨绍恭正是王韫徽丈夫杨绍文的哥哥。有理由相信，同是以诗文闻名的同时代人，还基本上认识，那王韫徽与王昆藻的"闺阁二难"的名号，可能正是参照张问陶、张问安兄弟的称呼。据《清史稿》："张问陶，字仲冶，遂宁人，大学士鹏翮玄孙。以诗名，书画亦俱胜。乾隆五十五年进士，由检讨改御史，复改吏部郎中，出知莱州府，忤上官意，遂乞病游吴越。未几，卒于苏州。始见袁枚，枚曰：'所以老而不死者，以未读君诗耳。'其钦挹之如此。著有《船山集》。兄，问安，字亥白，举人，家居奉母，淡于荣利。其诗才超逸，与问陶有'二难'之目。"① 以张问安、张问陶兄弟二人之才，对比王韫徽、王昆藻姐妹，可以想象姐妹二人在当时诗坛上的地位与影响。再之考虑到，男子游走四方，结交广泛，而女子多在闺门家园之内，似乎更能见识王韫徽、王昆藻之诗才文才的声名远扬之可贵。

王韫徽祖父王心渠，字子勤，诸生，乾隆九年（1744）以五经中式副榜。"于学无所不窥，尤窥经义，游京师，名公卿争延致之。砥节敦行，远近称长者。"②

王韫徽父亲王春煦（1744—1800），二甲第一名进士，朝考第一，改庶吉士，授编修，也曾在军机处供职。每奏御文字必称旨，曾受到皇帝嘉奖。王春煦宦迹比较丰富，在朝廷以及各地为官，还有平叛的战功。王韫徽随父夫宦游京、津、宜昌各地，增长了见识。王春煦科考功名优异，后曾担任乡试同考官，文艺才能好，这些家学的渊源一定影响到了王韫徽。王韫徽成为

---

① （民国）赵尔巽等撰：《清史稿》列传二百七十二，民国十七年清史馆本。
② （清）汪坤厚等修，张云望等纂：《（光绪）娄县续志》卷十六，清光绪五年刊本。

清代嘉道间声名卓著的女诗人，脱离不开家庭背景与社会环境。这也很好理解，任何人的人生道路，是自身修养修为的选择与体现，又与社会生活的方方面面有着不可分割的千丝万缕的渊源与联系。

二、王韫徽的文学艺术成就

梁绍壬《两般秋雨盦随笔》卷五中称，王韫徽，"紫宇观察之女也，著《环青阁诗稿》，古风极佳，不能备录。近体如《荆州道中怀古》云：'千古词章开屈宋，三分事业创孙刘。秋风云芚乡归兴，输张翰茅屋悲歌。'《感杜陵秋叶》云：'寒蝉抱处栖难稳，老蠹书成字半欹。'《病中述怀》云：'愁如碧草逢春长，身似黄杨厄闰频。'颇见风骨"①。黄杨厄闰，典出苏轼《监洞霄宫俞康直郎中所居四咏》之"园中草木春无数，只有黄杨厄闰年"。梁绍壬，字应来，号晋竹，钱塘人。工诗善文，学问渊博。道光辛巳举人，官内阁中书。梁绍壬以散珠横锦之才，写凤泊鸾飘之怨，工填词，诗文脍炙人口，诗稿甚富。②著《两般秋雨盦诗》《两般秋雨盦随笔》。《两般秋雨盦随笔》在近代笔记中自成一家，全书共八卷，近一千篇，内容十分丰富有趣，大致可分为稽古考辨、诗文评述、文坛逸事、风土名物。《两般秋雨盦随笔》中收录王韫徽之诗，自然也是看重王韫徽诗作的成就与意蕴，其诗具有风骨。

王韫徽父王春煦官至宜昌知府，时间是嘉庆元年（1796），王韫徽随父任上，正逢战乱。王韫徽当时有诗《己未(1799)八月川匪窜逼宜境，城中仅文职数人，家大人督率士民防守，羽书络绎，援兵不至，感作》云："烽火连圻西复东，纷纷将士枉论功。传来风鹤声偏警，化遍沙虫劫未终。野哭

---

① （清）梁绍壬：《两般秋雨盦随笔》卷五，清道光振绮堂刻本。
② 参见（清）潘衍桐辑《两浙𬨎轩续录》卷三十，清光绪刻本。

千家秋草外，悲笳几处夕阳中。书生筹敌原非分，借箸聊存铁石忠。"①陆继辂《崇百药斋文集》卷五有《为杨二绍文题其内子澹音阁诗》有"十五名父息，从官值离乱"。若按嘉庆元年（1796）川楚战乱算起，王韫徽十五岁，则可知王韫徽生于1782年。此时的王韫徽年龄尚小，但已经是才学显露，而且胆识过人。

因为王韫徽丈夫杨绍文担任盐官长芦批验大使，王韫徽因而到过天津（津门）等地。王韫徽有《津门杂咏》："三月村庄农事忙，忙中一事更难忘。携儿结伴舟车载，好向娘娘庙进香。""不论商贾与平民，每遇婚丧百事陈。箫鼓喧阗车马盛，衣冠职事一时新。"江南才女来到津门，把津门的风物人文记载于笔下诗文间。

王韫徽之诗作委婉有情，苍凉多致，吊古怀今，言之有物，并非限于闺阁内的花鸟鱼虫、风花雪夜，这是难能可贵的。在王韫徽的诗作中，以花草为题者众多，但往往意境上比较开阔，这正是王韫徽成为著名女诗人的重要原因。

王韫徽著有《环青阁诗稿》。国家图书馆出版社在2017出版《清代诗文集珍本丛刊》，第367册收录有《环青阁诗稿》二卷，清抄本。《环青阁诗稿》还有清道光元年（1821）刻本，两卷，国家图书馆有收藏。国家图书馆还收藏有《环青阁诗稿》四卷本，也是道光元年刻本。《国朝闺秀正始集》《小黛轩论诗诗》等著录有《环青阁诗稿》。目前，没有王韫徽以及《环青阁诗稿》的著述研究，本书试图通过所见点滴资料勾勒呈现王韫徽的生平创作以及《环青阁诗稿》的价值。

《环青阁诗稿》卷一收录有：《兰》《荆州道中怀古》《初至彝陵官舍》《雨丝》《笛声》《腊梅》《春日偶成》《惜花》《尔雅台》《昭君村》《三游洞》《虾蟆

---

① （清）沈善宝：《名媛诗话》卷五，清光绪鸿雪楼刻本。

培》《庭轨作花慨然成咏》《寄怀故卿诸姊妹》《寒月》《春日晓晴》《城南塔院望江楼野眺》《赋得柳桥晴有絮得飞字》《赋得梨花白雪香得香字》《梨花》《白莲花》《萤》《雪夜》《红梅》《春夜对月有怀故卿姊妹》《题秋江独钓图》《画牡丹与肃亭绮思柘慈分韵作》《画梅》《画梅（绝句）》《梅花》《水仙》《仿元微之何处生春早（大人肃亭绮思柘慈拈题得）四首》《送陈柘慈并序》《柳絮》《惜花叹》《题少桓嫂桐阴清暑图》《题绮思松风瀹茗图》《月夜怀大人偕婿巴东军营》《芭蕉》《秋夜》《挽业师张孟亭姑丈（师弱冠游庠，曾设帐授教墨池书院，以疾归卒于荆州道中）》《采莲曲》《蝉》《七夕感赋织女》《柳》《闻表姊张倩英讣悲悼之余因成二律》《秋海棠》《秋夜雨坐有感》《西施》《虞姬》《明妃》《杨妃》《九日与绮思分韵作》《接三叔父书惊闻从弟蟾元翔元妹淑昭俱遭时疫，数日而殇，并姨女张玉英夫妇同日而逝，感伤存殁，殊难为怀，因成二律聊以当哭》《绿萼梅》《落梅（兼伤倩英玉英）》《家大人引睡图命作》《己未八月川匪窜逼宜境，城中仅文职数人，家大人督率士民防守，羽书络绎，援兵不至，感作》《庚申二月教匪复入楚境，大人力疾筹御，病体转剧，而婿奉慈命促令入都作此送别》。

《环青阁诗稿》卷二收录有：《酬别绮思即次原韵》《渡江望金山》《秋怀》《答绮思》《菊》《至日述怀寄少桓绮思》《冬夜绮思录示柘慈诗有感作答》《前诗意有未尽复成一律寄之》《题松月鸣琴图》《京华怀旧篇寄绮思》《人日寄绮思》《春晴漫兴》《读汪夫人潘虚白诗集题赠》《杨柳词》《子夜歌》《咏红白桃花次沈岫云潘虚白两夫人原韵，花即岫云家园所植，与予居仅隔一墙》《又叠韵一首》《再咏红白桃花索虚白和》《咏紫丁香花次韵》《立夏前一日虚白有诗见示次韵答之》《三月十五夜感怀》《白芍药》《赠肃亭姬人》《兼寄七绝四首复作此答之》《虚白属题画虞美人花团扇》《又嘱题红叶题诗画扇》《寿蒋翁八十》《七夕词》《七夕分题得水戏化生》《同人赋麻姑指爪亦拟一首》《又缑岭凤笙》《题仕女画幛》《题鸳鸯双仕女画幛》《山中秋月色甚佳瞻玩不寐有怀故园诸嫂弟妹》《秋风》《秋雨》《秋月》《秋露》《秋蝉》《秋雁》《秋叶》《秋砧》《秋思》《岁暮感怀四首后二首同外作》。

嘉庆乙丑（1805）七月十四日王韫徽《环青阁诗稿》自叙中，言及自己怎样走上了诗作创作的道路。"余在龆龀（七八岁），先君子（父亲）供职都下，余从母里居，以女子当识字明理，即令入家塾，授孝经毛诗戴记论语孟子诸书。稍长习女工，于诗则未暇学也。追庚戌（1790）之岁，侍母入都，闻先君子课弟肃亭及妹婿陈柘慈，辄心焉好之，因亦学作短章。先君子见而喜曰：'此大聪颖，虽女也固可教。'遂与妹绮思同授古乐府及唐宋诸名人诗。明年，母病，侍汤药数月，复辍读。又明年，先君子出守宜昌，从官之楚。楚风俗侥诈，官事繁。余襄母理内政，间与绮思分韵为诗，俟先君子暇而改正焉。未几，匪民不靖，郡城几危。先君子勤劳靡监，尽瘁王事，仓卒悼丧，痛缠心髓。是岁庚申（1800）之三月也。其秋扶榇（棺材）旋里，时展手泽，触绪含辛，不能复理旧业哉！壬戌（1802），偕外子入都，即奉姑命理家事，家既贫，身复多病，日事菽水，与翰墨益远矣。然计十余年来，入燕赵，走齐楚，临荆襄之汗漫，涉洞庭之烟波，悲欢聚散忧愁怡愉之境，靡不备尝。《书》曰：'诗言志。'《语》曰：'诗可以兴，可以观，可以群，可以怨。'余独何人，能无言乎？言而能不悲乎？犹记先君子在军营寄手谕云，汝等学诗，颇有进境，韫徽情词婉转，当得我之神，昆藻字句琢炼，当得我之骨。潜心力学，久当自得之。哀哉！余与绮思卒无所成，以至于今也。今检历年所作，除散失外，凡若干首，录为四卷。先君子批语即录于上。诗本不足存，特不敢忘先君子遗言，且志余未能始终于学，有负先训也。"

王韫徽入燕赵，走齐楚，临荆襄，涉洞庭，游走四方，悲欢聚散忧愁怡愉之境，靡不备尝，自然触景伤怀，感叹人生际遇。诗言志，发之为声，构成诗文，诗作情词婉转。王韫徽的诗歌创造道路，受到了父亲王春煦的深刻影响，也在家风家学的熏陶下逐步获得了父亲的认可。在两卷手抄本《环青阁诗稿》上还保留下大量的王春煦的评语，诸如《荆州道中怀古》的批语是"沉浑高亮"；《昭君村》，批语是"清老"；《春夜对月有怀故卿姊妹》，批语是"盛唐佳制"；《题秋江独钓图》，批语是"通体苍浑"；《惜花叹》，批语是"感慨缠绵往复不尽，求之古人，亦不多见"；《采莲曲》，批语是"音节全从六朝人得来，命意之高又不待言"；《蝉》，批语是"高出众流"；《酬别绮思即次原韵》，批语是"情至之作，自然合律"；《秋怀》，批语是"深于建安诸子繁冤悲苦之情，曲曲传出音节气韵，直到汉人"；《京华怀旧篇寄绮思》，批语是"铺叙婉转，结撰淋漓""凄楚缠绵，令人意消"。正是在王春煦的着意栽培之下，王韫徽有诗才，也在诗坛取得了较高的声誉与地位。

三、同时代诗人对王韫徽的评价

秦瀛（1743—1821），字凌沧，一字小岘，号遂庵，江苏无锡人，秦松龄玄孙。乾隆四十一年（1776），以举人召试山东行在，授内阁中书，充军机章京，荐迁郎中。乾隆五十八年（1793），出为浙江温处道，有惠政。秦瀛为《环青阁诗稿》作序："始余与王君紫宇相识于京师，紫宇方官翰林御史，未知其有女能诗也。既而余与紫宇相继出外，余官杭州，亡友杨六士（杨梦符）之子子捴告余，将就婚宜昌。盖紫宇守宜昌，而子捴故紫宇女夫也。阅数年，子捴携其妇来都下，而余自浙江入为京卿，乃与子捴夫妇相见，而紫宇之没久矣。子捴既示余以所为文，又出其妇澹音吟稿，乞余序，余未及序，而子捴夫妇还江南。逾年，子捴复来，请益力，余覆阅吟稿，标格神韵，悉与古人吻合，而复原本家学，不忘先训，时时见之于诗，可谓得性情之正者矣。余嘉子捴之有妇，而又羡六士有子、紫宇有女也，是不可以无言。嘉庆十二年（1807）六月既望无锡秦瀛序。"① 从此序文中可知，秦瀛与王韫徽的父亲王春煦同朝为官，与王韫徽的丈夫杨绍文的父亲杨梦符也是旧友。他认为王韫徽的诗歌艺术是原本家学，不忘先训，时时见之于诗，得性情之正，诗风是受到王春煦的影响，而且标格神韵，悉与古人吻合，这已经是相当高的评价了，即王韫徽的诗作类似于唐诗宋诗，由宋而规之唐。

在当时，诗坛上的一些女诗人也纷纷高度评价了王韫徽的艺术成就。陈长生，字秋谷，杭州人。清中叶女诗人。陈长生是叶绍楏[字琴柯，乾隆五十八年（1793）进士，做过监察御史]的妻子，是著名弹词《再生缘》作者陈端生的三妹。陈长生善诗，有的作品构思精细，受人称道。陈长生为《环青阁诗稿》作的题词是："早钦淑范诵兰薰，况有清吟厌左芬。满架珊瑚题欲遍，短笺零素总香芸。""步幛青绶忆谢家，更无妙咏擅才华。批红判白年年事，堪羡阃前姊妹花。""新诗酬唱兔毫开，锦字牙签傍镜台。香茗流传知有集，输君咏絮须椒才。""棠梨开处月穿棂，秋水冰壶见性灵。独把清真谢浮艳，百花芳里契兰馨。""俨侍大雅擅林风，班管难教学步工。只合瓣香频展卷，乌丝书就烛花红。"②

张道恒是华亭（今上海）人，王韫徽是娄县人。华亭与娄县当时都属于松江府（今上海松江区）。华亭女史张道恒为王韫徽诗集的题词说："百读频惊四座听，争夸盈耳韵泠泠。连朝展卷如登岱，眼倦犹余未了青。""句教铁铸字银钩，幼妇真特第一筹。他日为延梨枣寿，古人应不占千秋。"③

---

① （清）王韫徽：《环青阁诗稿》卷一，清抄本，载陈红彦、谢冬荣、萨仁高娃主编《清代诗文集珍本丛刊》第367册，国家图书馆出版社2017年版，第46页。
② （清）王韫徽：《环青阁诗稿》卷一，清抄本，载陈红彦、谢冬荣、萨仁高娃主编《清代诗文集珍本丛刊》第367册，国家图书馆出版社2017年版，第46页。
③ （清）王韫徽：《环青阁诗稿》卷一，清抄本，载陈红彦、谢冬荣、萨仁高娃主编《清代诗文集珍本丛刊》第367册，国家图书馆出版社2017年版，第47页。

《松江府续志》记载："《天香阁诗稿》，国朝张道恒著。案：道恒，字玉舜，新阳训导兴载女，适金山贡生王元宇。其诗，从兄张祥河序。"①"华亭郭墨英，顾子瀛妻。金山张道恒，王元宇继妻。姚桂心，程襟兰妻。南汇冯玉芬，王路妻。朱庚，蔡钢妻。青浦胡家萱，顾初昱妻。华亭张氏，姜熙妻。孙氏，张鸿卓妻。赵氏，钱馥诒妻。皆工诗。"②说明张道恒也是有诗名的女诗人，著有《天香阁诗稿》。《松江府志续志》卷三十："恩贡生王元宇继妻张氏，赠光禄大夫兴载女，年三十，夫故，偕妾沈氏励志冰霜白首一节，学院鲍表其间，同奉恩旌。张能文，著有《天香阁诗稿》。同治元年（1862）终。"③张道恒的父亲张兴载（1757—1807），字坤厚，号甄山、悔堂、悔堂居士、绣云散仙、莼菜桥西散吏，室名一松斋、绣云山房，江苏华亭（今属上海市）人，藏书家。张兴载以廪贡为新阳训导，会重修学宫告竣，张兴载效仿淮阳阮学浩洒扫成规，斟酌推行。④张兴载的生平事迹不多，这里提到的阮学浩，雍正八年（1730）中进士，先后担任各地学官与考官，故此为张兴载所效仿。阮学浩，字裴园，号缓堂。阮应韶（撰《阮氏笔训》）子。博通载籍，仪观甚伟。执父丧，哀毁骨立，乡党称之。由进士，授检讨，典陕西、山西乡试，提督湖南学政，刊《教学遗规》《四礼翼注》及《学约》，以训士子。时永顺苗疆归附，辟为府，士苦险远，两试甚艰，阮学浩整顿之，严科考，楚人颂其公敏。与修《世宗朱批谕旨》《四朝实录》，后乞养归，主讲淮阴书院。生平严义利之界，风裁峻整，门无杂宾，创置一钱庄，供学宫洒扫费。殁后，乡人祀于勺湖书塾。弟学濬，字澂园，号姜村。进士，官编

---

① （清）博润等修，姚光发等纂：《松江府续志》卷三十七，清光绪九年刊本。
② （清）博润等修，姚光发等纂：《松江府续志》卷四十，清光绪九年刊本。
③ （清）博润修，姚光发等纂：《松江府续志》卷三十，清光绪九年刊本。
④ （清）李铭皖等修，冯桂芬纂：《(同治)苏州府志》卷七十三，清光绪九年刊本。

修。① 此处可见张兴载、张道恒父女在华亭也是有声名有才学者,他们与王韫徽是同乡关系,故此之间有交往就比较顺理成章。现在虽然不知道松江地区还有哪些才女与王韫徽有往来,但是也可想象,一般的才女基本上都是官宦之家与有财力权势之家,即使数量可能比较多,但实际上也还是有限的,互相之间熟悉并有所了解是大概率的,这里只以张道恒为例说明展示。

同样对王韫徽称颂的还有吴嵩梁(1766—1834)。吴嵩梁,字子山,号兰雪,晚号澈翁,别号莲花博士、石溪老渔。江西东乡新田人。清代文学家、书画家。清代江西最杰出的诗人之一,有"诗佛"之誉。吴嵩梁《香苏山馆诗集》今体诗抄卷十三有一首诗《题王澹音女史环青阁诗卷》:"慈乌反哺,雁离群,字字商声未忍闻。徐淑吟成多寄远,木兰恨不替从军。宦情十载寒于水,归梦千山乱入云。自有清才传绝唱,人间富贵总纷纭。"② 这里是说王韫徽"清才传绝唱",可谓对其诗歌成就很是欣赏。

吴育(?—1834后),字山子,江苏吴江人,家居江苏常州,吴兆骞(1631—1684)曾孙,生卒年不详。与包世臣、李兆洛游,能文,工篆、隶,善篆刻,工琢砚,兼精绘事。吴育在嘉庆十年(1805)为《环青阁诗稿》作序:"古之人有言曰:言,心声也;诗,言之精也。然则凡人有是心,即有是言;有是言而精之,则皆可以为诗矣。何异乎?古今何间乎?男女哉?孔子删诗,不废妇人之作,而独后世非之,以为不宜,又今之言论者不审其本末,而以时代为高下,一成于心,牢不可破,盖亦不达于理矣。使言而当于理,切于情,男子宜也,妇人亦宜也。古之学者审而专,其至也,今之学者疏而浅,其不至也,使至者不至,不至者而至也,何见乎今不可以为古,今之必异乎古乎?此吾指之有日矣,而未发也。今观于澹音之诗而信。澹音为

---

① 参见(清)张兆栋等修,何绍基等纂《(同治)重修山阳县志》卷十四,清同治十二年刻本。
② (清)吴嵩梁:《香苏山馆诗集》今体诗抄卷十三,清木犀轩刻本。

吾友杨君子掞之妻。子掞治学为古文，澹音为诗。子掞之文，如苏明允（苏洵）而得其精，澹音之诗由宋而规之唐，颇能婉合，伉俪之间，文辞粲如也。不蕲至乎古而不已，使他日者思吾言也，遂书之以质于子掞。"这里称王韫徽之诗由宋而规之唐，颇能婉合。诗作一般以唐诗为盛，宋诗紧随其后，王韫徽的诗作成就能婉合唐诗宋诗，其评价颇高。吴育还说王韫徽的丈夫杨绍文之文章，如苏洵而得其精。夫妻二人工诗通文，伉俪之间，文辞粲如，也是珠联璧合的风雅。

四、王韫徽与文坛才女的情谊与交游

王韫徽少年随母在家乡，七八岁就到京城投靠父亲，于十几岁的时随父至宜昌，其间还遭受战乱，父亲卒于任上，其扶棺归乡，再与夫君杨绍文就官各地。可以说，王韫徽经历丰富、视野开阔，这让其结识了一批文人与女性诗人。王韫徽与沈善宝、潘素心齐名于乾嘉间，深情雅韵溢于楮墨，在清代诗坛上此三位是颇有影响的女诗人，她们之间也颇有渊源。

（一）王韫徽与沈善宝

沈善宝（1808—1862），字湘佩，钱塘（今浙江杭州）人。江西义宁州判学沈琳女。咸丰时吏部郎中武凌云继室。陈文述弟子。沈氏幼秉家学，工于诗词，著述甚丰，有《鸿雪楼诗选初集》《鸿雪楼词》及《名媛诗话》传世。沈善宝一生游走南北，广结各方才媛，尤其是通过《名媛诗话》的编撰，奠定了她在清道咸年间女性文坛上的领袖地位。

王韫徽的才情，沈善宝在自己的《名媛诗话》卷五中也有记载，娄县王澹音韫徽，知府春煦女，蕯尹杨绍文室，蕯尹淞母。著有《环青阁诗稿》。

古诗感时叙事，委婉有情。近体吊古怀人，苍凉多致。沈善宝评述了王韫徽的几首诗。《己未八月川匪窜逼宜境，城中仅文职数人，家大人督率士民防守，羽书络绎，援兵不至，感作》中的"烽火连圻西复东，纷纷将士枉论功。传来风鹤声偏警，化遍沙虫劫未终。野哭千家秋草外，悲笳几处夕阳中。书生筹敌原非分，借箸聊存铁石忠"。《偕外人都次韵酬别绮思》中的"河桥杨柳绿丝丝，惜别还倾酒一卮。客枕定多春草梦，离怀偏感棣华诗。平生甘苦尝相共，此后艰难各自持。忍说倚闾愁白发，天涯凄断望云思"。沈善宝认为都体现了王韫徽的诗风。

沈善宝在《名媛诗话》卷五中还征引了王韫徽的另一首长诗《赠女史唐墨兰并序》。王韫徽《环青阁诗稿》中《赠女史唐墨兰并序》中记载，有才女墨兰女史，唐桂凝，嫁毗陵（常州）孙继元，其官至少尹，孙继元与王韫徽的丈夫杨绍文为世交。庚辰（1820）仲夏，应常蕯使聘来天津，馆于王韫徽寓所。因出妻子唐桂凝所绘扇为赠，并为杨绍文及王韫徽写《艺兰课子图》，"侍妾子女均入图中，无不神似"。唐桂凝之画图已名满京师，而赠王韫徽的此《艺兰课子图》尤为工丽。"余喜其画之精，而惜其遇之塞。爰赋长歌以赠之。"唐桂凝，别号墨兰女史，江苏武进人。武进属于常州，杨氏家族也曾在此地，故王韫徽说孙继元与杨绍文为世交，应该来源于此。唐桂凝，也是名人之后，"家住吴门出名族"，是明代大儒唐顺之（1507—1560）六世女孙，善画花卉、禽鱼，秀逸有韵致，应该也是家学渊源。唐桂凝的画作现在还流传于世，其画图工丽，名布京师，"翻教声价重京城"，"图成没骨工无匹"，在当时一定很有影响。

（二）王韫徽与潘素心

潘素心，父潘汝炯，字石舟，乾隆三十年（1765）拔贡，任广西上思州知州。潘素心嫁钱塘汪润之，汪润之以右中允任福建学政。《两浙輶轩续录》卷五十三中记载，潘素心，字虚白，会稽人。江西广昌知县潘汝炯长女、詹事府少詹事钱塘汪润之之妻。著《不栉吟稿》。陶濬宣曾说，虚白夫人与其妹潘亚白并擅诗名，尝从宫詹宦游闽滇，舟舆往来五万里，所经城郭、江山、风俗皆见之于诗。潘汝炯任职广昌知县时，使管会计，潘素心虽牙筹纵横，不废吟咏。尝有诗句，"镂管牙筹随仕宦，篮舆画舫度关津"。汪润之去世后，潘素心侨寓都门，亲课诸子。道光乙酉（1825）三子同时考中举人。第二年，第二子考中进士，入词林（翰林院的别称）。道光辛卯（1831）秋，第五子又考中孝廉，"鹊起联翩，熊丸济美"，为科名佳话。还不仅如此，潘素心有女曰汪愔，字琴德，曰汪恂，字瑟友，二女都能诗。"薰习慈训，一门风雅"，为两浙所少有。潘素心享年八十余。①就家族女性而言，潘素心与妹妹潘亚白并擅诗名，二女汪愔与汪恂姐妹也能诗。潘素心不但秉承家学，自己诗才过人，而且培育了杭州钱塘汪氏众多人才，此又构成一重要的文化世家。

潘素心，与华长卿母为中表姊妹，华长卿把王韫徽、潘素心并称"海上双峰插碧霄，古之鲍谢今欧柳"，称两位女诗人是双峰并峙，如同南朝鲍照、谢灵运，宋代欧阳修、柳永。此等评价应该说是对诗人王韫徽的至高之论了。

潘素心的诗文雅精练，具有艺术性，"一溪黄叶诗中画，十里红花客店名"，"三山绕郭炊烟直，双塔凌霄落照圆"等诗句，有很强的表现力与感染力。潘素心《不栉吟》有诗数首提及与王韫徽之间的交往，如《雪日得杨夫人（澹音）即和元韵》《红白桃花和王澹音闺秀韵》《移居留别澹音闺秀》《送澹音世姊南归》等。王韫徽亦有七言排律题于《不栉吟续刻》中，其中"人生识字忧患始，闺阁何为不栉士。四德由来记立言，二南风教诗人旨。温厚

---

① 参见（清）潘衍桐辑《两浙輶轩续录》卷五十三，清光绪刻本。

和平法自然,缘情感物足成篇。上书北阙时关事,作赋东征代有传。稽山苍翠镜水绿,钟就婵媛慧且淑。渊源才藻似春江,雅澹襟怀比秋菊",颂扬了潘素心诗作之美。

王韫徽还有诗《读汪夫人潘虚白诗集题赠》:"闺阁争传咏絮才,一编赠我见清裁。可知笔底花如锦,曾带河阳春色来。""咳唾随风珠玉成,试听掷地似金声。淡妆浓抹都相称,拟作西湖山水评。""玉堂仙侣惬同心,紫诰承恩雨露深。日影花砖归较晚,金莲烛下共联吟。""咏絮才"指的是东晋女诗人谢道韫的典故。谢道韫为陈郡阳夏(今河南太康)人。曾在家遇雪,叔父谢安召集众子侄论文义,俄而雪骤,安问:"何所似也?"谢朗答:"撒盐空中差可拟。"道韫答:"未若柳絮因风起。"谢安大为称赏。[①] 后来便把在诗文创作方面卓有才华的女子赞誉为"咏絮之才"。王韫徽还有《又叠韵一首》《再咏红白桃花索虚白和》《立夏前一日虚白有诗见示次韵答之》《虚白属题画虞美人花团扇》《又嘱题红叶题诗画扇》《咏红白桃花次沈岫云潘虚白两夫人原韵,花即岫云家园所植,与予居仅隔一墙》等诗作。可见二人交往可谓密切,在京师她们比邻而居,且在艺术影响上齐名,互相唱和很多也是可以理解的,此也是女性诗人之风采的一段佳话。试想两位著名女诗人之风华异彩的相互映衬,诗艺的空间必定会更加光辉灿烂。

(三)王韫徽与叶绍本、何若琼

与王韫徽多有诗文唱和者,且多对王韫徽之创作充分肯定的,还有叶绍本和其妻何若琼。叶绍本是清代著名诗人,字仁甫,号筠潭,归安人。嘉

---

① 参见(南北朝)刘义庆撰,(南北朝)刘孝标注《世说新语》卷上之上,四部丛刊景明袁氏嘉趣堂本。

庆辛酉（1801）进士，改庶吉士，授编修，历官福建学政、山西布政使。有《白鹤山房诗钞》。《白鹤山房诗钞》卷十四有《题〈艺兰课子图〉为王澹音女史作（监薩大使杨云在之室）》："春风被檐楹，淑气泛阶屺。中有举案人，相对乐书史。丛兰何菁菁，香意澹于水。爱此犀角儿，骐骥日千里。樛木颂贤声，鸤鸠咏芳轨。清娱伴昼闲，公言绿衣拟。柳花舞如雪，庭蕊开如绮。入室总同心，全家国香里。"① 此《艺兰课子图》应该就是墨兰女史唐桂凝所画者。

何若琼，字闻霞，浙江山阴人，布政使叶绍本妻室。徐世昌《晚晴簃诗汇》卷一百八十五收录何若琼一诗，即《题王澹音环青阁稿》："东南佳胜数娄江，门第乌衣画戟双。一片横云山色好，眉痕淡写月当窗。"② 诗意深厚，诗情朗朗，王韫徽之当世风采宛若可见。

（四）王韫徽与陆继辂、钱惠尊

陆继辂（1772—1834），字祁生，又字祁孙，别署小元池居士、修平居士。江苏阳湖（今武进）人。传世有《崇百药斋文集》二十卷、《崇百药斋续集》四卷、《崇百药斋三集》十二卷，《合肥学舍札记》十二卷。据《清史稿》记载，陆继辂，幼孤，生母林严督之，非其人禁勿与游，甫成童，出应试，得识丁履恒，归告母，母察其贤，始令与结。其后益交庄曾诒、张琦、恽敬、洪饴孙辈，学日进。嘉庆五年（1800）举人，选合肥训导，以修《安徽省志》，迁贵溪县令。三年后，引疾归。陆继辂仪干秀削，声清如唳鹤，不以尘务经心，惟肆力于诗，清温多风，诗如其人。常州自张惠言、恽敬，

---

① （清）叶绍本：《白鹤山房诗钞》卷十四，清道光七年桂林使廨刻增修本。
② （民国）徐世昌辑：《晚晴簃诗汇》卷一百八十五，民国退耕堂刻本。

以古文名。陆继辂与董士锡同时并起,世遂推为阳湖派,与桐城相抗美。①陆继辂乃常州人,还是大名鼎鼎的阳湖派重要诗人。阳湖派首创者一般认为是恽敬和张惠言,但是陆继辂与董士锡同时并起,对于推动阳湖派的形成有重要作用,文坛影响自然不同一般。

陆继辂有《为杨二绍文题其内子澹音阁诗》:"堕地误作男,识字集忧患。浮名定何物,辄以庸福换。积悔已十年,结习苦未断。女婆本婵媛,奈何好词翰。十五名父息,从官值离乱。二十嫁星郎,一匏系薄宦。讵非诗为祟,迟子翟芣苢。山妻颇耽此,近亦废书叹。流离乔公女,少小遭家难。得婿虽足欢,入世若冰炭。陈平不长贱,此语久成谩。来者冀可追,书城逝将窜。谨告心所危,为子裂黄绢。"②从诗中可以看出,王韫徽本是翩翩婵媛女,实则有诗人之心,耽于吟咏,喜好词翰,而且是少年时期就表现出了卓越的诗才,巾帼不让须眉。

阳湖女史钱惠尊也为《环青阁诗稿》作了题词。钱惠尊,字诜宜,阳湖人,贵溪知县陆继辂妻。钱惠尊的题词是:"抱玉人归鬓欲丝,廿年偕隐愿犹迟。因君消我无穷悔,行箧携来黄绢辞(祁生自都门归,携嫂辱赠诗一幅)。""绝爱京华感旧篇,潇湘春水浣吟笺。怜予虚得江山助,岳色河声住十年。""展卷已闻兰气息,相逢定掩月光辉。如何陌上花无数,只送香车缓缓归。"赞扬了王韫徽诗才惊艳京华,如月色光辉般难掩。钱惠尊撰有《五真阁吟稿》,据《粟香随笔》记载,常州一些名家诗文集后多附刻其妻子诗词,如孙星衍《芳茂山人集》后附王采薇《长离阁集》。陆继辂《崇百药斋集》后附钱诜宜《五真阁吟稿》。③这说明《五真阁吟稿》也曾随《崇百药斋集》刊刻。陆继辂撰《五真阁吟稿序》:"嘉庆丙子(1816)秋冬间,余杜门养疴,无所

---

① 参见(民国)赵尔巽等撰《清史稿》列传二百七十三,民国十七年清史馆本。
② (清)陆继辂:《崇百药斋文集》卷五,清嘉庆二十五年刻本。
③ 参见(清)金武祥《粟香随笔》粟香五笔卷六,清光绪刻本。

事事,始自删定其诗。既竟,复取诜宜之诗,去三之二,命兑贞重录一帙,题曰《五真阁吟稿》。"① 此表明《五真阁吟稿》是 1816 年由陆继辂删定后刊刻。钱惠尊有诗《平原君传书后》:"公等碌碌皆因人,平原柱有三千宾。囊大曾无一锥贮,见遂不识来何许。邯郸城门昼不开,此时局促真驽骀。不闻公子画奇策,乃至以姊要人哉。吁嗟乎,美人一笑何大罪,特借卿头为士赇。矫情待士士不取,有客飘然向东海。"② 有别于一般女诗人的柔婉,作者对历史事件提出了自己的判断与评论。

(五)恽珠

女诗人恽珠(1771—1833),字星联,一字珍浦,晚号蓉湖道人,又称蓉湖散人,自称毗陵女史,清代江苏武进(今常州)人。恽寿平族孙女,肥乡典史恽毓秀女,泰安知府满洲人完颜廷璐妻,江南河道总督完颜麟庆母。恽氏家族是常州著名的世家大族,恽寿平(1633—1690)是著名书画家,恽珠的父亲恽毓秀(1732—1800),工于书画。恽珠十岁能诗,尤精绘事,能诗善绘,闺中有"绝"之目。恽珠,"十八岁归满族完颜廷璐,因其子完颜麟庆晋封为一品太夫人。恽珠天资聪慧,心灵手巧,于刺绣、绘画均负盛名。著有诗集《红香馆诗草》、医书《鹤背青囊》等。又助刻《法苑珠林》,刊《李二曲全集》《四书反身录》《孙夏峰集》《恽逊庵语录》等书。而其最杰出的贡献则是穷数十年之精力编选出版的呕心之作《国朝闺秀正始集》及《国朝闺秀正始续集》,两书成为清代著名的闺秀诗选。此外,尚辑录《兰闺宝录》六卷。恽珠成为清代重要的闺秀文学家、文献家、画家、刺绣大师,一

---

① (清)陆继辂:《崇百药斋文集》卷十四,清嘉庆二十五年刻本。
② (民国)徐世昌辑:《晚晴簃诗汇》卷一百八十六,民国退耕堂刻本。

生才德兼备,深受时人赞誉。"①《晚晴簃诗汇》卷一百八十六:"恽珠,字星联,一字珍浦,晚号蓉湖道人。阳湖人肥乡典史毓秀女,满洲泰安知府颜廷璐室。嘉庆己巳进士江南河道总督麟庆母。有《红香馆诗草》。《诗话》:珍浦生时,祖母尝梦老妪授以巨珠,光满一室,因以命名。十岁能诗,尤精绘事,得南田(恽寿平)家法。尝梦至海中一孤屿,上有莲花大如车轮,遇人告以旧在红香岛司秘籍,偶谪人世,遂绘图记之,并颜其室。读《辽史》,慕太师适鲁之妹耶律常哥之为人,思读书论道以终其身。后以诗才操履为索绰罗太夫人所知,因寮执旧谊,三使议婚,请为子妇。于归后,尽孝尽礼,教子多名言。尝辑《兰闺宝录》,以垂女诫。平生志在昌明诗教,选国朝闺秀诗三千余首为《正始集》。病笃,以所手订者,命其女孙妙莲保为续集。近年萧山单受兹女士为再续集,一循前例。"②恽珠具有才学,"幼年针黹精妙,为侪辈所推服。稍长,承外王父芝堂公指授,博通经籍,兼善诗画,族党间有三绝之称"。恽珠也曾自叙:"余年在龆龀,先大人以为当读书明理,遂命与二兄同学家塾,受四子、孝经、毛诗、尔雅诸书。少长,先大人亲授古今体诗,谆谆以正始为教,余始稍学吟咏。"恽珠绘画受笔法于族姑恽冰,深得家法。徐世昌《晚晴簃诗汇》中说恽冰:"工写生,芊绵蕴藉,用粉精纯,迎日光,花朵灿灼,作已辄题小诗。"③教子有成,子完颜麟庆,官至河南总督。恽珠著有诗集《红香馆诗草》,医书《鹤背青囊》等,绘有《百花手卷》《金鱼紫绶图》《锦灰堆图》《多喜图》等。《晚晴簃诗汇》卷一百八十六收录恽珠的几首诗,诗意清新,诗句清雅。《老松》:"万古郁葱茏,何人种此松。苍涛声一片,圆盖影千重。鹤骨擎丹壁,虬枝秀碧峰。只愁春令节,雷雨化为龙。"《雨过》:"雨过中庭万象清,绿阴深处晚凉生。自移竹榻

---

① 许菁频:《明清常州恽氏文学世家研究》,中国社会科学出版社2014年版,第216页。
② (民国)徐世昌辑:《晚晴簃诗汇》卷一百八十六,民国退耕堂刻本。
③ (民国)徐世昌辑:《晚晴簃诗汇》卷一百八十四,民国退耕堂刻本。

来幽院,坐听枝头好鸟鸣。"《锦鸡》:"闲对清波照彩衣,遍身金锦世应稀。一朝脱却樊笼去,好向朝阳学凤飞。"《春游》:"芳草芊芊没马蹄,春光最好帝城西。桃花浪暖鱼苗长,杨柳阴深燕子低。一片明湖如镜朗,几重远岫与云齐。雅游终日浑忘倦,缓促香轮月满溪。"《接家书》:"书寄平安慰远人,那知对此倍思亲。高堂真否身康健,雁字分飞已四春。"《暮春》:"不觉春将去,天涯人未还。可怜巾上泪,点点尽成斑。"《种菊次外韵》:"主人幽兴学陶潜,植向东篱露未干。花事一年从此尽,等闲莫作众芳看。"《雨夜舟中》:"连宵春雨洒征篷,独拥罗衾漏欲终。千里怀人无远近,梦魂长在浙西东。"《钱塘渡江》:"潮头不怕险,飞棹逐潮行。风力一帆饱,山光两岸明。南来出涧壑,东望达蓬瀛。直破怒涛去,壮怀无限情。"《喜大儿麟庆连捷南宫诗以勖之》:"乍见泥金喜复惊,祖宗慈荫汝身荣。功名虽并春风发,心性须如秋水平。处世毋忘修德业,立身慎莫坠家声。言中告戒休轻忽,持此他年事圣明。"《崮山驿晓发》:"旅馆柝声残,呼童整绣鞍。林遮山径黑,月浸戍楼寒。少小长随宦,驰驱竟自安。平生多游兴,到处望烟峦。"①诗句畅达平顺,意蕴悠远有韵味。

  恽珠作为有家学渊源的才女,对子女的教导甚严。《恽太夫人传》中写道:"夫人为儒雅世族……教子以严且正。""廷璐为泰安知府,卒官。珠抚诸子麟庆、麟昌、麟书,教之严。持家政,肃而恕。"在她的严格教育下,完颜氏一门从此风雅相继。长子完颜麟庆既是治河专家,又是文学家,且为嘉道一代名臣。麟庆生于乾隆五十六年(1791),嘉庆十四年(1809)进士,授内阁中书,迁兵部主事,改中允。道光三年(1823),出为徽州知府。调颍州,擢河南开归陈许道。历河南按察使、贵州布政使,护理巡抚。十三年(1833),擢湖北巡抚。寻授江南河道总督。著有《黄运河口古今图说》《河

---

① (民国)徐世昌辑:《晚晴簃诗汇》卷一百八十六,民国退耕堂刻本。

工器具图说》、诗集《凝香室诗集》、考古游记名著《鸿雪因缘图记》。因为完颜麟庆的显赫功业，恽珠被诰封为一品太夫人。

恽珠最杰出的贡献是耗数十年编选出版《国朝闺秀正始集》，并辑录《兰闺宝录》六卷，恽珠编辑的《兰闺宝录》，1831年刊行，被称作中国第一部由妇女写的妇女史。恽珠的两部作品，成为中外学者研究清代妇女生活的重要史料。《缀珍录》的作者曼素恩就直言不讳地说："本书中大部分证据都取自她的这部诗集（指恽珠的《正始集》），经她仔细选择的妇女的声音告诉了我们那个时代的故事。"而《国朝闺秀正始集》是由女性编撰的清代闺秀诗歌总集，在女性文学发展史上具有独一无二的地位。恽珠在《国朝闺秀正始集》中明言，此书先有三子插手其间，后有儿媳、女孙相助。"丙戌冬，检旧匮所存名媛诗，命三子广为搜集，亲加选定，三历寒暑，始得成书。"从中可知，《国朝闺秀正始集》主要资料来源于自身在诗文创造交流中所收藏的其他女性诗人的作品，还有三个儿子的收集，麟庆所作贡献最大，还有一些孙辈也参与其事。在历宦皖、豫、黔、鄂的过程中，完颜麟庆奉母命"访求闺中佳作……采辑十五载"（完颜麟庆《再至侍选》），得诗甚多。其幕客们得知此事后，纷纷投赠自家女眷之作。同时，麟庆交游遍天下，友人们闻讯后纷纷出示家中闺秀诗作。《国朝闺秀正始集》是清代一部大型的女性诗文集，恽珠率领家庭成员共同整理，为保存、传播和发扬女性文化发挥了重要作用。"《国朝闺秀正始集》二十卷附录一卷补遗一卷，闺秀恽珠编。"[①] 甲戌（1814）之夏，完颜麟庆曾为母亲恽珠整理诗作并刊行，才有《国朝闺秀正始集》的起始发端。"编辑吾母旧作，刊《红香馆诗草》。母见之曰：'嗣后不必刊吾诗，可访求闺中佳作，吾将汇选刊行，以广其传。'麟庆承命，采辑十五载，得诗三千余首，于己丑钞呈。母病其繁，自加点定。

[①] （民国）赵尔巽等撰：《清史稿》志一百三十艺文四，民国十七年清史馆本。

以性情贞淑、音律和雅为宗。凡不合女史之箴、风人之旨者，弗录。定集名曰《国朝闺秀正始集》，得二十卷。又汇题壁姓氏无考及女冠、青楼人可节取者，为附录一卷。嗣又辑补遗一卷。共得诗一千七百余首，计九百三十三人，人各为传，藉示表扬。统计前后凡十七年，始得告成，以故海内传诵一时。能诗女史如潘虚白素心、王澹音韫徽（江苏人）、汪允庄端（浙江人）、景清如玉（满洲人）、黄兰雪香冰（江苏人）、陆费季斋湘于（浙江人）、蒋琴香徽（江苏人）、陆琇卿韵梅（江苏人）、许芝仙琼鹤（山东人）、潘仲华焕荣（湖北人）等数十人，争制序题词，邮寄投赠。翁绣君瑛（江苏人）书闺阁人师额，席怡珊慧文（河南人）绘《选诗图》，李月卿清辉（安徽人）绣自题小诗，以伸景仰。"① 汤仁泽在《满汉联姻和儒家文化》一文中认为，潘素心、王韫徽等人都是当时著名的"闺秀诗人"，留传她们的诗作有重要意义。从上述引文中，不难看出，王韫徽在《国朝闺秀正始集》所选录的九百三十三位女性诗人中也是颇为受到重视之人，按"性情贞淑、音律和雅"的标准，王韫徽是名列前茅者之一。

王韫徽作为清代中期三大女诗人之一，在诗坛具有一定的影响与地位。本章较全面地探讨了她的生平、家事、交游、游历以及她的诗学成就。

松江王氏与绍兴杨氏皆为文化世家，有诗文艺术的传承与家风家学的渊源。王韫徽与妹妹王昆藻、妹婿陈柘慈直接受到父亲王春煦的教育与栽培，从王心渠、王春煦到王韫徽、王昆藻已经是三代。王韫徽的丈夫是杨绍文，杨梦符、杨绍文、杨淞也是三代。王昆藻的丈夫陈柘慈，是商丘陈氏，陈淮、陈伯恭、陈柘慈（陈炌）也是父子三代。王氏、杨氏、陈氏皆通诗文，多有诗文集面世。在众多的男性与女性诗人中，应该说，还是王韫徽最有影响。

---

① （清）麟庆著文，汪春泉等绘图：《鸿雪因缘图记》第二集《再至侍选》。

第三节 "闺阁二难"之王昆藻

王昆藻与姐姐齐名,她还关联到河南商丘陈氏家族。陈氏家族虽然是大名鼎鼎的陈维崧同族,但是事迹淹没,踪迹不显。这里有必要挖掘论述之。

一、王昆藻的生平与诗文成就

王韫徽妹妹王昆藻,字绮思,诸生陈柘慈妻。王昆藻也是诗人、才女,喜为诗,著有《把翠轩诗稿》。王昆藻有诗《将归感作》:"十载天涯寄,江乡路四千。关河劳远梦,烽火苦连年。归计今才决,余生转自怜。彝陵景萧索,回首益凄然。"王昆藻所作之诗为钱泳(1759—1844)推重。钱泳,字立群,号台仙,一号梅溪,江苏金匮(今属无锡)人。长期做幕客,足迹遍及大江南北。工诗词、篆、隶,精镌碑版,善于书画。著有《履园丛话》《履园谭诗》《兰林集》《梅溪诗钞》等,与王韫徽的前辈亲戚金祖静有交往。辑有《艺能考》。王昆藻有《和钱泳卜居翁家庄》诗之三"小住吴中隔一墙,僦居何幸近华堂"。《履园丛话》卷二十四:"余以癸酉年(1813)春,卜居翁家庄,相传为翁司寇叔元旧宅也。尝作七律四首,自写胸臆,一时和者至数十家,字字珠玑,不能尽录。周勖斋太守押门字韵云:'虞山拱笏青延屋,春水如油绿到门。'袁茂才治押仙字云:'不求闻达宁非福,得聚妻孥便是仙。'席上舍世楠押肩字云:'莫将清福看如水,好去红尘息此肩。'陈上舍柘慈炌云：'载酒定多人问字，司花应遣鹤看门。'又云：'已逢叔度思投辖，乍见洪厓笑拍肩。'皆名句也。惟第一首悲字最难押，如王艾轩之'得完太璞非容易，一锁名缰便可悲'，袁茂才之'丘壑从心容我懒，烟花过眼替人悲'，俱妙。陈柘慈为伯恭学士之长君，其夫人王氏名昆藻，号绮思，华亭人，所和四首，尤为绝妙，附录于此。其一云：'软红扑面复何为，收拾归心上钓丝。已卜莺迁酬燕喜，何劳鹤怨与猿悲。高情陶令营三径，妙喻庄生恋一枝。看尽稻花香十里，耦耕生计未嫌迟。'其二云：'振衣千仞耻徒论，占得临溪郭外村。岂为逃名辞越水，偶因长啸寄苏门。缓歌漫吊前朝迹，风雅能归异代孙。定有新诗吟白纻，清樽檀板付桃根。'其三云：'小住吴中隔一墙，僦居何幸近华堂。花开绮陌青春短，燕蹴晶帘白日长。落纸乍惊诗笔健，当歌不厌酒杯忙。请看衮衮登台者，可有闲情把玉觞。'其四云：'才名夙昔动幽燕，瞥眼星霜历廿年。笔陈钟王无敌手，谭锋荀陆本齐肩。早趋朱邸称词客，晚卧沧江作散仙。最是撑肠五千卷，一瓯茶热正高眠。'"[1] 王昆藻之应和钱泳卜居翁家庄诗，王蕴章《然脂余韵》卷三也加以引用，并说："嘉庆癸酉，梅溪卜居翁家庄，相传为叔元司寇旧宅，尝作七律四首，自写胸臆，一时和者至数十家，其录入《履园丛话》中者，有华亭王绮思昆藻女史四首，殊见工力。"[2]

沈善宝《名媛诗话》卷五记载："（王韫徽）妹绮思昆藻，诸生陈价室。有《挹翠轩诗稿》，五古直追王孟，近体沉郁悲凉，可称'闺阁二难'。《送耀卿小叔归里》云：'忆昔燕京地，嬉游童稚年。乍惊颜状改，始觉岁时迁。聚散随风絮，行藏逆水船。相看俱落魄，何以慰重泉。汝兄贫且病，汝侄幼还痴。门户我多累，艰难孰护持。庭闱天未远，音信日边迟。差喜传消息，

---

[1] （清）钱泳：《履园丛话》卷二十四，清道光十八年述德堂刻本。
[2] （清）王蕴章：《然脂余韵》卷三，民国本。

秋风报一枝。（原注：时得香士小叔秋闱捷音）.'《九日北樵署中感作》序云：'夫以节届题糕，时逢簪菊，正逸士登高之日，骚人觅句之秋。绿尊红袖争裁豆蔻新篇，紫蟹黄花竞作茱萸佳宴，莫不人欣高会，征来一部笙歌。况当天惜良辰不送，满城风雨，乃有羁人独深秋感值金风落帽之期，兴客子无衣之叹，聊吟短什，用写旅怀。诗云：'难将消息寄归鸿，惆怅谁知吾道穷。汗漫心期千古上，酸盐味尽一杯中。芦花有恨先惊白，枫叶多愁只暂红。日暮吴江景萧瑟，几人于此感飘蓬。'"①

《九日北樵署中感作》序所云"夫以节届题糕，时逢簪菊"，乃是用典。宋邵博《邵氏闻见后录》卷一九："刘梦得（禹锡）作《九日诗》，欲用糕字，以'五经'中无之，辍不复为。宋子京（祁）以为不然。故子京《九日食糕》有咏云：'飙馆轻霜拂曙袍，糗糍花饮斗分曹。刘郎不敢题糕字，虚负诗中一世豪。'"簪菊，古人于重九日插戴菊花谓之"簪菊"。

二、陈柘慈以及陈氏家族

陈柘慈是王昆藻的丈夫，名价，或者是炌，生平不详，只知为商丘人。清代潘奕隽（1740—1830）撰《三松堂集》续集卷三，有《陈其年先生洗桐图为陈柘慈题》："高梧百尺布清阴，坦腹何方散郁襟。想见填词余兴在，虚堂潇洒似云林。"潘奕隽，字守愚，号榕皋，又号水云漫士、三松居士，晚号三松老人，室名三松堂、探梅阁、水云阁、归帆阁。吴县（今江苏苏州）人。此诗说明陈柘慈与其正是同一时代之人。其他资料缺乏，难以考索陈柘慈的生平事迹。但经过查询也有所收获。

潘奕隽《三松堂集》中还有一篇文章，即《题陈药洲中丞梦禅小影册

---

① （清）沈善宝：《名媛诗话》卷五，清光绪鸿雪楼刻本。

后》:"乾隆乙未(1775)丙申(1776)间,余官中书时,商丘陈伯恭副宪官编修,昕夕过从,稔闻尊甫药洲中丞风雅好古,以未获瞻韩为憾,继中丞归道山,所藏秘笈流落人间。嘉庆二十五年(1820)夏,江西陈玉方侍御来苏,出示董香光书养生论册,前有梦禅小影,知为中丞故物,继侍御亦即世。道光五年(1825),令子登之来吴,复以董册索题。副宪哲嗣柘慈上舍见之,介余子世璜,请于登之,欲归之以为家宝。登之慨然割册首图,以赠柘慈,重加庄治,来请加跋,余既嘉登之高谊,又喜柘慈之合浦珠还也。因书此跋,诗曰:'孝子不匮,永锡尔类。'登之可谓锡类矣。又曰:'无念尔祖,聿修厥德。'柘慈可谓念祖矣。是则皆可记也。"①从这段文字中可以看出,都察院左副都御史、商丘人陈伯恭也曾任编修。1775年至1776年之间,潘奕隽与陈伯恭朝夕过从,素闻其父陈药洲中丞风雅好古,但陈药洲离世后,所藏秘笈流落人间。1820年夏,江西陈玉方侍御来苏州,出示《董香光书养生论册》,前有梦禅小影,是陈药洲故物,不久陈玉方也去世了。1825年,陈玉方子陈登之来苏州,再次向潘奕隽为《董香光书养生论册》索题记或题跋。陈伯恭之子陈柘慈上舍(指太学上舍,可直接授官)见到《董香光书养生论册》,通过潘奕隽之子潘世璜,请于陈登之,欲归此图作为传家之宝。陈登之慨然割下图册中的首图,以赠陈柘慈。陈登之具有高谊,陈柘慈此举可谓感念先祖。从此记载可以看出,商丘陈氏,陈药洲、陈伯恭、陈柘慈是三代人,陈药洲曾担任巡抚,陈伯恭担任都察院左副都御史(副长官),陈柘慈是上舍生。

从钱泳《履园丛话》中所记载的"陈柘慈为伯恭学士之长君(公子)"也可知,陈柘慈乃陈伯恭之子。在上文所载的时间上,潘奕隽与陈伯恭在1775年前后同朝为官,到1825年,陈柘慈索求陈药洲故物《董香光书养生

---

① (清)潘奕隽:《三松堂集》卷三,清嘉庆刻本。

论册》时已过了五十年。潘奕隽与陈伯恭同朝为官，两家交往前后五十年的渊源，而且事件记载得脉络清晰，应该可以进一步确认陈伯恭、陈柘慈的父子关系。

王昆藻为王春煦之女，王春煦是乾隆四十年（1775）二甲第一名进士，朝考第一，改庶吉士，授编修，后担任知府。陈价，为江西巡抚陈药洲之孙，都察院左副都御史陈伯恭之子。这在古代互通婚姻上也是门当户对，两家联姻有其合理性。

袁枚在《随园诗话》卷三中说："余不喜佛法，而独取'因缘'二字，以为足补圣经贤传之缺。身在名场五十余年，或未识面而相憎，或未识面而相慕：皆有缘无缘故也。己亥省墓杭州，王梦楼太守来云：'商丘陈药洲观察，愿见甚切。'予不解何故。晤后，方知其尊人讳履中者，曾在尹制府署中读余诗而爱之，事已三十余年。其夫人李氏见余名纸，诧曰：'是子才耶？吾先君门下士也。'盖夫人为存存先生之女。先生名惺，宰钱塘时枚年十二，应童子试，受知入泮。因有两重世好，欢宴月余。别后，观察见怀云：'早从仙佛参真谛，且向渔樵伴此身。'又曰：'犹记何郎年少日，新诗赏共沈尚书。'"① 此又是陈药洲生平的一点线索。陈药洲约见袁枚，袁枚"己亥省墓杭州"，己亥年应该是1779年。上文，"乾隆乙未（1775）丙申（1776）间，余官中书时，商丘陈伯恭副宪官编修，昕夕过从，稔闻尊甫药洲中丞风雅好古，以未获瞻韩为憾，继中丞归道山，所藏秘笈流落人间"，此典籍秘笈之散失，在时间上与之比较接近。《随园先生年谱》中也有"乾隆四十四年己亥，（袁枚）先生六十四岁，扫墓杭州，转运使陈药洲夫人为李存存先生女，见先生名纸，惊曰：'此五十年前先君门下士也。'先生赠药

---

① （清）袁枚：《随园诗话》卷三，清乾隆十四年刻本。

洲诗,有'入席东南名士满,通家姓氏小君知'句"①。此表明袁枚与陈药洲五十年的因缘,其中也有陈药洲风雅好古,后来其所藏秘笈流落人间等生平事迹。

韦佩金,字酉山,又字书城,江都人。乾隆戊戌(1778)进士。历任苍梧、怀集、马平、凌云四县知县。嘉庆二年(1797)以军需案罢官。嘉庆三年(1798),遣戍伊犁。嘉庆八年(1803),释归。著有《经遗堂全集》二十六卷行世。韦佩金的《送陈药洲大中丞淮入关》为五言古诗三首,前有长序,此有助于认识陈药洲生平。"商丘陈大中丞世家宿学(迦陵侄孙),风雅总持。金于庚申暮春抵戍所,拜颜憺帏,接待殷恳。顾金性不汲汲热,或弥月不一往见。夏五月,洪北江太史(洪亮吉)东旋。金与洪韶龀交,别二十余年,今相聚穷荒万里外,于其归也,殆不胜情。诗一章,中丞大赞赏,以国士许焉。中丞有所往,辄于众中觅金,招与论诗法源流、古今词题正变、国朝诸大家著作优劣。持金片楮小篇,玩味往复不能置。促金校定诗古文词稿本,允异日为付梓人。又以金处困,无几微戚戚介于色,与人相接,泊然无所求,庶几不失己,以是指称之,为延誉于大人长者前益力。呼!知己哉!中丞伯祖其年先生,少受知于娄东,有凤凰之目。余生平服膺迦陵著作,不惮手胼口沫,恨生也晚,不及游先生之门。兹得瓣香中丞,窃藉私淑,何幸如之!八月既望,中丞奉命入关,金情不自已,持笔札于保公相国园池庆宜楼下,诗成,挥泪如雨。是夕往见,中丞就秋灯下,拂纸长哦。相鸣咽久之,盖明日即登车。中丞曰:'余为万里行,为得此三诗也。'"从题目看"陈药洲大中丞淮",陈药洲即陈淮。彭元瑞有诗《陈药洲(淮)中丞照》,可以说明陈药洲即陈淮。韦佩金与陈淮相互赋诗,诗成,挥泪如雨。再论诗文,"拂纸长哦","相鸣咽久之",大概不单单是诗好,应该是人生命

---

① (清)方濬师编辑:《随园先生年谱》,清同治十一年肇罗道署刻本。

运遭受重大挫折而情绪悲苦，二人都被遣戍伊犁，在西北苦寒之地，同病相怜。

陈淮为江西巡抚，被弹劾后遣戍伊犁。此文中"世家宿学"，是"迦陵侄孙"，迦陵即大词人陈维崧的号，即"中丞伯祖其年先生，少受知于娄东，有凤凰之目。余生平服膺迦陵著作"。陈维崧（1625—1682），字其年，号迦陵，宜兴人。明末清初词坛第一人，阳羡词派领袖。"明末四公子"之一陈贞慧（1604—1656）之子。陈淮辑有《迦陵先生填词图题词》，今有清乾隆五十九年(1794)刻本。潘奕隽有诗《陈其年先生洗桐图为陈柘慈题》，表明了陈维崧、陈淮、陈价，作为商丘陈氏，诸人之间有同宗同族的渊源。

至此，王昆藻之夫家陈柘慈的家世就有了大致轮廓，他的祖父就是江西巡抚陈淮，乃大词人陈维崧的后辈。陈淮似乎官声不佳，故此导致其本人与陈伯恭、陈价父子的资料很少见，就连《江西通志》中也少有陈淮的具体生平事迹，只有几处地方简单地记载，显然是故意遮蔽之。仅有的比较有价值的内容也只是"（乾隆）五十七年，陈淮，字望之，河南商丘人。拔贡生。巡抚"①。这对于一位巡抚级别的高级官吏而言，肯定是有点少了。

陈淮也是爱附风雅之人，有诗文，收藏图籍。吴翌凤（1742—1819）《曼香词》中有《沁园春·陈药洲方伯属题双鸳图》，其序曰，此图是冒辟疆姬人董小宛所画，辟疆题赠。袁枚有《寄怀陈药洲观察》："几行瑶札下茅茨，未到天台先索诗。分俸恩深非梦想，渡江胆壮有山知。投林鸟作闲来往，行脚僧逢大布施。路过桃花千尺水，龙门回首倍相思。"② 此外，《小倦游阁集》《灵岩山人诗集》《月满楼诗文集》《尚䌹堂集》《恩余堂辑稿》《甘泉乡人稿》《兰韵堂诗文集》《织帘书屋诗抄》《国朝词综》《香苏山馆诗集》《与

---

① （清）曾国藩等修，刘绎等纂：《（光绪）江西通志》卷十六，清光绪七年刻本。
② （清）袁枚：《小仓山房诗集》卷二十八，清乾隆刻增修本。

稽斋丛稿》等收录有《题陈药洲中丞庐山观瀑图》《故江西抚部陈药洲丈》《观察陈药洲先生招同梦楼侍读冶山庶常条山明经竹香剌史宴集雪鸿小筑席上出唐子畏夜堂赋别图卷分题因用渔洋山人修禊水绘园韵得八首》等诗。

彭元瑞（1731—1803），乾隆二十二年（1757）进士，改庶吉士，授编修，官至工部尚书、协办大学士。彭元瑞博学强记，时有令誉。纪昀为《四库全书》总纂官时，彭元瑞是十个副总裁之一，与蒋士铨合称"江右两名士"。彭元瑞有《陈药洲（淮）中丞照》："卅年曾共踏槐街，离合鸿泥宦海排。行看展来成一笑，须眉非旧旧情怀。""乡书报我致缠绵，为筑川圩减俸钱。今岁江乡闻盛雨，想因保障得丰年。""解衣裹饭剧殷勤，得意褒忠即报闻。风教谁持凭大吏，九原衔感故将军（谓傅宏毅公）。""才偿宿约匪迟迟，要及三年报政期。身是部民心旧友，采将舆颂当题诗。"① 此可见彭元瑞与陈淮也有交往。这里搜寻陈淮的人生履历信息，是为了显现陈柘慈的家庭渊源，明晰其生平事迹，为论述展示王韫徽、王昆藻而铺垫，以使其更加生动具体而有形象感。中华民族历代优秀人物灿若群星，不胜枚举，许多人的生平功绩也就慢慢地湮灭无闻，故此挖掘并展示之，自然是多多益善。

王韫徽有几首写给王昆藻与陈柘慈的诗，肯定了上文考证的关系，王昆藻的丈夫是陈柘慈无疑。王韫徽《环青阁诗稿》中有《画牡丹与肃亭绮思柘慈分韵作》："不仗东皇雨露功，却凭点缀夺天工。含毫即是栽培意，落笔还令色相空。丹粉妆成金屋艳，胭脂洗出御袍红。染根漫倩韩郎手，五色能开顷刻中。"② 王韫徽还有诗《冬夜绮思录示柘慈诗有感作答》《仿元微之何处生春早（大人肃亭绮思柘慈拈题得）四首》。王韫徽《送陈柘慈并序》："柘慈，大人年家子也，自幼与妹绮思缔姻，受业于大人。予到京时，尚在髫

---

① （清）彭元瑞撰：《恩余堂辑稿》卷四，清道光七年刻本。
② （清）王韫徽：《环青阁诗稿》卷一，清抄本，载陈红彦、谢冬荣、萨仁高娃主编《清代诗文集珍本丛刊》第367册，国家图书馆出版社2017年版，第62页。

年,大人退食或宴,辄为课诵,恂恂然执弟子之礼甚谨。旋随大人来楚,兹奉乃祖望之先生之命,赴江右任所,作此送之。"① 陈柘慈与王家的渊源早就存在,他是王韫徽父亲王春煦的"年家子","年家"意思是科举时代同年登科者两家之间的互称。陈柘慈自幼与王绮思缔结婚姻,尚在髫年就受业于王春煦,有赘婿的意思,此赘婿恂恂然执弟子之礼甚谨,受到王氏家风家学的熏陶。

王韫徽与妹妹的感情深厚,诗作中写与王昆藻的有好几首,情感浓烈。《画牡丹与肃亭绮思柘慈分韵作》《仿元微之何处生春早(大人肃亭绮思柘慈拈题得)四首》《题绮思松风瀹茗图》《九日与绮思分韵作》《酬别绮思即次原韵》《答绮思》《冬夜绮思录示柘慈诗有感作答》。王韫徽、王昆藻姐妹之间的交往也在诗文唱和中有所反映与录载,其中的亲情与友爱凝聚在字字珠玉间,女性诗人的文雅与风雅在柔婉细腻处颇能打动人心。

由前文所述可知,金祖静与杨珊珊等为第三代,杨大德为第四代,杨梦符是第五代,杨绍恭、杨绍文、杨绍垣、王韫徽、王昆藻、陈柘慈等是第六代,杨淞是第七代。在绍兴杨氏家族之外,还论及松江王氏世家、河南商丘陈氏家族。特别是围绕王韫徽,又联系展示了一批世家与诗人以及才女。此时大致处于清朝中期的乾隆、嘉庆时期,社会稳定,在太平时期,文化上就会繁荣一些,文化世家自然也颇为兴盛。

---

① (清)王韫徽:《环青阁诗稿》卷一,清抄本,载陈红彦、谢冬荣、萨仁高娃主编《清代诗文集珍本丛刊》第367册,国家图书馆出版社2017年版,第66页。

第 六 章
常州钱氏世家

金安为金祖静和杨珊珊次女，嫁状元钱维城。钱氏家族在常州，乃名门望族，绵延颇久，单单钱维城这一支就人才辈出，在文化与官场上皆颇有影响力。

第一节　金安

金安（1720—1782），知书识礼，雍容大方，处事极为得体。乾隆帝南巡，驻跸杭州，金夫人偕诸命妇到行宫谒见皇太后，皇太后以宴席招待。金夫人从容奏对，词气安雅。皇太后颇为赞赏嘉许，对近侍说："此真状元夫人也。"钱维城奉使黔中，金安留在京邸，告诫诸儿不要轻易见客，周虑他人趁机有所关白交结。[①] 金安知义懂礼深明大端，自然是文化世家的家风渊源深厚的历代传承熏染。

关于金安生平，清钱维乔《竹初诗文钞》卷五传状之《金夫人家传》中记载最为翔实可靠。钱维乔与大哥钱维城年龄差距大，长嫂如母，金安对

---

① 参见（清）王其淦等修，汤成烈等纂《（光绪）武进阳湖县志》卷二十七，清康熙三十四年刻本。

钱维乔有养育之恩，故此文的记载，声情并茂，感情深厚。《金夫人家传》曰："夫人姓金氏，讳安，维乔伯兄刑部侍郎赠尚书文敏公维城之妻也。先世为吴县人，大父绖以诗名海内。父祖静由荐举起家，累官贵州按察使。生三女，夫人其仲也。大母方太淑人，母杨淑人，俱能文，有礼法。夫人幼婉嫕，承两代梱教，读书知大义。先府君资政公（钱人麟）公车入都为文敏公（钱维城）择妇，来议者众，卜于关神武祠，有淘沙见金之谶，遂纳采。岁戊午（1738），夫人年十九，按察方官农曹，文敏公为赘婿，币月而举京兆，夫人无喜色。旋偕归桐庐官署，事舅姑尽礼。乙丑（1745）文敏公登进士第一人，授职修撰。时府君已归田，爰命夫人率子女就京邸。府君故廉吏，家无长物，文敏公虽入史馆，困约如寒儒。夫人食贫操作，黾勉有无，凡纫箴补缀，一切劳苦璅屑，靡弗躬亲，顾性慷慨，犹脱簪珥以周人急。及文敏公直内廷，涖历卿贰，居京师二十余年，夫人以不得躬尽妇职恒恝然。文敏公视学浙中，乃得迎养两亲。脂膏滫瀡之奉，夫人体察无弗至。文敏公既还朝，越六年，闻府君讣，擗踊驰归，素患消疾，至是益剧，竟以忧卒。时夫人由舟行南下，抵家厪旬日耳。哀恸之余，晨昏侍太夫人侧，如婴儿之依慈母也。既而长子中铣荷恩旨授为内阁中书，维乔亦简发浙江为县令，迎太夫人至官舍，未一月而太夫人弃世。逾年，中铣暨次子中钰相继夭殁。夫人叠遭变故，毁戚交至，精神乃大惫，痈发于右乳，久而溃，遂至不起。此夫人归我钱氏之大略也。夫妇人之德不出闺闱。维乔髫龄，夫人即之京师，南北暌隔三千里，越数年一相见，见辄别去，相与周旋家庭，盖无几时。然就所见闻，有可概见夫人之懿行者。方文敏公之视学浙中也，府君患痔疾，背作楚，中夜不得寐。夫人亲侍药饵，起居不解带者累月。厥后事太夫人于里门，门基中落，太夫人寝馈多不自怡，夫人茹忧养志，有在形声外者，此夫人之孝也。相文敏公，温温恭顺，公辨色（天色将明，能辨清东西的时候）

入直,晨馔必隔宿料理。"①金安孝敬长者,爱护晚辈,辅助钱维城持家。文敏公钱维城门墙清峻,金安也曾拒绝收纳他人之千金重贿,为人廉介。

金安生于康熙五十九年(1720)八月三十日,卒于乾隆四十七年(1782)二月初十日,年六十有三岁。钱维城与金安生子二人,中铣、中钰;女一人,适崔龙见;孙男二人,瀛斯、霈斯;孙女四人。其中最为惊艳者就是女儿钱孟钿,是清朝中期著名的女诗人。金安也养育过钱维乔,钱维乔所具载其嫂事迹应该真实可信,读来也错落有致、委婉有情。

金安作为按察使女、状元妻,其自身也有一定的才学以及家学熏染,受到良好的教育,她与当时的文坛也有一定的渊源。金安的祖母、母亲皆有诗名,她也受到其母杨珊珊的教导。十一岁时,杨夫人常命赋月中桂,金安口占二语云,"天上金枝原有种,人间玉露总无尘","不复足成之,以为吟咏非女子职"。她读书知大义,有非常之才,"读书淹雅,而不以才华著"。②看来是虽然有才学,但似乎更有女丈夫之志,不屑于诗文小道。作为大家闺秀、官宦之女、高官之妻,有一定的政治抱负与见识,她有条件与机会熟悉父亲、丈夫的官场作为与政务机宜。金安确实表现出了持家处世的才干。她曾受到皇太后的亲口称赞。还有相夫教子、气度雍容等表现,自然不是一朝一夕的偶然,乃官宦世家与文化世家代代延续世世传承的意蕴积淀,才有如此的厚重。

对于钱维城的早逝以及金安诸子的早丧,与金家关系密切的钱泳也有记载,当然解释上可能有所不同,添加了对金氏、钱氏家族的博闻与认识。钱泳在《履园丛话》卷十七记载:"业师金安安先生(金祖静)外孙中铣、中钰,俱家文敏公稼轩司寇之公子。乾隆甲午(1774)岁,余年十六,在安安先生家见之。时中铣已得内阁中书,中钰亦议叙中。书科、中书两公子俱年

---

① (清)钱维乔:《竹初诗文钞》文钞卷五传状,清嘉庆刻本。
② (清)钱维乔:《竹初诗文钞》文钞卷五传状,清嘉庆刻本。

二十外，状貌魁梧，聪明绝世，能诗，工六法，真善承家学者。不数年后，俱无疾而死。中铣死于舟中，中钰死于车中，云皆遇鬼祟活捉，其事甚确。后余在扬州，晤赵瓯北（赵翼）先生，谈及此事，云：文敏公因奉旨差办贵州威宁州刘标亏空一案，讯得原臬司高积曾办公表侄蒋牧论绞，竟挟私加意苛求，遂斩高，以报复之。事隔十年，两子俱为所祟，甚矣哉，鬼神之灵也。先是，公出差贵州时，道经衡阳，知回雁峰有老僧名通慧者，善相人。公往求相，僧云：'观公之相，必登台辅，两子簪缨。然眉宇间稍露杀气。公能种德，相可改也。公其勉之。'及返衡阳，复见其僧。僧大惊曰'可惜'，余无一语。公有两孙，余亦曾见之，一中副车早死，一有痰疾不言不语，家道亦陵替矣。"① 此中因果未必是真，但社会家族以及个人际遇之兴衰荣辱则往往让人感叹伤怀。此记载，乃传闻，不可多究，但可从中看出钱中铣、钱中钰俱状貌魁梧，聪明绝世，能诗，能书，也是真正地秉承了家学，可惜早丧。

钱维城五十三岁而逝世，钱中铣、钱中钰又是壮年而亡，金安的伤痛可想而知。王昶说"公（钱维城）归道山，二子皆以壮年殁。故（金安）与余书，词哀怆如此"，第二年金安也谢世了，享年六十三岁。金安与钱维城同岁，也就是在五十三岁与六十三岁的十年之间，亲身遭受到身材魁梧优异俊雅的丈夫与儿子先后死去，她痛苦异常。金安受到人生伤痛的打击过于凄惨巨大，亦谢世而去，"闺阁中菀枯荣悴"，又失去一夫人才女。文化世家家道陵替，很难代代持久绵延，人丁繁衍也是一种原因。钱维城有二孙，由金安、钱维城之女钱孟钿代为抚养成人，"文敏公两子相继沦丧，恭人（钱孟钿）抚其孤，代营婚嫁"。②

---

① （清）钱泳：《履园丛话》卷十七，清道光十八年述德堂刻本。
② （清）李荣和等修，张元懋纂：《（光绪）永济县志》卷八，清光绪十二年刻本。

第二节　状元钱维城

常州钱氏，科甲兴盛，人才众多，而钱维城毫无疑问是其中之佼佼者。

一、常州钱氏世家

常州钱氏是著名世家，吴越王后，历经宋元明清，辗转绵延，至清代时再次振兴，有状元钱维城等，科甲鼎盛，人才辈出。钱维城是乾隆时期的著名画家，钱维城的父亲、母亲、弟弟都是具有一定文化才能的人士，家风纯正。钱维城不但自身继承了钱氏的家学家风，他还入赘金氏家族，继承发扬了方氏家族、金氏家族众多老辈诗人的才能与家学，代代传承、斑斑可稽。而钱维城与金安所生的女儿钱孟钿是清代中期的著名女诗人。

钱维城是清代常州钱氏家族的重要人物之一。对钱氏家族，有《清代常州钱氏家族诗歌研究》等专著、论文等作了专门研究，此处征引概述仅为简单说明钱维城的家族渊源。苏州大学朱平2012年硕士学位论文《清代常州钱氏家族诗歌研究》中指出："在清代乾隆时期，以钱维城、维乔为核心人物的钱氏家族，无论是科举方面，还是文学创作成就方面，都达到了整个家族影响力的发展顶峰。具体来讲，钱维城一举夺魁，成为乾隆帝极为赏识的侍臣之一，为钱家带来前所未有的声誉和名望。与此同时，钱氏家族内部成员同结一心，一门风雅，创作出各具特色的文学作品，深受时人称颂。"本章以钱维城为中心，对钱氏单一家庭内部作简单介绍，即钱维城父钱人麟、弟钱维乔、女钱孟钿、婿崔龙见等，不扩展至整个钱氏家族。

前文所涉及的方氏、金氏、计氏等文化世家都在苏州，自钱氏家族开始，主要是活动于常州，包括钱氏、崔氏、吕氏等。常州位于长江三角洲中心地带，至清代雍正四年(1726)，常州府统辖武进、阳湖、无锡、金匮、宜兴、荆溪、江阴和靖江八县，被誉为"八邑名都，中吴要辅"。龚自珍《常州高材篇送丁若士（履恒）》，"天下名士有部落，东南无与常匹俦！"[①] 常州向来人才辈出，有南朝齐梁时期的萧氏家族，还是清初的常州画派、毗陵诗派，清代中叶的阳湖文派、常州词派。明清时期的常州涌现了一批文学世家，如恽氏（恽寿平、恽珠）、唐氏（唐荆川、唐凝庵）、秦氏（秦松龄、秦蕙田）、张氏（张惠言、张琦）、刘氏（刘纶、刘逢禄）等。当然还有洪亮吉等文学大家。一批常州的文人、世家以及才女也逐步出现。

二、钱维城的成长、生平与官场宦迹

钱维城，清文学家、书画家。字宗盘，号幼庵，又号稼轩、幼安、茶山，武进（今常州）人。钱维城乃乾隆十年(1745)一甲一名（状元）进士，授修撰，调任右中允，南书房行走，又迁刑部侍郎。奉使苗疆，事未竟，丁父忧回家，卒于服丧中。书法学苏轼，山水画乃元人笔意，尤有重名。洪亮吉评其诗："如名流入座，意态自殊。"（《北江诗话》）著有《钱文敏公全集》，今仍存世。《崔恭人钱氏权厝志》说："吾郡钱氏自明万历以来名德相望，迨侍郎赠尚书文敏公维城以学术致通显，余事擅三绝之目。又尝出使黔

---

① （清）龚自珍：《定盫全集》，清光绪二十三年万本书堂刻本。

中，戡平叛苗，文经武纬，暴著当世。"① 乾隆帝对钱维城也颇为赏识。

钱维城与金家和方家关系密切，并非单一女婿之简单亲属关系，他入赘金家，可以说是方家与金家亲密的一员，受到金绖、方洁以及金祖静等家学渊源的培育与熏染，"甫操管，学为诗，窃耳熟而心识之"。钱维城《勺湖集序》中称自己年十九，入赘于金家，为金绖女孙婿。时方朝已经离世。金祖静刻父母亲的《蕴亭集》《彩林集》，又刻《勺湖集》，也将付梓，请钱维城校订。钱维城有诗《陪安安先生鸥舫斋夜饮》《过德州怀安安先生时公以陈情解职未得与山》《东平州途中赠安安先生》《吴门喜晤安安先生夜话有作》，显示钱维城与金祖静有亲密关系。钱维城自少年时进入金家，翁婿之间的接触是长期的，互相间应该比较熟悉，受到方氏家风家学以及其后金氏家风家学的熏陶，从方殿元到方洁、金绖、方还、方朝，再到金祖静，此已经是三代。

钱维城出自官宦家庭，但家贫，自幼聪敏、有悟性，能读书，十岁能诗。钱维城弟弟钱维乔《竹初诗文钞》卷五传状收录《先兄文敏公家传》，可以说是关于钱维城生平最为翔实可靠的资料。

《先兄文敏公家传》中对钱维城的官途宦迹记载很是全面，且生动有情，不可不观。钱维城在十九岁时再入京师。"是秋举京兆试，房考编修张公为仪初获公卷，以为耆宿，置之魁。及得名籍，年甚少，意颇不惬。同考某君曰：'若人吾稔知，是尝有"天碧欲无山"之句，传诵日下者也。'张公乃喜。当是时，有某太史甚器公，欲罗致门下，介所知达意。公曰：'吾诚才，太史自能得之；设以干竞进，是不才也，何足重？'太史谢之，卒不往。壬戌（1742），应内阁中书舍人试入选。乙丑（1745）中进士，廷试第一人，授翰林院修撰，年甫二十有六。戊辰（1748）夏五月，上在圆明园，

---

① （清）赵怀玉：《亦有生斋集》文卷十九墓志铭，清道光元年刻本。

有旨召。公至，则试以《璇玑玉衡赋》《五月鸣蜩诗》，日中奉命，申时当纳卷，公振翰若飞，文不加点，日甫昳而就。枢禁大臣及宿卫之士皆惊。卷入称旨，赐克食。自是，上稔知公才，欲大用矣。故事，进士入词垣者，三年试之，以定去留，谓之散馆。公以鼎甲殿三等末，上颇疑之，故亲试焉。方被命时，至宫门，大学士傅公执公手为整冠，曰：'上意不测，勉之！'公笑曰：'某以一书生登上第，岂有所营谋而得哉！固幸获耳。今日之事，予夺唯圣意，何虑焉？'遂入。其器度如此。己巳（1749），擢右春坊右中允，充日讲起居注官。未几，入直南书房，懋勤殿行走，旋擢翰林院侍读学士。丁丑（1757），擢工部右侍郎。工部管宝源局炊冶，所积历久，有余铅若干，吏密以白，公叱之曰：'吾岂以贫故取官物耶？'辛巳（1761）调刑部右侍郎，寻转左侍郎。公晓邕律意，善察狱情，秋审烛治谳牍，常竟夕不寐。同官或偶异所见，反复辨譬，辄手书千百言论之，久皆以公言为然。尝因修律例条，其援引岐误者二事奏之。……壬午（1762）秋，奉命视学浙江。浙东西为人文薮，然士子工揣摩实学者少。公以为士先立行，文章浮薄，即行之征也。于是严扃钥，慎校试，浮靡者黜之，根柢者拔之，饬诸生以半年习一经，责成学博董之。于按试时，亲为核验。逾年，士习蒸然一变。乙酉（1765），例当选士贡太学，有学优而貌寝者，或疑之。公曰：'取士岂以貌耶？'卒以应选。丙戌（1766），满岁还朝。己丑（1769）贵州威宁州知州刘标以铜铅厂亏帑闻，上命公偕湖广总督吴公达善、内阁学士富察公善往会谳。富察公已先往，公陛辞，昼夜驰，阅二十一日，遂抵贵筑，与两公治之。计亏官帑为二十九万三千有奇，事连大吏，多所苞苴，见知蔽匿，各得实，论奏如律。是时黔中谳狱踵起，上叠命公等讯治。凡六案，所涉不下数百人。两公皆以公久任秋官，虚怀推委，公悉心鞫论，不枉不漏，各得其平。奏牍爰书，悉出手定，指为之茧。案就毕，而古州逆苗香要之事起。古州为新辟苗疆，生熟苗环境居。香要者，党堆寨熟苗，性黠悍，有邪术，力能扼虎，为诸苗所惮，有老勇、老九者羽翼之，又党根寨女苗迫根自言能食银铁，四人者聚而谋不轨。庚寅（1770）春三月某日，香要衣蟒衣，与迫根踞上坐，老勇、老九旁坐。椎牛飨群，苗众罗拜，以次呼为王。转相煽诱，其旁二十一寨皆响应。遂传木刻，将以五月十五日袭取下江营。木刻者，苗人所以期信者也。理苗同知龚学海闻其制镖枪，缮栅茨也，遣土舍杨育林等往侦之。既至寨，香要知事且泄，即帐中拔刀杀侦者十一人。学海告变。公等既具奏，即偕巡抚宫公兆麟倍道驰古州，檄调兵一千四百人赴援。香要先期以十三日率其众千余人攻下江，将自苏洞渡河。学海已尽拘舟楫北岸，遂不得渡。官军阻水而陈，炮击之，有死者。蒲莫甚雨，香要乃麾众退据乌牛寨。二十日，署古州镇总兵程国相统兵进剿，香要败奔佳居寨。二十二日，公等亲至下江营，周览形势，其东南界连广西，东北与湖南毗近，西距古州城九十里。南濒大河，名都江，广三十余丈。隔江崇山斗立，林箐深密，是为乌牛寨，苗中出入襟喉地也。稍进则为滚塘十二寨，周遭百余里，人口数千户，而党堆居其中。公策之曰：'香要仓卒举事，不得渡河，无能为也。顾其胁从者众，地复险阻，苗人急则并力，缓则生疑。若骤鼓行而前，群苗自谓必死，壁山栅水，以逆颜行，势非旬月可定。待其破灭，斩刈必多，非天子神武不杀之意。诚宜刊榜文，译苗语，编给诸寨，谕以天朝威德，诛止乱者，余无所问。则群苗心安，党将离散，香要特圈中孤豚耳。'"[①] 钱维乔此文记载生动，细节全面翔实，乃当时之人的亲见，又是他自己敬重的兄长，写得很真实，也很有情感，故此照录，以便维持全貌，避免分割文意。读此，可以全面认识与了解钱维城之生平才学。大致而言钱维城具有很高的才能，也颇有自信，少年成名，考中状元，只有非常优异的才学与良好的风姿，才能在人才济济的京城获得如此高的盛名。钱维城不光是文名好，

---

① （清）钱维乔：《竹初诗文钞》文钞卷五传状，清嘉庆刻本。

也确实很有才干,宦途颇为顺畅。钱维城一直以来都深受乾隆帝喜爱,"七年,遂阶二品。上每谒山陵、时巡方域,公多扈从。在秋官前后十年,上尤倚重之"。听闻钱维城衔恤归,乾隆帝顾左右而言,"此好侍郎,国家有用人也"。乾隆知钱维城病,第二天就命王际华前往慰问,且告诫钱维城不要茗饮,要多多疗养。及钱维城病逝后遗疏送入,"上轸悼,有旨褒恤,加赠尚书,谕祭葬,赐谥文敏公"①,可以说,乾隆皇帝对钱维城是非常重视并十分喜爱的。

钱维城精通吏治,也有战功,曾领导平定叛乱,磔死首恶,凡戮五十二人,事定捷闻,乾隆帝对钱维城等嘉奖有加,钱维城还奏报了一些后续措施安定苗疆。以状元文臣的身份率领军队平定叛乱,此说明钱维城的才干深受朝廷文武大臣与乾隆皇帝的认可与信任。钱维城参与的平叛事务虽然规模较小,在历史上并不突出,但仍然能充分体现出他能文能武,深受朝廷重用,也是难能可贵的人生履历。

关于钱维城生平宦迹,王昶所作神道碑可资借鉴。王昶(1725—1806),字德甫,一字琴德,号述庵,又号兰泉,青浦(今上海市青浦区)朱家角人,祖籍浙江兰溪。著有《使楚丛谭》《征缅纪闻》《春融堂诗文集》,辑有《明词综》《国朝词综》《湖海诗传》《湖海文传》等书。王昶好金石之学,为人正直,执法不阿,深得乾隆信任,夸其为"人才难得",不时委以重任,此与乾隆皇帝重视钱维城相同。王昶在文坛享有盛名,也曾官刑部郎中,应该是与钱维城同朝为官而相识相知。

王昶《刑部左侍郎赠尚书钱文敏公神道碑铭》:"乾隆壬辰(1772)冬,刑部侍郎武进钱公以居忧卒于里第。上闻轸悼,谕祭葬,特赠尚书,赐谥文敏。且有'学问素裕,勤劳夙著'之褒。又二年,赐其孤中铣为内阁中书舍

---

① (清)钱维乔:《竹初诗文钞》文钞卷五传状,清嘉庆刻本。

人。盖公以第一人魁天下,直内廷二十余载,任刑部最久,数决大狱。谳事贵州,适遘逆苗香要之乱,不震不扰,出奇决策,月余蒇事,上益知公才器可大受,而未竟其用以卒,是以恩礼稠叠如此。公讳维城,字宗盘,一字稼轩。自幼敏悟,读书日千余言。十岁能诗,十二三能骚赋古文。乾隆戊午(1738),年十九举顺天乡试。壬戌(1742)试,为内阁中书舍人。乙丑(1745),成进士,殿试一甲第一名,授修撰。戊辰(1748)八月,擢右春坊右中允,入直南书房,充日讲起居注官。又命直懋勤殿。庚午(1750)二月,擢翰林院侍讲学士。九月,转侍读学士。辛未(1751),擢内阁学士兼礼部侍郎。壬申(1752),奏言,秋审勾到大典,一笔辄关生死,不容偶误。刑部堂官及内阁学士俱执有手折,请于遵旨论定后大学士执笔即各将折内所开本名裂纸寸许为记,勾毕外出,持折互校,庶查核有凭,万无一失。疏上,报闻。甲戌(1754)三月,充会试副考官。五月,教习庶吉士。丁丑正月,授工部侍郎。九月,充武会试正考官。己卯(1759),充江西乡试正(1757)考官。戊寅(1758),奉旨分理五城平粜事宜。公奏城东中南三路来厂距仓近,城西北两路来厂距仓远,请分别厂地远近,酌定车价多少,即以东中南之多,补西北之少,则运费无增,而挽输踊跃。诏如所请,速行。辛巳(1761),调刑部左侍郎。公初以文学侍从受知,及官秋官,益精研律意,体察情状,往往从纠结疑互处反覆别白,不惜数千百言析而出之。同官老于刑名者,弗能难也。在部一年,以律载登。……寻奉命视学浙江,端士习,清讼源,饬诸生,以半年习一经而责其成于校官,矫揉刮摩,士习蒸变。已又以陈大绶理学名臣,而绍兴志诬以贪酷;毛一鹭名丽逆案而遂安志侈其治迹。移书巡抚,悉令次第厘正。十月,贵州威灵州知州刘标以铜厂亏帑闻,上命公偕湖广总督吴公达善、内阁学士富察公善往讯,计亏帑二十九万三千余两。并得大吏苞苴状,奏论如律。次年,狱定,将旋京复命,而古州香要事起。"①钱维城在平定苗民叛乱中发挥重要作用,而后回京城。钱维城政绩方面主要是任职刑部,断案处理冤狱,威灵州知州刘标仅是其中之一。

钱维乔《先兄文敏公墓志铭》:"公洞晓律意,能以忠爱致其聪明。尝谓予曰:'夫狱所以求人之生也。其有欲致之死者,为夫不遂其生而或戕之也。故妄入一人,则冤生者;妄出一人,则冤死者。生者冤则良民无所劝,死者冤则奸民有所幸。而罹法益多,自徙边以下至杖笞,以为毁其身家犹未也。夫事有所比附,必有所迁流,苟失其意,皆有可以至于死者,故律不可不慎也。吾之治狱也,唯以不忍人死之心行之而已矣。予谨识弗忘,退而观兄所论断者,如其言。今夫刻深周内,以人之死伤为能职,如张汤赵禹杜周,其人者,无论已。其或好示宽假,谓刑名之事,非儒者所乐。官书至手,泄泄若不屑,或仅一署名,否则以为死者已矣。……秋官位六卿,弼五教,天子慎简大臣而处之,岂独武健严酷者能杀人哉,暗忽亦有之。呜呼,若兄者可谓能尽心于其职者矣。"②

钱维城在入贵州查办威灵州知州刘标案时,顺便参与平定叛乱,但仍然有仁爱之心。"公因偕吴公及巡抚宫公兆麟橄黔省各营会剿,又以古州壤接湖南广西,移知各督抚分兵守隘口,而自以五月十八日驰赴古州,二十日署总兵程国相破乌牛,香要退据佳居寨。二十二日,公至下江营,督国相攻佳居,破之,擒迫根。五月二日,公渡都江。次日,抵加溜,自乌牛至佳居八十里,鸟道旋绕,峻狭才容一骑。加溜尤险绝,为佳居诸寨苗来往必经,遂饬副将来永增守其地。且策之曰,贼苗胁从者众,急则并力阻险,势不能以旦夕平,宜多悬木榜,谕以天朝止诛首乱,余无所问,其党必疑且散。吴公等从之。苗闻,日持牛酒诣军门,公悉慰谕,遣去。众心大定。明日,督兵

---

① (清)王昶:《春融堂集》卷五十二神道碑,清嘉庆十二年塾南书舍刻本。
② (清)钱维乔:《竹初诗文钞》文钞卷六墓表志铭杂著,清嘉庆刻本。

入朋谕大箐,获香要妻妾子女及老勇、老九,香要独身跳去,山深箐密,计不可猝获,乃令撤兵。旋占州以懈其志,而密使人偕生番老雄等伺香要所至,六月八日擒之乌招,与其党皆磔死。事平,上下部优叙。既还朝,奏苗境多稻田产米,利官采买,丹江兵米皆用实运,则苗失卖米之利,官多输挽之苦。且黔咫尺皆山,运一石价与买等,是以一易二也,宜改,折请自平越始,上从之。辛卯(1771),云南龙陵有逃卒四十人就获,巡抚谓伊犁例,逃者枷一月,今龙陵边地,宜请正法。公谓,用法过重,恐后遂为例,会召见,因言罹法者众,情可悯,且戮于获所,边兵何由知,不如械至龙陵,倍其罚,枷三月,足以示儆,上亦从之。传旨驰赦,盖上知公持法平,生杀悉当于理,故生平所言多施行者。"① 钱维城对于西南地区的平叛事务以及治理,也有自身的贡献,这是他人生功绩事业的一部分。

总体来看,钱维城一生较为辉煌多彩,达到了古代知识分子的最高理想状态,科举上达到至高的状元,官宦上历任要职,有才干,精通政务,深受最高统治者乾隆皇帝的喜爱。在家庭方面也颇为幸运,无论是钱家还是妻子方面的金家,都是人才众多的文化世家,而且钱维城的女儿钱孟钿也是清代中期颇有影响的一代女诗人。毫无疑问,众多人才的密集出现,与家风家学优良并代代传承有着不可分割的关系。

三、钱维城的交谊

钱维城身为状元,长期侍于乾隆帝身边,且博学多才,自然友朋师长众多,同年、同僚官员、文人相熟识者也很多。与乾隆皇帝和皇室交往就不少。钱维城诗文集中有不少诗文是与乾隆帝的应和之作,钱维城的许多画作

---

① (清)王昶:《春融堂集》卷五十二神道碑,清嘉庆十二年塾南书舍刻本。

为乾隆帝所欣赏，收录入《石渠宝笈》中的就有160多幅。此外，与钱维城认识的文人官员数量也不会太少。如周克开，《国朝先正事略》卷五十三《周梅圃观察事略》记载："周君名克开，字乾三，号梅圃。湖南长沙人，乾隆十二年（1747）举人，授陇西知县，调宁朔。为人明晓事理，耐勤苦，敢任繁剧。……以卓异荐擢固原州，再迁知都匀府，调贵阳府。在都匀，尝从总督吴远善、侍郎钱维城治贵州苗民为逆事。获其首从，鞫之。君谓钱侍郎用法有失当者，固争，不为下。在贵阳，亦以强直，忤巡抚宫兆麟。二公始皆憾，而卒以重君。旋以公累解职。引见，复授蒲州知府，调太原府，大清积狱。"①钱维城为同年进士好友李英诗文集作序。《李御左诗集序（名英）》："御左先生，余父执。乙丑（1745）岁，与余同举进士。直史馆。先生之为人，沉静简约，冰雪其胸，其视世俗之升沉显晦泊如也。家素贫，通籍后，益萧然如寒士。顾日洒扫庭内，几席无纤尘。焚香煮茗，笑傲图史，以此自娱。性不妄交而雅好客，有过者，谈娓娓，终日不倦。先生自为诸生时以书名，大江南北求之者，户外屡常满，及为词林，誉益重。顾未有知先生诗者，先生亦绝口不谈诗。"②钱维城乾隆三年（1738）举顺天乡试，考官有吴家骐。《（乾隆）震泽县志》卷十九人物七记载："吴家骐，字骏起，高祖道，见节义附传。家骐，康熙五十四年（1715）中会试。又三年第进士，选庶吉士，授编修。雍正元年（1723），充圣祖仁皇帝实录纂修官。明年，督学湖广，楚士为文有才情而鲜矩度，家骐刻名文指授之，文体为之一变。后九年（1731），迁左赞善，充三朝国史纂修官。十二年（1734），迁右庶子，奉命校对三朝实录。明年，迁内阁学士。今上即位，充世宗宪皇帝实录副总裁官。乾隆元年（1736），授礼部右侍郎。明年，副孙嘉淦，主顺天乡试。己

---

① （清）李元度纂：《国朝先正事略》卷五十三，清同治刻本。
② （清）卢文弨编：《常郡八邑艺文志》卷六之下，清光绪十六年刻本。

未状元庄有恭、乙丑状元钱维城皆是科所取士也。又二年被劾免。年七十四卒。著有《双砚堂集》十卷,藏于家。家骐为人温雅和厚,工诗文,尤长应制体。其纂修国史,编校实录,才识优而复勤慎,诸总裁甚推任之。所撰进三朝国史表及实录序赞,并以丰腴不繁,见称于时云。"①当然,以钱维城的人生履历,他的交游游历圈要宽广很多,这里只是点到为止,并不展开。

四、钱维城的文学成就

钱维城诗作水平相当高,洪亮吉评其诗,"如名流入座,意态自殊"。洪亮吉《北江诗话》卷一:"钱宗伯载诗,如乐广清言,自然入理。纪尚书昀诗,如泛舟苕雪,风日清华。王方伯太岳诗,如白头宫监,对说开天。陈方伯奉兹诗,如压雪老梅,愈形偃强。张上舍凤翔诗,如伥鬼哭虎,酸风助哀。冯文肃英廉诗,如申韩著书,刻深自喜。蒋编修士铨诗,如剑侠入道,犹余杀机。朱学士筠诗,如激电怒雷,云雾四塞。翁阁学方纲诗,如博士解经,苦无心得。袁大令枚诗,如通天神狐,醉即露尾。钱文敏维城诗,如名流入座,意态自殊。毕宫保沅诗,如飞瀑万仞,不择地流。舅氏蒋侍御和宁诗,如宛洛少年,风流自赏。吴舍人泰来诗,如便服轻裘,仅堪适体。钱少詹大昕诗,如汉儒传经,酷守师法。王光禄鸣盛诗,如霁日初出,晴云满空。赵光禄文哲诗,如宫人入道,未洗铅华。王司寇昶诗,如盛服趋朝,自矜风度。严侍读长明诗,如触目琳琅,率非己有。王侍读文治诗,如太常法曲,究系正声。施太仆朝干诗,如读甘逸鼎铭,发人深省。任侍御大椿诗,如灞桥铜狄,冷眼看春。鲍郎中之钟诗,如昆仑琵琶,未除旧习。张舍人埙诗,如广筵招客,闲杂屠沽。程吏部晋

---

① (清)陈和志修:《(乾隆)震泽县志》卷十九人物七,清光绪重刊本。

芳诗，如白傅作诗，老妪都解。"① 这里洪亮吉显然对钱维城诗作成就颇为认可，他所品评的一些人是当时文坛的名家里手、代表性人物，钱维城名列其中，自然也被视为其中之一，这是对钱维城诗文成就的一种肯定。陈康祺在《郎潜纪闻》卷十三中说："稚存太史《北江诗话》有仿钟嵘《诗品》《画品》一则，评骘同时诗人，颇极允当。"②

五、钱维城的绘画成就

钱维城精于绘画，《先兄文敏公家传》记载："精绘事。上爱所作，辄亲题诗。既南归，病中作《溪山平远》长卷以进，比达御已得公凶问。上叹视良久，特命存之。癸巳（1773）御题公所进画册，犹追念不置云。前后拜御笔诗画及尚方服食之赉极多，里居后，特颁淳化轩阁帖二部赐公，未至而公卒。"③ 也就是说，钱维城精于绘画，乾隆皇帝很喜爱，常有钱维城作画，乾隆帝就亲自题诗，钱维城文集中应和乾隆御制诗亦颇多，可见钱维城与乾隆之间君臣关系密切。而且其画作水平也确实高妙，要知道乾隆宫中有历代名家高手的诸多传世之作。钱维城的绘画作品呈现出浓郁的宫廷气息，深受乾隆帝的赏识。在乾隆的收藏目录《石渠宝笈》中，收录的钱维城作品就有160多幅。就在钱维城病重南归后，还有《溪山平远》长卷进呈而上，可见他与皇帝平时的交流也很频繁。奉敕进御之作，乾隆帝亲为题咏者至数十轴。④

钱维城的书法以苏轼为师，落笔苍润，秀骨天成。作诗以杜甫为宗，加上绘画，可谓诗、书、画三绝。他著有《茶山集》《茶山诗钞》十一卷、《茶

---

① （清）洪亮吉：《北江诗话》卷一，清光绪授经堂刻洪北江全集本。
② （清）陈康祺：《郎潜纪闻》卷十三，清光绪刻本。
③ （清）钱维乔：《竹初诗文钞》文钞卷五传状，清嘉庆刻本。
④ （清）王昶：《春融堂集》卷五十二神道碑，清嘉庆十二年塾南书舍刻本。

山文钞》十二卷、《鸣春小草》七卷。王昶在神道碑中称钱维城书法似宋代苏轼，画出入于元代黄公望、王蒙诸家，"世得其书画如圭璧"①。钱维城在绘画艺术上得到了董邦达的指导。董邦达是清代书画名家，雍正十一年（1733）进士，乾隆二年（1737）授编修，官礼部尚书，谥文恪。好书、画，篆、隶得古法，山水取法元人，善用枯笔。其风格在娄东、虞山派之间。与董源、董其昌并称"三董"。钱维城的绘画才能远学于元代四家（黄公望、倪瓒、吴镇、王蒙），近学清初四王（王时敏、王鉴、王翚、王原祁），而自成一家。钱维乔称："好为诗，以李杜为宗，文章疏达淳茂，绝去规仿。书法似苏文忠。画得元四家之胜，卓然成大家。"② 一些当时或后世的人物或典籍纷纷对钱维城的绘画艺术进行品评。《国朝画识》中称钱维城画作山水丘壑幽深，气蕴沉厚，迥然不同于人。钱维城自幼出笔老干，秀骨天成，为官后画技犹精。钱维城最初从其母钱太夫人学画花卉，不甚写山水画，后一染翰创作，遂成名手。曾摹黄公望笔意，作画册十幅，浑雅疏散，满纸烟云，殆由天授。③ 其画艺高超，可以想象。

六、钱维城的素养修为与钱氏家族的家风

钱维城自身的修为以及才艺，已经得到充分的展示，但他的能力与卓越表现不是孤立的现象。钱家本身乃名门世家，他的妻子金安的家族也是传承有序的文化世家，家族中人才各有学养与教养，共同构成了互动有无、相辅相成的文化氛围。

钱氏家族门风纯正，为官清廉，三代为官却多贫苦，不贪腐、不敛财。

---

① （清）王昶：《春融堂集》卷五十二神道碑，清嘉庆十二年塾南书舍刻本。
② （清）钱维乔：《竹初诗文钞》文钞卷五传状，清嘉庆刻本。
③ 参见（清）冯金伯纂辑《国朝画识》卷十二，清道光刻本。

钱维城祖父钱济世和父亲钱人麟皆官知县,以赈济灾民罢官;钱家家学渊源深厚,一门长幼之间感情甚笃,文化世家之存在非为偶然。钱维城品行高洁,钱维城与弟钱维乔之间也是兄弟情深。朱平在《清代常州钱氏家族诗歌研究》中说,钱维城二十三岁以应内阁中书舍人试入选,开始走上官途,并在二十六岁一举夺魁,从此宦途畅顺,为个人及家族带来至高荣誉,使钱氏家族的社会地位、家族名望发展到最高峰。同时,他个人的才识、官务能力与诗画创作都受到最高统治者乾隆帝的赏识,可谓青云直上,仕途得意。回顾钱维城一生,行迹几乎遍及大半个中国,考察民风民情,关心百姓生活,游览江山名胜,所到之处都会留下诗歌创作,表现了钱维城对祖国河山的热爱。

钱维城是一位正直的官员,以儒家传统精神为人生坐标,怀着一颗积极的入世之心体察民情,勤事政务,不辞辛苦地为社稷、为君主操劳一生。钱维城虽身居高位,却没有给家族经济带来明显的改善,家族成员依旧要为生计奔波,后辈子弟也没有因为钱维城显赫的地位而发迹,从这一方面也可看出钱维城的赤子之心。钱维乔《先兄文敏公家传》中说,钱维城生平和易炳白,与人交不设城府,好称人之善,奖借寒素,口如不胜。然而为人也严毅刚正,不可以公干私,"虽于公为久故者,终无所关说"。钱维城尤重廉节,未尝以形势取一钱值馈。虽早贵,而自处同寒士,食不兼味,无妾媵之奉,居室舆马服玩之好。钱维城还奖掖提拔了一批人才,屡司文衡,主持科举考试,"为乡会主考官各一,为殿试读卷官者四",选拔浙江人士,所取者率多闻人,"掇高第登卿列者辈起,得人称极盛"。①

钱维城至孝,也正是因为父亲的去世,而让时年五十有三的钱维城致病而亡。"性笃孝。先时视学浙中,迎父萧山公于使署,虽便溺必亲视之。及壬辰(1772)奔丧归里,不及含殓,时时擗踊哀恸。夙有消疾,因以增剧。

---

① (清)钱维乔:《竹初诗文钞》文钞卷五传状,清嘉庆刻本。

至十月而卒。"① "公（钱维城）之视学浙中也，以先大夫体渐衰，洁一室，悬关神武像，晨兴肃衣冠，拜无间，愿以算益老人。其奏竜陵逃卒也，下直以喜归，朝服至神武前，复载拜。予怪问之。曰：'始吾以某某论死不自安，早起祷于神曰：即此数十人者当生，令我今日得面对。入朝，上果召见，遂口奏得旨，趣驰赦之，此神佑也。吾是以谢。'壬辰（1772）正月上日，梦或趣之曰：'起！死于辰，死于辰。'觉而恶之，未几而先大夫讣至，又未几而身亦殉。嗟乎！人子受身父母，劬劳罔极，即夺其年益之，亦恒情无足难，然而修短者命自天，虽孝思或未必得遂，而公乃竟与先大夫先后数月间相继以逝，呜呼！岂果有神为之耶！论者谓公仁孝，宜享大耋，而仅逾古人服官之期，未尽所用，为之惜夫。所畏乎死者，为其沉泯澌灭，无复有是人耳。无有是人，则虽跻上寿，越百年与殇子等。不然若公者，又何惜也？公长予十九岁，予师事之。十余年来，以学问性情相笃挚，公之病革也，不能言，手语索笔，左握予臂，右迟回颤颤而书曰：'上下皆乔。'少止，复书曰：'理吾书画。'凡八字，犹可识。既弥留，则瞪视予，予泣而抚之曰：'兄而有所不忘者，弟为之。'如是三乃瞑。呜呼！公所传，文艺其小者，而何恋恋耶？抑岂以弟之迭懦颓弃，犹有足以自振者耶？还念前此十余年中，智力壮强，上有贤父兄督责教诲之益，进退有与共，于人事寡所忧戚，然犹未克成立若此。今则茕茕一身，渐弱多病，门祚衰落，师友孰为掖助！如予者，虽复勇于为人，将何如矣？公少好读《王文成集》，谓其平广右诸蛮，用兵如诸葛武侯，及靖古州苗，师其遗意，卒以大效。晚号茶山，茶山者，本无山，公自以名位过实，故取焉。今所葬怀南乡白荡之新阡，盖与茶山特近云。"② 钱维城的为人与性情通过此文历历在目，其行为事迹可谓深厚感人。

---

① （清）王昶：《春融堂集》卷五十二神道碑，清嘉庆十二年塾南书舍刻本。
② （清）钱维乔：《竹初诗文钞》文钞卷六墓表志铭杂著，清嘉庆刻本。

中国传统文化的忠孝节义,是中国社会文化伦理中的精华部分,随着时代的变迁自然需要与时俱进,提倡新的价值观、人生观,但是传统文化的一些内容包括孝道在内的因素仍然具有不可替代的积极作用。钱氏家风纯正,从一定程度上说,正是此造就了钱氏家族一代代人才辈出。这种精神情感的作用深入人心且意义持久。

中国历代以来风神俱佳的才学之士比比皆是,此正是中华文化博大精深的体现,而钱维城在才学与思想品行等诸多方面,让我们感受到其深厚博大的精神与气韵,这些具有代表性的人物是社会、家庭以及个人学习敬仰的对象。在家与国之间,不具有截然分开的绝对界限,钱维城的精气神不仅仅是他个人的学识修为,也不仅仅是钱氏文化世家文化底蕴深厚的表现,他也代表着国家社会文化价值的高度与广度,正如乾隆帝所说,"此好侍郎,国家有用人也"。

第三节 钱人麟、钱维乔

钱维城的父亲钱人麟、母亲吴艮以及弟弟钱维乔,都有才名。

一、钱人麟

钱家是吴越王后,乃有名的文化世家,辗转绵延,历代传承。钱维城父亲是钱人麟(1689—1772)。钱人麟乃康熙五十九年(1720)举人,官浙江萧山知县,吏才精干,造就人才,上官器重。曾说"秀才要经济,不得止靠时文生活"①。钱人麟有称刑部左侍郎，此并非实职，乃其子钱维城贵，朝廷赠资政大夫刑部左侍郎，荣誉性虚授。《（光绪）武进阳湖县志》卷首记载："赐封资政大夫刑部左侍郎钱人麟、封资政大夫礼部右侍郎庄柱缎四端，御书石刻各一。"②"赐封资政大夫刑部左侍郎钱人麟御书兰陔眉寿匾额。"③钱人麟生平事迹，见其子钱维城撰写的《先考铸庵府君行状》，该行状首先叙述钱氏家族的历代源流，钱氏家族是常州世家大族。钱人麟，字服民，号铸庵，晚号借翁。先世永一公自浙江湖州大钱港迁居江南武进的段庄，五世祖是钱一本，高祖是南京户部尚书钱春，俱理学名臣，生平事迹载于《明史》。曾祖是崇祯庚午举人钱霖。祖父是钱养浩。钱养浩生四子，第二子是钱济世，钱济世就是钱人麟的父亲。钱济世以内务府教习任福建惠安县知县，在任十年余，有守城御寇的功绩。振兴文教，建螺江书院，自身亲自督课讲授，学子中有所成就者有太常陈大玠等人，皆知名当世。因岁饥，不待报上级部门，就开仓发粟救济，为其他官员所忌恨排挤，以亏帑罪弹劾而罢官。民众为之不平，争相背负粮米以偿还所谓的亏帑，事情得以清白。但钱济世由此慨然辞官归乡，以教授学生养家糊口，享年八十六乃卒。惠安人闻其去世，立专祠祭祀。钱济世可谓有官声有节操的官员。钱济世生五子，元配夫人是周太夫人，生钱兆升。继配是吴太夫人，生钱人麟、钱兆豫；侧室周孺人，生钱兆丰、钱兆贲。④

钱人麟"幼禀异质，读书十数行俱下，过目不忘"。钱济世"以诸生游学京师，家无宿舂"，吴太夫人亲身自为之操劳，钱人麟和长兄常常砍柴薪

---

① （清）吴世进纂修，吴世荣增修：《（光绪）严州府志》卷十三，清光绪九年增修重刊本。
② （清）王其淦等修，汤成烈等纂：《（光绪）武进阳湖县志》卷首，清康熙三十四年刻本。
③ （清）王其淦等修，汤成烈等纂：《（光绪）武进阳湖县志》卷首，清康熙三十四年刻本。
④ 参见（清）钱维城《钱文敏公全集》茶山文钞卷十二行状碑志，清乾隆四十一年眉寿堂刻本。

负米担水以烧火做饭。因为家贫不能延师就乡塾习句读，没有学资难以继续学业，读书只是至《论语》阳货章就终止了。然钱人麟素负大志，自十一二岁的年龄开始，"即有上下古今之识"，博览经传，尤好论史事，著《史左稿》数十篇。唯独不屑于科举文章。这对一位少年而言是难能可贵的。十三岁时，钱人麟随父亲赴福建惠安县任所，夜则焚膏读书，日则兼佐父亲官署的幕务，发粟之役，钱人麟力赞成之，并担任其幕师职责，著有《赈米日记》。这自然说明钱人麟年少之时就有才干，大概也是钱家家贫无资请不起幕僚。二十二岁时，母亲吴太夫人离世，钱人麟扶棺归乡，宿地势高峻的仙霞岭，有虎大嗥绕行帐外而不入，当时应该也是凶险至极。第二年，钱济世罢官归乡，钱人麟也服丧于家。后娶妻吴夫人，悉委吴夫人以家政事务，于是饥驱四方，谋求生计。雍正元年（1723），世宗皇帝登极，特开恩科，钱人麟以太学生应本省乡试，中式第二十一名。主考为宛平人黄叔琳（1672—1756），叔琳幼名伟元，字昆圃，又字宏献，号金墩、北砚斋，晚号守魁。康熙时进士，历经康熙、雍正、乾隆三朝。官至詹事，内阁学士，礼部、刑部、吏部侍郎。时推为巨儒，世称北平黄先生。此后钱人麟科考不顺，依从兄钱人龙于山西。钱人龙学问渊雅，与钱人麟本是"幼相切劘，契厚如同怀"，时方为长治知县。雍正七年（1729），朝廷特命百官各举所知之人，钱人龙将举荐钱人麟，钱人麟坚让。当时长子知县河南人刘公素知钱人麟贤，闻此事更加器重之，于是推荐钱人麟参加庚戌会试，"大学士诸城相公得府君卷，大叹赏，力荐不售，府君遂就保举引见，奉旨发往浙江，以知县试用"。当时的浙江总督李卫（1688—1738）一见钱人麟而为之倾倒，委修龙游县城。钱人麟素精核，长于算学，土木会计不以委人，修龙游县城工成速且坚，李卫益喜，即委任钱人麟代理淳安县知县。上任后，吴夫人奉钱济世至署中，备极色养。明代海瑞（1514—1587）曾治理淳安县，民气朴厚，钱人麟下车到任日，为文祭海瑞祠，以循迹自矢，与民休息，逾年大治。调黄岩县，民众不舍，"攀辕送者，逾境不止"，钱人麟挥涕告谕以语，乃得前行而去，于是作有《别淳安父老文》。黄岩县滨海，多盐碱地，朱子曾凿五渠，以资灌溉，岁久则工程渐失其利。钱人麟并修复之。正逢此年大饥荒，奸民集于路，拟纠众向县官求食。时总兵吴公将檄闭四门，且调兵为擒御。钱人麟拜访吴公，说此是讹言，不要动兵以惊民。钱人麟还连夜发送文书，以现实情状报告上级官府，立即开仓放粮，在四门设厂以赈济，并拿获奸民数人，施以杖责后释放。"后同列有忌者，谮之大府。大府信之，假林子侯命案，劾罢。府君（钱人麟）虽不以理去官，然天怀浩荡，无所芥蒂，将拂衣归。而忌者不止，方以淳邑社谷贷民者未尽偿，嗾留府君于淳安，兼檄原籍家口往淳安。民闻府君至，皆大喜，及知以谷故，则蹙然曰：'我等忍以负帑累贤宰乎？'争负担以输，旬日偿已，而忌者犹不止，凡所以为府君难者无弗至。府君性严毅，不肯洊阿悦人。又自以无罪益为刚，语忤上官。事虽竣，弗遣归。府君愤懑，疽发于项，医者束手，民奔走祷视，日馈食饵药物不绝，然势已无如何。突有客衣布衣须发尽白，款门求见，云善治疽。府君示之创。曰：'疾可为也，药之，效。'因留侍，晨夕不解带。府君固谢，且问之。曰：'民孙林儒，曩公所活大盗诬攀者也。'酬之，不受去。今上龙飞之元年丙辰，命起废官，府君以林子侯案持状白都察院。海昌陈相国时为都御史，暨副都御史长白索公阅谳牍，知大府所劾者即府君，原谳特假名于太平刘令，以为劾辞也，大冤之。檄浙抚检案奏，复会府君丁王父忧，及巡抚卢公奏上吏部，以逾期报罢。上留中，时同驳者数人，皆自以为得牵，复上御门，着来京引见者，府君一人而已。服阕引见，奉旨仍以知县用。"①乾隆五年（1740）八月，钱人麟至浙江，代理新城知县。第二年，调授桐庐知县。"有两姓争山者十年不决，府君勘之，甲执故冢为据，府君升山上下视，

---

① （清）钱维城：《钱文敏公全集》茶山文钞卷十二行状碑志，清乾隆四十一年眉寿堂刻本。

问甲曰：'尔葬此几年矣？'曰：'数十年矣。'曰：'葬时有地师否？'曰：'有之。'曰：'曩时丁几何？今几何？'曰：'曩数十口，今百余口矣。'府君曰：'发之。'甲不服。府君曰：'发而有棺，吾为枉断。'发之，果无棺。时观者千人，惊以为神。府君曰：'此易明也。若所指为绝地，地师必不为设。为之且绝，安得有甲。'府君之明决类如此。"①钱人麟有决断之能。他的仁政也有很多，抚恤民众。桐庐县有窑户、淘户，往例输税给官府，不能承担，钱人麟除去此税，不以此累压细民。三年任满，调任萧山县，民攀留者如当初离开淳安县时。至最后，一老妇持二升麦子，涕泣进曰："我老寡妇，无他物，以此为贤宰备一餐。"钱人麟笑而受之。民众的感情是淳朴而浓烈的，没有惠政，民众不会有此自发的行动。"宰桐庐时，故简亲王德济斋方为总督，乐与府君讲易。尝曰：'吾畏友也，不可以属吏待之。'"② 无论官场、文坛还是家族家庭，人品才学都会显露并发挥作用，钱人麟显然是有才德者，这必然也会在家庭教育上显示出来。

钱人麟在萧山县为政，还是维持以前的做法与行为，有官声。萧山江海剧邑，其民犷悍，号称难治。钱人麟还是以仁慈抚治之，民俗渐渐风化。钱人麟在萧山又审理一案。海岸边有浮尸，伤口很重，不知行凶之人。死者的儿子呈述说其父往尧山索要欠账，讯问欠账之人，则说欠银七两已偿还给了死者。钱人麟命人侦查，近村有一屠夫，往常一日买一猪，今则一日买了三口猪，访查买猪的价钱，正好是七两银子，众人以为确凿无疑，屠夫定然是行凶之人。逮讯屠夫，不服不认罪。审问其买猪银两之数为何如此之巧，则说，借某人有若干两、某某人若干两。秘密查询其所说到债主，确实如此，可信其言，故释放屠夫，另再设法捕得真凶伏法。钱人麟因此说："治狱不

---

① （清）钱维城：《钱文敏公全集》茶山文钞卷十二行状碑志，清乾隆四十一年眉寿堂刻本。
② （清）钱维城：《钱文敏公全集》茶山文钞卷十二行状碑志，清乾隆四十一年眉寿堂刻本。

可先设成心,屠诚可疑,刑鞫必诬服,乃冤滥矣。"钱人麟治狱审理案件,多虚心开导犯人获取人证,不以用刑求得口供。

乾隆九年(1744)夏,徽州发水灾,河水暴涨高数丈,江潮复上涌,东南风鼓荡,水流不得下海,则旁溢河岸。沿江郡邑各地都有水患,舟行城中。萧山为下游,水患更重,死者蔽江顺流而下。钱人麟捐资收尸掩埋达数千人。钱人麟以水灾上告上级官员,上官推脱不欲办理赈灾,钱人麟当庭力争,上官怒,钱人麟说,皇上爱护黎民,"凡有灾祲,不惜金钱数十百万。公承天子命来抚此土,其忍见小民流离死亡若此,而不入告乎?今不破格抚绥强者,攘夺弱者,转徙圣天子明烛万里,一旦以匿灾责公,公将何以自解"。上官虽盛怒,也颇畏惧,遂遣员分勘各地灾情。正好有人以水灾向朝廷告发,皇上责此官员文饰灾情不上报,而救灾事宜已经在办理中。此官员乃惊骇道,若不是钱知县言及于他,且要获罪于此。由此才开始倾心重视钱人麟。萧山之灾起时,钱人麟以冒寒渡江,归患瘅疟,但仍然忠于职守。"尝夜分治官书,适眩晕,吴太夫人请暂寝,府君曰:'病者寝则难骤起,赈案亟可刻缓耶。'乃令仆掖坐,瞑目良久,握管复晕。吴太夫人曰:'奈何不惜性命?'府君曰:'是惟死而后已耳。'然竟不能书,乃就寝,天未明,仍坐床上乘烛书之。有潘述公以场民率众冒赈,命擒之,拒伤差,既就缚,府君命系之。不孝维城(钱人麟长子)、维屏(钱人麟次子)请曰:'此宜亟刑以儆众。'府君曰:'彼伤役,役怒亟刑之,是役刑也。缓之,则官刑矣。'黄岩旧有民欠数百金,府君不忍追呼,代偿之,而掣其籍以归。不孝维乔(钱人麟幼子)曝书时得之败簏中,以问,始知之。"①钱人麟真乃官场、事业与家声俱佳,此事实上与家庭影响不可分。

在萧山县时,有官员索贿,钱人麟置之不理,其人遂以滥赈之罪名诬告

---

① (清)钱维城:《钱文敏公全集》茶山文钞卷十二行状碑志,清乾隆四十一年眉寿堂刻本。

钱人麟。皇上不信，留奏章于宫内不发，最后公开奏章，让钱人麟来京引见。此时钱人麟之子钱维城已考中进士，入翰林院，成为皇帝近臣。钱人麟遂以疾而辞官归乡，作《归田杂咏》："三章抨击孤臣命，六月淹留圣主恩。"盖感叹虽然遭受诬告，而蒙乾隆帝特恩使用，儿子钱维城仍然能够获得重用效力于朝廷。钱人麟每言及此，未尝不感激涕零。钱人麟辞官回常州，还生活了很长一段时间，"前后累受国恩，皇上四巡江浙，每迎銮道左，辄荷尚方珍物，表里扁额之赐，以覃恩，累封资政大夫、刑部左侍郎。维城于召对时，屡蒙温语存问，殊恩稠叠，乡党荣之"①，其声名确实享誉一方。

钱人麟归乡里之后，清贫如未仕时，不增一亩田、一椽屋，也很少外出，可能是经济上不允许，唯有乾隆十一年（1746）一至京师，但是很快就离开去朔州访亲而归。在家乡的钱人麟仍然保持风范。钱人麟不苟取他人钱财，于义利之辨极严。曾经有人趁天色昏暮撑船至家门，出怀中金置几案上，托其干预讼事，愿出以千金，钱人麟尽力推却。钱人麟居家二十余年，不轻易拜访当地官员，然义所当为，则毅然自任。乾隆二十一年（1756），家乡大饥荒，饿死者相望于道。钱人麟首谋于当地官府，"设局劝好善者里人踊跃乐输，遂置厂煮糜以赈"。数月之后，疫病大起，"则又修医药，庀棺具，分给之，事竣，所余赘得数千金，达之大官，择老成者筹其出入，而府君亲总之名曰'存恤会'，以储凶荒周急之用"。钱人麟平素远避佛门，然饥荒之时，城东天宁寺僧众百余人将饿死，钱人麟心中恻然，说僧人也是人，"为策馆粥费赖以存活"。仁义之心，出自天然，卸任官职后还是如此。

钱人麟还性好表章前贤，重视教育。城中原有龙城书院，年代久远而荒圮，原址为民所侵占。知府宋楚望来任职，钱人麟力言修复，遂鸠工修建，复部署学田千亩，每年拨经费，为长久之计，刻碑立于书院门前，以表明不

---

① （清）钱维城：《钱文敏公全集》茶山文钞卷十二行状碑志，清乾隆四十一年眉寿堂刻本。

忘复兴书院的初志。"又以八邑忠义节孝诸人，上自名臣，下至仆妾，汇为一编，以其迹上当道，请增建两祠祀之，得报可，今皆落成矣。"钱人麟少时颇崇尚侠义，后乃潜心理学，底蕴醇厚，尝主张王守仁的良知之说，故搜罗有关著述，对前明事尤极淹贯，"于东林诸君子，虽一琐事，必穷析源流，言之亹亹不倦"。① 钱人麟还热衷于搜寻本地文献，但绝去缘饰，以真实为要。

钱人麟辞官归乡后，著书乐道，恬然自娱。仍事笔耕，曾受聘修泾县、宁国府两志，"阐幽考古，悉惬舆论，至今奉为信史"。所著书有《铸庵易赘诗》《易古音》《师思斋文集》《师思斋札记》《东林别乘》《东林十二目》《明臣谥法考》《三元考》《太湖风土记》《兵防考》《声韵图谱》《铸庵杂识》《毗陵觚不觚录》，其他杂著尚多，有未及时梓刻的著述。"府君学极博，于天文地理医卜星算诸家皆能言其所以然，然不肯有所撰论，散见于诸书中。""生平一无嗜好，惟好聚书，家所寡有，必多方购之，尝以力不给为恨。性俭约，食不兼味，虽居官，恒布素，尤远声色。"②

钱人麟还深具孝道，父母前后亡故，哀毁骨立，哀伤过度而几乎丧失生命。对亲属也多多加以照顾，为丧葬，抚孤幼。钱人麟生于康熙二十八年（1689），卒于乾隆三十七年（1772），吴太夫人，邑廪生吴筠上公女。钱人麟生三子，长子钱维城，乾隆戊午科举人、乙丑科第一甲第一名进士，刑部左侍郎，娶金氏。钱维屏，太学生，娶庄氏。钱维乔，乾隆壬午科举人，娶汪氏，继娶吕氏。钱人麟生女四人，长女嫁庄蓉缥，次适杨晋，次适蒋蘅，次适吕扬廷。"孙十二人。维城生者二：中铣，太学生，娶庄氏。中钰，太学生，娶刘氏。维屏生者九：锴，庠生，娶杨氏。中镒，嗣三叔父，后聘吴氏。致纯，乾隆庚寅科举人，嗣从叔心苔公，后娶吴氏。中鈢，娶张氏。中镶，娶章氏。

---

① （清）钱维城：《钱文敏公全集》茶山文钞卷十二行状碑志，清乾隆四十一年眉寿堂刻本。
② （清）钱维城：《钱文敏公全集》茶山文钞卷十二行状碑志，清乾隆四十一年眉寿堂刻本。

絉绪、经迎俱幼，未聘。维乔生者一：中镐，幼未聘。女孙二人：维城生者一，适崔龙见。维乔生者一，幼未字。曾孙一人：泳斯，锴出。曾女孙二人：中鈢生者一，中钰生者一。"① 此时的钱氏家族人丁兴旺，有官声，也有文名。

　　明清时期，常州名门望族普遍相互通婚，"缔姻必崇门第，交友必择贤良"，新塘钱氏也不例外。常武地区在清代共中了四位状元，他们分别是顺治四年（1647）的吕宫，康熙四十八年（1709）的赵熊诏；乾隆十年（1745）的钱维城；乾隆十九年（1754）的庄培因。这四位状元的家族，都存在密切的姻亲关系。乾隆十年，钱维城与庄存与姑舅表兄弟参加殿试，一中状元，一中榜眼。钱氏家族与常州郡城内的汤氏、白氏、屠氏、蒋氏、吴氏、陆氏、瞿氏、董氏、刘氏、赵氏、洪氏、杨氏等名门望族均有姻亲关系，在外埠具有姻亲关系的显宦世家则有丹阳荆氏、无锡秦氏、吴县金氏、苏州彭氏、海宁陈氏、永济崔氏、蔚州李氏、黔西州李氏等，相互之间组成了密密麻麻、层层叠叠的网络。钱维城之子钱中钰娶四川布政使刘益女，钱中铣娶状元庄培因女，所生女返嫁庄培因孙庄廉甲，钱维城的堂姑、钱荣世的女儿嫁给温处兵备道副使庄柱，钱维城的妹妹嫁给直隶州知州庄蓉缥；钱维城的堂侄女、钱鹏的女儿嫁给候选州同庄学泗；堂侄女、钱度的女儿嫁给翰林院编修庄通敏（庄存与次子）；堂兄弟钱泌娶青村场盐大使庄楚宝女；堂兄弟钱勋娶石门县知县庄柏承女，所生长女嫁庄士超，钱维城的堂侄钱遵女嫁庄荀男，如此等等，不一而足。本处借用成说，来说明明清之际家族联姻的情状。朱平《清代常州钱氏家族诗歌研究》中指出："除了时进师所总结的关于钱、庄两大家族的世代联姻（庄氏与钱氏也世为婚姻，庄炘子庄逵吉娶钱维城妹为妻，庄述祖子庄廉甲娶钱维城孙女、钱中铣女为妻，庄柱娶钱荣世女为妻）之外，钱氏还与其他仕宦家族联姻。如钱人麟子钱维城

---

① （清）钱维城：《钱文敏公全集》茶山文钞卷十二行状碑志，清乾隆四十一年眉寿堂刻本。

娶贵州按察使金祖静女、维屏娶黄梅县知县庄橒女、维乔娶赠禄丰县知县汪凤池女；钱人麟女一适诰赠陕西汾州直隶州知州庄蓉缥、一适监生杨晋、一适翰林院检讨蒋蘅、一适新阳县训导吕扬廷；维城长子中铣娶侍讲学士庄培因女、次子中钰娶四川布政使刘益女；维城女孟钿适巡道崔龙见。"① 常州世家大族众多，其中庄氏家族很有名声，是科举世家，称"中国科举第一家族"，十几代内有进士三十四人，举人、贡生、秀才就更多了，有"兄弟鼎甲""兄弟会魁""五经三榜，四世一堂""几乎状元及第，也算五子登科""三世八进士""七世十九士""累世科甲"等科举佳话。②

二、钱维乔

钱维城与其弟钱维乔有"常州二钱"之誉。钱维乔（1739—1806），字树参、季木，小字阿逾，号曙川，又号竹初、半园、半竺道人、半园逸叟、林栖居士。曾任浙江遂昌、鄞县知县。钱维乔学贯古今，诗文博赡，工书善画，精于音律，晚通禅理。著有《钱竹初山水精品》《竹初文钞》《竹初诗钞》《竹初未定稿》等，还曾与钱大昕一起合修《鄞县志》。

钱维乔是乾隆二十七年（1762）举人。曾讲学于如皋露香草堂，门前种竹，自号竹初居士。乾隆三十三年（1768），其妻亡故，为悼念亡妻，取古诗《孔雀东南飞》所咏刘兰芝的故事，作《碧落缘》传奇二卷。情犹未已，又根据《聊斋·阿宝》故事，作《鹦鹉媒》传奇二卷，演述孙荆与王宝娘两人生死之恋，受到许多江南名士的赏识。乾隆三十四年（1769）公车北上（古时指考生乘朝廷的车赴京赶考），落第滞于京寓，见到明代画家张灵

---

① 朱平：《清代常州钱氏家族诗歌研究》，硕士学位论文，苏州大学，2012年，第9—10页。
② 参见吴仁安《明清时期的江南望族》，上海人民出版社、上海书店出版社2019年版，第101—117页。

（梦晋）美女、花鸟画各一帧，笔墨秀润，与唐寅画法相仿佛，甚奇。归里后考据张灵生平，见《张灵崔莹合传》，尤感其事其情之悲，乃作《虎阜缘》（又名《乞食图》）传奇二卷，演述张灵与崔莹悲欢离合生死之恋的故事，颇受当时士林与梨园之欣赏。因剧中主人公与《西厢记》的张生、崔莺莺同姓，故亦有《后崔张》之名。又因剧中穿插风流名士唐伯虎等人的故事，在乾隆年间的演出曾轰动一时。乾隆五十七年（1792），钱维乔先后任浙江遂昌、鄞县知县，在此期间，将所作的三种传奇刊于官署，合称《竹初乐府》，有多种刻本传世。《（光绪）遂昌县志》卷六中记载，钱维乔，号竹初，江苏武进人，文敏公钱维城之弟。由举人而署理县事。"世家贵介，绝无纨袴气。明敏儒雅，淹贯古今。"钱维乔工各体诗文词，善书画，精音律。长于吏治，谈笑剖决，破奸发隐，"即积蠹亦不能欺"。

钱维乔宅心纯厚，政不繁苛，人忌惮其精明过人，而也乐其和易能相处。钱维乔喜与文人学士游，讲经义，校课程，琴书觞咏，备极雅趣，儒生都亲昵接近之。每仿宋元人笔意，写林峦泉石幽情逸韵，时流露于楮墨间。暇以歌曲自娱，曾著《碧落缘》《鹦鹉媒》《乞食图》传奇，乐部剧团竞相演习。惜未过多久，钱维乔即以才绩调任而去，任鄞县知县。鄞县为剧邑大县，钱维乔得以进一步展示其才，纂修鄞县县志，也可成为修志的典范。[①]《（光绪）武进阳湖县志》卷二十三中记载，钱维乔，官浙江鄞县，有政声。为文博赡，书画之名亚于其兄。[②]

钱维城有二子钱中铣、钱中钰；女一人钱孟钿，适进士南郑知县崔龙见。钱维城去世后，他的两个儿子都由朝廷推恩，迅速赐了官职：钱中铣得了个内阁中书，钱中钰则通过公议安排为中书科中书。当时，两位公子年龄

---

① 参见（清）胡寿海等修，褚成允等纂《（光绪）遂昌县志》卷六，清光绪二十二年刊本。
② 参见（清）王其淦等修，汤成烈等纂《（光绪）武进阳湖县志》卷二十三，清光绪三十四年刻本。

都是二十岁开外，状貌魁梧，聪明绝世。皇上谕曰：原任刑部侍郎加赠尚书钱维城供职内廷，宣力年久，其后人尚无出仕者。今伊长子钱中铳服阕来京谢恩，着加恩，照裘曰修子裘行简之例，授为内阁中书。

　　常州钱氏家族女性也颇为出色。钱维城妻金安上文已经介绍过。钱维城母吴艮，也是一位德才兼备的贤妻良母，拥有传统美德，诸多事迹颇多。钱维乔有《先妣吴太夫人行状》："太夫人姓吴氏，讳艮，号止斋。先世居常州马迹山，自四世祖旸以名臣显于前明，代有科第。父梦青，为名诸生，倜傥负气节。母邹孺人，举二子三女，太夫人其仲也。生而敏慧，长通经书大义，好诵唐宋人诗词。先府君弱冠颇不喜仕进，于家人生产漠如也。太夫人年十九来归，时王父自闽罢官，僦居城南之南园，家徒四壁。太夫人以不逮事姑章，于王父脂膏瀡瀡之奉，必亲入厨下执刀匕料理。府君故好客，宾至，必命酒，虽室无盖粟，咄嗟措办无缺乏。岁庚子（1720），先兄维城生。雍正元年癸卯（1723），特开恩科，府君应江宁试，登贤书。其冬不孝维屏生。明年府君下第，遂饥驱四方，悉以家政委太夫人。仅有瘠田数十亩，老妪稚婢二人，无应门之僮足给使令。每晨炊，姊弟二三人，更迭就舍旁井汲漉米以爨。不孝等稍长，弗忍令就外塾，特延宿儒于家，顾饔飧不能继，太夫人体羸多病，恒磨粗粝，杂南瓜为饭，强茹之。而脩膳必备物，课诸子极严。不孝维屏偶惰业，怒挞之甚楚。熟寝后，乃携镫抚挟痕，泪浡浡下。凡儿辈衣履悉手缝，一篝纺绩，与刀尺相间，至夜分始罢。拮据之状，有人所不能堪者。己酉（1729），府君以荐举入都。庚戌（1730），简发浙江，摄淳安篆。太夫人乃奉王父至署中。府君勤于官事，太夫人曲尽妇职。逾年，调黄岩，遂侍王父归里。府君旋以鲠直为同列所忌，谮之大府，被论罢。今上元年丙辰（1736），状得雪，循例当奏复，遂淹留京师。府君素清宦，既免官，家益不支。而王父先以厌城市嚣，城北大宁乡有屋数椽，时往憩焉。既而春秋益高，忽于乡居遘疾。太夫人闻耗，尽典衣饰购参药，操小舟往。比至，而王父已去世。时三叔父挈眷居都门，先兄维城方就京兆试，四叔父、五叔父及不孝维屏俱髫龄。大夫人哀毁之中，独力营画一切，附身附棺，诚信而厚，戚党咸难之。府君闻讣驰归，旋复谋食近邑。太夫人悉力摒挡以为常。是年，先兄维城膺顺天乡荐。己未（1739），不孝维乔生。庚申（1740），府君复官之浙中。辛酉（1741），题授桐庐令。太夫人偕两叔父及不孝等咸赴任。念两叔孤露，乃延舅氏吴树盈先生至署，与不孝维屏受业。饮食寒燠，以时周护，靡弗同。桐庐当孔道，往来赆馈无虚日。太夫人躬亲检点，必令腆厚。独自奉最俭约，衣取布素，食无珍味之任。时以纺车自随，或止之，曰：'吾操作贯，岂以居官改焉？'暇日辄举先代隐德以勖儿妇，谓：'俭以养廉，常自内助。始尝见寒素之家一入宦途，妻女竟尚绮翠，此风吾甚恶之，汝曹勿效也。'秋冬渐寒，取绩纴所积市絮，制为襦袴，分结狱囚，曰：'若虽陷罪，亦人子也。以法治，所赖以情恤，忍不一轸念耶！'甲子（1744），调萧山。是岁，不孝承、重孙中铣生、会邑大水。民居漂没以万计，浮尸蔽江下。府君捐俸入，拯瘼苦不给。太夫人首脱簪珥，命子妇辈悉出奁具资之，曰：'多一楮具，即少一暴露。以无益济有益，慎勿吝计。'十一日所瘗，乃七千余人。未几，府君以积劳冒寒雾患疟甚，卧不能起。太夫人夜则料量药水，秉烛佐府君治官书，日则分遣不孝等部署赈事，督仆妇制饼糜，置郊外以饲灾民之可活者，凡数月不得安寝。而府君竟以办灾忤上官，撼他事被劾矣。乙丑（1745），太夫人尽室先归。五月，先兄维城以廷试第一人入词垣。捷闻，太夫人诫举家曰：'是祖父以理去官，未尝虐苦民，得有此耳。儿辈何力？'虽贺者阗门，未尝有喜色，既而府君归田，清贫如未仕时，仍以笔耕四适。太夫人年已五十余，然夙耐勤苦，辨色即起，亲视馈粥。为不孝维乔延名师，教授如两兄。雇一农妇，设机杼于房，共织作，岁终给臧获衣。或以颐养劝，则曰：'为此殊不劳，若徒事安享，非所以惜福，敬姜劳逸之训，汝曹不闻耶？'乙亥（1755），届六旬寿。

先兄维城已官内阁学士,请假归。为太夫人称觞毕,即奉安舆,迎至京邸。时不孝维屏客顺天学使幕,兄弟色养甚欢,然太夫人念故乡亲串不置。丙子(1756)冬,由水程南下。不孝维屏以久困场屋,相继旋里。壬午(1762),不孝维乔举于乡。是冬,先兄维城奉命视学浙江,迎两老人就养。太夫人常扁舟往来吴越间。三年,先兄维城既还朝,府君患风疾,不数出户。不孝等虽析爨,太夫人犹为庀家事,纤悉必周。壬辰(1772)春,府君病剧,竟弗起。太夫人哀痛过甚,凌晨下床,为物所踬,右足稍不良于行,数月乃差。不孝维乔适以计偕在都,与先兄维城擗踊奔回。甫八月,而先兄维城消症发,遂以毁卒。于是太夫人益恸,神明稍衰。乙未(1775),不孝维乔礼闱复被放,西游长安。中丞毕公讽以家贫亲老,宜求禄养,劝入赀为令。时侄婿崔龙见宰富平,共欷助之。丙申(1776)九月引见,蒙温旨垂问,发往浙江试用。既抵家,太夫人甚喜,谓越中旧游,板舆可旦夕达也。不孝维乔既至浙,摄杭州总捕同知事,遂买舟迎太夫人。于丁酉(1777)八月至官舍,时不孝维乔适入闱掌卷,越十八日乃得见。讵侍奉起居裁一月,遂成终天之戚哉!不孝维屏以省试未获随行。九月二十五日,太夫人忽寒热,食大减,遂进参饵。遣急足趣不孝维屏,既至,则太夫人已先三日长逝,不及躬视含敛,悠悠苍天,恨其有极耶!不孝承重、孙中铣生于越,襁褓即蒙太夫人钟爱,今荷特恩,赐内阁中书。三月北行,犹执手谆谆诫以服官处世之道。乃遗训在耳,遂成永诀,岂不痛哉!太夫人沉毅寡言,治家有矩矱。虽儿孙辈至爱昵者,见辄肃然,畏之如神君。然天怀和厚,与人休戚一体。自诸姊妹外孙辈以及姻党中家计赢缩,无不委折为之谋,其有弗当,寝馈不自适。尤持大体。中年支撑门户,心力俱瘁。家庭间颇多隐曲,太夫人悉含忍不告人。府君有推梨让枣之谊,力赞成之。性至孝。府君官浙不得归,王父母殡在堂,俱太夫人躬营兆域,合葬尽礼。外祖母邹孺人殁后未克葬,为厝柩于城南兰若,岁时必亲致奠。抚孤女二:其一府君仲姊,适张景仓所遗;

其一即树盈先生季女。嫁之皆如己出。生平好周人急。居城南时，比邻有郭姓赤贫，岁终称贷，得数日货。除夕为贼所攫，室中荡然。夫妇相对泣，将就缢。太夫人闻之，已漏下二鼓，立遣奴舁米若干、钱若干与之，得不死。府君之任黄岩也，太夫人侨寓省垣望仙桥傅氏，有楼三楹，素多凶，莫敢居者。时先兄维城甫十余龄，患热病，四姊方失乳，啾啾啼。太夫人不能寐，挑檠庄坐，突有物白而毛，自牖跃入，目光炯然。太夫人以镇纸击之，欻不见。翼旦，主人哗言有老狐毙屋角，自后寓此楼者遂无恙。其严正为物所惮如此。太夫人家居，先兄维城每召对，屡荷天语存问。辛巳（1761）岁，皇太后七旬万寿，太夫人手绘水墨大士一帧恭进，蒙赐如意、貂鼠。前后以覃恩累封夫人。子三人：维城、维屏、维乔。孙十一人：某某。曾孙九人：某某。女四人，女孙四人，曾女孙三人。"① 常言有其母，必有其子，吴老夫人的美德风范，显然对于钱氏家族产生了非常深厚的影响。钱家的家风家学几代传承，与钱人麟以及吴老夫人的思想人文素养是分不开的。种种行为无不体现出中国古代诗书传家的优良传统，这是钱氏家族文化兴盛的基本原因。

第四节　一代才女钱孟钿

钱孟钿乃钱维城女，清代著名女诗人，诗词皆工，深受文坛领袖袁枚等当世大家赞誉。钱孟钿嫁崔龙见，崔龙见曾官至湖北荆宜施道，也工诗。

---

① （清）钱维乔：《竹初诗文钞》文钞卷五传状，清嘉庆刻本。

钱孟钿，在清代中期文坛享有盛誉，堪称著名。因诗宗浣花（薛涛）、青莲（李白），自号浣青。诗风力宗唐贤，品格高雅。洪亮吉称其诗，"崔恭人钱孟钿诗如沙弥升座，灵警异常"①。常州人、清代著名文学家、史学家赵翼称"吾乡钱文敏公女孟钿最工诗"。钱孟钿亦擅填词，著有《浣青诗草》《鸣秋合籁集》。

一、钱孟钿生平

关于钱孟钿生平事迹，《清史稿》列传二百九十五有传。"崔龙见妻钱，名孟钿，字冠之，一字浣青。龙见，永济人；钱，武进人，侍郎维城女。九岁刲臂疗父疾。归龙见，事姑谨，龙见以进士官州县，为四川顺庆知府。川东啯匪为乱，龙见帅师出御，贼自间道来袭，吏民惊扰。钱诇贼自府西至，遣人掣渡舟泊东岸。贼至，不得渡，遂引去。及为湖北荆宜施道，值白莲教匪为乱，龙见出督饷，钱居危城中，烽火四逼，以龙见指发书，戒所属州县，令收附郭积聚，谨守备，毋与贼浪战。贼侦有备，亦引去。龙见在官廉，钱每出余财周戚党。自四川还，泊燕子矶，见渡舟覆溺，出钱募救者，活十余人，皆应试士也，罗拜岸上。龙见卒，教诸子成立。钱工诗词，即以'浣青'名其集。"②钱孟钿是崔龙见之妻，崔龙见有进士的科名，担任知府等官职，也很有才学，《清史稿》中未见崔龙见传，只有钱孟钿传，似乎本身就说明钱孟钿的影响力很不小。

《（光绪）永济县志》卷八有《浣青夫人钱恭人行略》，作传者是崔龙见。其文甚为翔实且可信，言语之间饱含感情，从中可认识此一代才女之种种卓

---

① （清）洪亮吉：《北江诗话》卷一，清光绪授经堂刻洪北江全集本。
② （民国）赵尔巽等撰：《清史稿》列传二百九十五，民国十七年清史馆本。

越不凡。钱孟钿幼有至性，九岁时，父亲文敏公偶感寒疾，钱孟钿吁天割臂肉杂药饵以进食，第二天，文敏公病愈。此事孟钿未尝自言于人，家人见其手臂血迹殷湿襟袖，乃知之其所为，此则少见之至性至情的义举了。钱孟钿夙耽吟咏，精通音律，尤熟于纲鉴、诸史。文敏公与之上下议论，竟不能屈，可见钱孟钿之才学过人。祖父铸庵先生钱人麟每夸示于人说，"此吾家读书种子也"①。

钱孟钿年二十一嫁崔龙见，夫妻夫唱妇随。崔龙见在《浣青夫人钱恭人行略》中记载："时文敏公方佐司空，余相从受业，恭人劝余勤读，每坐对呫哗，见者称为益友。余庚辰（1760）举京兆，辛巳（1761）成进士，恭人从余归毗陵，侍养极得先慈欢心，每以不逮事先观察为恨。先慈见背，恭人襄理大事，尽诚尽哀，宗族乡党中咸无间言。庚寅（1770）岁随余服官秦蜀，余性疏拙，从不问家人生产，居官尤不善经营，有屡空之患。恭人每将簪钏衣饰估值寄库中，以抵缺项，俟补苴足数，乃出之。当受代时，余不耐与人争利，尝代前人弥补巨万，以故脂膏不能自润。守顺庆，去官之日，垂橐萧然，抵家后寄人庑下，几于饔飧不继。恭人怡然，安之曰：'夫子居官，尽心民事，而不名一钱，所得多矣。贫乃士之常，吾何患焉。'后起官浙江丞倅，复蒙恩擢守荆州，量移荆南监司。儿子景仪践履清华，滥竽典试，恭人亦不以为喜。当嘉庆元二年（1796—1797）间，白莲贼窥伺荆州，烽火相接。余从大帅督师挽运，恭人独处危城，料理防守事宜，以坚壁清野为务，并代余移书僚属，收附郭积聚入城，民心安定。贼侦知有备，解去，咸以为夫人城云。生平性颇狷介，而能持之以平恕。每自读书，变化气质，虽臧获婢媵，未尝以非礼遇之。尤喜徇人之急。壬寅（1782）五月，归自蜀中，舟泊当涂江口，适遇暴风，见渡船覆溺，恭人遽捐钱十千，急募舟子入水捞

---

① 参见（清）李荣和等修，张元戀纂《（光绪）永济县志》卷八，清光绪十二年刻本。

救，得生者十余人，多系应考士子，皆登岸望舟叩谢而去，恭人不自以为功也。从子述祖，官平阳训导，中年无子，恭人助之买妾。文敏公两子相继沦丧，恭人抚其孤，代营婚嫁。戚党有困乏者，无不勉力周恤。其待师友宾客尤极诚敬。管韫山侍御为恭人从母表兄，延课两儿，时偶遭危疾。恭人手调药饵，料理烹饪，嘱儿辈侍奉惟谨。韫山疾愈，在频阳官舍结社赋诗，其时有恭人季父初、从弟味菽、表弟杨六士皆在社中。余与恭人及儿子景仪亦预其列，得《鸣秋合籁集》一卷，为张息图观察所激赏，序而传之。恭人诗多散佚，仅存《浣青草》八卷、《未刻诗》二卷。"①此中钱孟钿的生平事迹、音容笑貌如在眼前。

关于《鸣秋合籁》，法式善《梧门诗话》卷六称，《鸣秋合籁》一卷，崔曼亭龙见官频阳时与夫人钱孟钿、钱维乔唱和之作。钱琦与钱维城有旧，乃钱维城的主考官，《鸣秋合籁》中加以题辞者甚多，钱琦此诗最工，切与韵事相称。②钱琦，字玙沙，杭州仁和人。乾隆二十四（1759）年，钱琦充江南副考官，授常镇扬通道，故此钱维城也是钱琦门下士，可能正是此时，这才有机缘题写《鸣秋合籁》，称赞钱孟钿的这一首诗，当年老眼不曾花，有很深的意蕴。

钱琦、袁枚、赵翼都对钱孟钿颇为赞赏。《梧门诗话》卷十五："钱恭人浣青孟钿，崔曼亭太守（龙见）室。学士云，客之母钱文敏公女也，素以诗名，士大夫多推称之。尤为钱玙沙、袁子才（袁枚）二公所许。钱题诗云：'尚书朝罢袖烟清，侍砚朝朝立小楹。笑取生花一管笔，传将娇女作门生。西溪瘦立影横斜，重傍疏枝小住家。郎种甘棠儿视草，修来福命胜梅花。'袁题诗云：'尺五真疑戴皂纱，风裁不似女儿家。也因气得江山助，簪遍秦

---

① （清）李荣和等修，张元懋纂：《（光绪）永济县志》卷八，清光绪十二年刻本。
② 参见（清）法式善《梧门诗话》卷六，稿本。

关蜀岭花。'恭人诗如《雨夜不寐》云：'客思乱无着，秋光唤不醒。蛩吟凄永夜，雁字落空汀。峡束江声急，灯含雨气青。十年游子泪，付与岭猿听。'《舟行即事》云：'路转溪桥挂夕阳，平田漠漠水泱泱。绿荷包饭提筐去，虾菜秋风似故乡。'皆佳制也。"①

钱维城与钱孟钿往往被一些文献并列记载，父女二人的才学皆有值得称赏之处。李元度《国朝先正事略》卷十五记载："钱公维城，字幼安，号稼轩，江苏武进人。十岁能诗，十二能骚赋。乾隆十年（1745），以一甲一名进士赐及第，由修撰累官刑部左侍郎，叠司文枋，入直南书房。卒，赠尚书，赐祭葬，予谥文敏。书法苏文忠，画得元人笔意，时以为天授。高宗深重之，屡赐诗、题识。文端公尝云，稼轩自幼出笔苍润，秀骨天成。通籍后，尤得力于东山也。所著曰《茶山集》。女孟钿，工诗，通音律，适崔观察龙见。著有《浣青诗草》《鸣秋合籁》。"②这里也是把钱维城、钱孟钿父女二人放在一起论述，父女相得益彰。

关于钱孟钿生卒年，常州人赵怀玉（1747—1823）所作《崔恭人钱氏权厝志》是重要资料。《崔恭人钱氏权厝志》曰："吾郡钱氏自明万历以来名德相望……如崔恭人者，吾不能无异焉。恭人讳孟钿，字冠之，一字浣青，为文敏公女，浙江萧山知县（钱）人麟女孙，湖北分巡荆宜施兵备道崔君龙见之配也。九岁，文敏遘危疾，割臂肉杂药进之，疾竟得愈。母金夫人，家世亦能诗，故恭人幼好吟咏，娴于史事。萧山君以为读书种子。兵备君，故永济右族，来家常州，与钱为通门，遂纳采。年十九，就昏京邸。明年中顺天举人。又明年，成进士。恭人随归事姑庄太恭人甚谨，以不逮事君舅为憾。姑卒，丧葬以礼。兵备起家县令，扬历州郡，位至监司。恭人内庀家政，外

---

① （清）法式善：《梧门诗话》卷十二，稿本。
② （清）李元度纂：《国朝先正事略》卷十五，清同治刻本。

襄官事，秩然井然，无或失坠。……嘉庆十一年（1806）十月卒，春秋六十有八。明年秋，景仪手兵备君述来告，曰：'日月易逝，卜壤未遂，将以冬十月权厝于武进循理乡祖茔兆次。君知吾母审，愿有以志之也。'遂胪其行记于石，而虚铭幽之辞，俟葬而后备焉。"① 按此文，可知钱孟钿生于1739年，卒于1806年，有别于周春《耄余诗话》所载的钱孟钿生于1744年之说。一般来讲，《崔恭人钱氏权厝志》是严肃的文献资料，撰写者赵怀玉必有所依据，故此，钱孟钿的生卒年应该以此为准。

二、钱孟钿的诗词成就

钱孟钿诗文多散佚，仅存《浣青草》八卷、《未刻诗》二卷，仅存者就已经有十卷，可见孟钿诗作实际上更多。清金武祥《粟香五笔》卷六："《浣青集》。钱孟钿夫人刊有《浣青诗钞》八卷，续一卷，传本已少，亦于兰台院长许借录之。《离愁曲》云：'切切复切切，春愁乱难织。藕断见丝连，烛残余泪滴。'《拟古》云：'平原有甘井，其下通流泉。百夫日挽汲，灌溉东西阡。辘轳声不彻，但闻水汩汩。一汲井水浑，再汲井水竭。所以汉阴叟，抱瓮不为拙。'《五丁关》云：'侵晓渡宽川，晨光散林麓。野竹媚幽姿，山花丽空谷。崎岖上急坂，曲径马蹄踣。百盘历巅顶，十步九旋缩。怪石蹲类虎，纷拿势相扑。长松裂云根，群峰抱日足。浮烟净列岫，乱雪喷飞瀑。顿忘尘世情，但觉天一握。伟哉五丁力，辟此西南轴。恃险徒尔为，跃马壮巴蜀。'《放歌行》云：'黄河西来入渭滨，一洗明月无纤尘。天空远籁落清影，众星历历罗秋旻。荆山良玉不得售，淡然去之若浮云。黄鹤一举可万里，芙蓉不羡桃李春。丰城剑气飒秋雨，鱼目混珠徒尔许。丈夫磊落凌风

---

① （清）赵怀玉：《亦有生斋集》文卷十九墓志铭，清道光元年刻本。

霜，富贵于我亦泥土。沧浪之水清且涟，乘舟直向天边去。'……皆有名大家气息。"①《塞下曲》："为报沙场苦，边秋一雁还。据鞍轻紫塞，吹角老红颜。思妇闺中月，征人梦里山。封侯等闲事，生入玉门关。"据说就是钱孟钿诗作之一。

《国朝词综续编》卷二十二征引钱孟钿词两首，即《蝶恋花》《生查子》，小序说："钱孟钿，字冠之，武进人，钱文敏公维城女，山西进士崔龙见室。有《浣青诗余》。"《蝶恋花》："著雨林花红晕湿，风袅晴丝，吹入眉峰碧。绿遍池塘芳草色，催归杜宇声声急。病起绿窗春事寂，何处留春，深院蒙蒙月。金缕歌残檀板歇，海棠梦醒梨云白。"《生查子》："春山落翠微，柳色开青眼。小立背东风，燕子穿花转。揉碎碧桃花，团作相思茧。芳草满天涯，此意凭谁遣。"②

钱孟钿丈夫崔龙见乃永济县人，故《（光绪）永济县志》收录了钱孟钿诗作。钱孟钿《感秋》诗云："日月不我待，秋风吹素颜。江云长带雨，海月自衔山。静夜千碪急，高空一雁还。独余摇落意，终日倚柴关。"《代书三十韵寄弟妇循之》云："燕台风日好，少小共婵娟。綦组初争侍，帘帏每互眠。安花矜学步，约翠喜齐肩。柳爱依人舞，桃看隔院妍。不知春事去，惟觉鬓华鲜。乍返长河棹，同歌入越篇。湖山欣对酒，月露各传笺。酒为藏钩覆，茶因赌钏煎。临风调玉琯，倚竹整湘弦。坐羡连枝树，行侔并蒂莲。学诗尊李杜，点笔动云烟。秋水芙蓉港，春风玳瑁筵。玫瑰团作饼，栀子刻为钿。窄袖鹦偕玩，低鬟蕙并搴。清宵无尔我，密意总缠绵。岁月不相待，分飞各一天。明珠徒有赠，宝镜惜空圆。已判差池影，真成断续缘。余欢留客袂，新恨入征鞯。汝复为春草，吾几作夜鹃。随夫行蜀栈，携子渡秦川。宦

---

① （清）金武祥：《粟香五笔》卷六，清光绪刻本。
② （清）黄燮清编纂：《国朝词综续编》卷二十二，清同治十二年刻本。

思凉如水，归心净似禅。柳花空作絮，榆荚不成钱。松竹留荒径，莼鲈忆旧船。漫言童仆饱，还望故人怜。刀尺霜前女，笙璈海上仙。暂时容梦见，异地各情牵。枫助思亲泪，蝉催去国年。天涯千嶂在，陇上一枝传。何日随归雁，南云滞影旋（孟钿，进士崔龙见室，著有《浣青诗草》）。"[1]诗风明净清丽，意境高远。

钱孟钿随丈夫崔龙见宦游陕西，崔龙见为富平知县，钱孟钿曾与袁枚、叔父钱维乔、从母表兄管世铭、族兄钱锴、丈夫崔龙见等一起唱和，有《咏始皇陵》六首、《华清宫咏》三首。上文崔龙见也记载："管韫山侍御为恭人从母表兄，延课两儿，时偶遘危疾。恭人手调药饵，料理烹饪，嘱儿辈侍奉惟谨。韫山疾愈，在频阳官舍结社赋诗，其时有恭人季父初、从弟味菽、表弟杨六士皆在社中。余与恭人及儿子景仪亦预其列，得《鸣秋合籁集》一卷，为张息图观察所激赏，序而传之。"几个在频阳官舍结社赋诗，频阳县故址在今陕西富平县一带。

钱孟钿《咏始皇陵》：

骊山高复高，落日霾荒台。西风吹白道，不见幽宫开。秦政昔乱纪，刑杀如霆雷。鲸吞六国尽，声色非仙才。童女不复还，龙战飙轮摧。寄言镐池君，英雄安在哉。千人竞讴唱，运石清渭隈。筑之崇三坟，下锢泉水来。黄金作天地，日月为樽罍。银海停不流，人膏灿无灰。飞蚕三十箔，一一红玫瑰。知埋几皓齿，何论万匠哀。可怜闭衰草，虎视敛寸坏。虽令地成市，难买青阳回。作使天下倾，何待长城催。楚炬与牧火，两炙无遗煨。宝玉不在土，死增毛骨灾。徒闻古丈

---

[1] （清）李荣和等修，张元懋纂：《（光绪）永济县志》卷二十二，清光绪十二年刻本。

夫，霞举登蓬莱。①

意境开阔，有历史时空感。

钱孟钿《华清宫咏》：

绣岭山头秋雁咽，叫落华清故宫月。不见霓裳旧管弦，水殿烟廊夕阳没。想得钿车昔作行，阿环随幸出兰汤。玉莲初涨流波腻，金粉潜倾暗乳香。无端羯鼓商声逼，铁骑北来天地黑。荔枝千颗漫飞尘，锦袜半弯空瘗石。白骨西南冷战场，妖星从此接欃枪。六军不挽扶风辇，蕃马何如在朔方。王孙麦饭愁难觅，野草萋萋不堪摘。一曲林铃怨不胜，伤心犹似宁王笛。南内归来夕殿低，望京楼远暮云迷。挑灯直是长门夜，半臂凄凉旧事非。新台之水古所耻，老奴遂为良娣死。盛衰转眼五十年，始知李峤真才子。②

徐世昌《晚晴簃诗汇》卷一百八十五收录钱孟钿诗多首。除《始皇冢》《代书三十韵寄弟妇循之》《汉通天台铜人歌》《燕燕吟》外，尚有几首诗。

《古别离》：

呜咽清渭滨，纷披灞桥柳。今古伤别离，扬鞭各挥手。

《中秋待月以平分秋色一轮满分韵得色字》：

---

① （清）史传远辑：《（乾隆）临潼县志》卷八下，清乾隆四十一年刊本。
② （清）史传远辑：《（乾隆）临潼县志》卷八下，清乾隆四十一年刊本。

重帘烛暗露华白，桂树凝寒掩瑶魄。为恐人间感别离，飙轮不转纤云织。几家弦管盼清辉，何来匹练澄空碧。影娥池冷镜奁尘，天外徒横秋一色。银汉无声不记年，琼楼有梦空成夕。回头容易参商隔，今日当筵须共惜。越鸟南飞未有期，秦山西去犹为客。愿留光景十分满，莫使深杯等闲掷。

《蠹简》：

欲悟神仙理，何辞笔舌残。消磨因久废，辛苦在忘餐。三绝编犹在，千回诵未完。便教成缺略，依旧误儒冠。

《断碑》：

野火焚犹在，装池见宛然。数行铭瘗鹤，几叶拓轻蝉。完损神难合，摩挲癖可传。较他嗤没字，片纸亦前贤。

《忆梅和韵》：

淡烟漠漠护重阴，思入罗浮梦已深。对月应怜清夜影，怀人空寄岁寒心。云横渭北家千里，春到江南雪一林。谁向天涯问消息，好从孤管写余音。

寒山无恙隔层阴，一缕相思为尔深。梦后何人同载酒，花时有客独关心。飞来晴雪春留影，相送前溪月在林。官阁吟成应寄兴，不教空谷误跫音。

《残荷》：

　　一片秋心近水殊，空庭为惜雨声枯。曾含夕露衣同冷，及听清歌梦已孤。几干纷披随败箨，半塘摇落并残蒲。熏风不与留颜色，翠佩江皋再见无。

《青门柳枝词》：

　　渭城风物又经春，嫩绿初齐客思新。记向大堤和雨折，泥他青眼盼行人。
　　花未飞绵叶蔚蓝，风吹无力起眠三。旧游最有难忘处，一路依依近汉南。
　　折赠谁家怅别难，藏鸦时节絮初残。何当系艇扬州郭，一种青青雨后看。
　　花落江潭客未归，轻阴漠漠拂帘衣。那堪烟雨催春去，深巷人家燕子飞。

《读史偶成》：

　　读史弗穷理，泥古辞易谬。炎汉四百年，尺土皆封堠。胡云当涂高，正统反相授。堂堂司马公，乃书亮入寇。朱三亦继唐，此弊孰为救。青史不足凭，挂一乃万漏。悲风蠡矶岸，空江泻寒溜。望帝魂不归，啼痕寄猿狖。嗟无两舟米，不得纪蜀后（《三国志·后妃传》缺蠡矶夫人。陈寿索丁仪米两船，仪靳之，遂不为其父立传。故云）。

《华清宫怀古》：

霓裳歌吹动华清，小辇曾催花底行。池上鸳鸯怜并宿，天边牛女笑长生。空悲此日金钗擘，何事当时白练轻。一曲淋铃传夜雨，寿王宫内月同明。

《潼关》：

潼关天险郁嵯峨，天外三峰俯大河。六国笙歌明月在，五陵冠剑夕阳多。时来杰士能扪虱，事去将军竟倒戈。终古丸泥凭善守，英雄成败感如何。

《张子房祠》：

狙击早销秦帝胆，借筹竟创汉家基。空疑状貌同雌伏，始信功名见猎迟。帷幄总分黄石略，云山不负赤松期。高踪迥出韩彭外，紫柏千秋护旧祠。①

钱孟钿在西安还作有《汉通天台铜人歌》，其中有诗句"武皇岁起云阳宫，高台屹与云汉通。欲求真诀炼颜色，紫琼之露飞蒙蒙。青霄不下两皇子，十二仙人一夜死。"②

钱孟钿诗意境开阔，谈古论今，有历史意识与时空境界。她还颇工

---

① （民国）徐世昌辑：《晚晴簃诗汇》卷一百八十五，民国退耕堂刻本。
② （清）舒其绅修，严长明纂：《（乾隆）西安府志》卷第五十四古迹志上，清乾隆刊本。

词,在词的创作上也有成就。《粟香五笔》卷六:"《浣青词》三十二首,亦有《长亭慢·咏杨花》云:'似花似雪浑无绪,过眼韶光,者般滋味,数点霏微,画檐飘尽向何许。断肠堪寄,更莫问章台路,便折得长条,已不是旧时眉妩。迟暮,望天涯漠漠,忍见乱红无数,池塘梦醒,倩莺儿唤他重诉。却又被晓风吹去,更凄冷一天烟雨,算只有灞桥,几曲绾愁千缕。'"①

钱孟钿诗词成就很高,清代文坛领袖袁枚很是认可钱孟钿的才能。他们之间是相识的,钱孟钿乃其侄儿辈。《随园诗话》卷五:"钱稼轩司寇(钱维城)之女,名孟钿,嫁崔进士龙见,为富平令。严侍读从长安归,夫人厚赠之。严问:'至江南,带何物奉酬?'曰:'无他求,只望寄袁太史诗集一部。'其风雅如此,因诵其五言云:'啼鸟空绕树,残梦只随钟。'有《浣青集》行世,其号浣青者,欲兼浣花、青莲而一之也。夫人通音律,常在秋帆中丞座上听客鼓琴,曰:'角声多,宫声少,且多杀伐之音,何也?'问客,果从塞外军中来。余庚申夏乘舟北上,遇稼轩南归,时未中状元也。见其手抱幼女,才周晬,今四十八年矣。在杭州,见夫人,谈及此事,夫人笑云:'所抱者,即年侄女也。'余故题其诗册,有云:'而翁南下赋归欤,值我新婚北上初,水面匆匆通数语,怀中正抱女相如。'诗有有篇无句者,通首清老,一气浑成,恰无佳句令人传诵。有有句无篇者,一首之中非无可传之句,而通体不称,难入作家之选。二者一欠天分,一欠工夫,必也有篇有句方称名手。"②袁枚在苏杭有几十位女弟子。钱孟钿本是苏常才女,又随丈夫在杭州做官,自然能接触到袁枚。

袁枚还在《随园诗话》卷十三中记载钱孟钿与叔父钱维乔、从母表兄管

---

① (清)金武祥:《粟香五笔》卷六,清光绪刻本。
② (清)袁枚:《随园诗话》卷五,清乾隆十四年刻本。

世铭、丈夫崔龙见等唱和诗文的情形。"同年钱文敏公维城在都时所居'绿云书屋',陈乾斋相国之故宅也。公女浣青(钱孟钿)有诗才,与婿崔君龙见、(钱维城)弟维乔、戚里庄君炘、管君世铭五人倡和。宅有古桑,绿阴毵毵,映一亩许。视其影将逾屋,则公必退朝,各呈诗请改,公欣然为甲乙之。有《鸣秋合籁集》两卷。真公卿佳话也。余尝戏之曰:'唐虞之际,于斯为盛,有妇人焉,四人而已。'诸君诗不能备录,惟摘浣青《通天台》云:'当涂代汉逾百年,铜人之泪流作铅。移经灞水亦伤别,回头立尽东关烟。'《华清宫故址》云:'新台之水古所耻,老奴遂为良娣死。盛衰转眼五十年,始知李峤真才子。'"①

另外,在袁枚《小仓山房集》卷三十一中还有《题浣青夫人诗册(名孟钿,字浣青,常州钱文敏公女也)》五首,"绝妙金闺咏絮才,一生诗骨是花裁。分明拥髻挥毫际,别有心从天外来。""尺五真疑戴皂纱,风裁不似女儿家。也因气得江山助,簪尽秦关蜀岭花。""已随夫婿绾银黄,更见娇儿步玉堂。天为佳人破常例,清才浓福两无妨。""而翁南下赋归欤,适我新婚北上初。水面匆匆通数语,怀中正抱女相如。""重提春梦最消魂,老去尤惊日易曛。难得相思竟相见,宣文君与武夷君。"②

此外,清代文史大家赵翼认为钱孟钿是和沈岫云齐名的女诗人,"江北江南两女仙"。赵翼《题岫云女史双清阁诗本(岫云,沈既堂先生女)》中说:"绣阁才名钱孟钿(吾乡钱文敏公女,孟钿最工诗),何当旗鼓对鸣甄。玉台他日编新咏,江北江南两女仙。"③沈岫云乃沈既堂女。沈既堂曾担任知府。赵翼有《题沈既堂前辈〈载书移居居图〉》诗:"只愁撑满便便腹,难作东阳瘦沈腰。"钱孟钿能和沈岫云齐名,显然赵翼对钱孟钿也是颇为认可的。

---

① (清)袁枚:《随园诗话》卷十三,清乾隆十四年刻本。
② (清)袁枚:《小仓山房诗集》卷三十一,清乾隆刻增修本。
③ (民国)胡为和等修,高树敏等纂:《(民国)三续高邮州志》卷七,民国十一年刊本。

沈善宝是清代女诗人,也热衷于收集整理女诗人的诗作,钱孟钿是自然必不可少之人。沈善宝《名媛诗话》卷三:"毗陵钱冠之(孟钿),号浣青,尚书谥文敏维城女、观察崔见龙室。有《浣青诗草》。集中五七古纵横排奡,直入唐人之室。七律如《潼关怀古》……《昆明池怀古》云:'昆明池上夕阳开,从此旌旗万里来。瀚海名王空系颈,祁连高塚已成灰。徒闻虎旅征兵急,不见龙沙有骑回。当日若诛冯奉世,何须烽火悔轮台。'诗格亦甚悲壮。"①

钱孟钿诗文成就在袁枚、赵翼等人纷纷评述之外,其父亲钱维城、叔父钱维乔等都很赞赏。钱维城所作《孟钿诗钞序》,其中说:"家之兴替,视所生。男慧女钝,多兴;女慧男钝,多替。孟钿生十数日,能笑。甫能言,即解人意。七岁就家塾,不半年而止。然而好读书,有至性,喜缀小词,予以为不可学,因读史记通鉴纪事本末,颇多记忆,往往抚掌谈故事,娓娓可听。予又以香山诗授之,才一阅,曰:'此殊不难。'试为之,思致清润。岁庚午(1750),余大病,私剪臂肉疗予,秘其创,其母察其色黄瘠,始知之,时余疾良已。年十九,归博陵崔郎。崔郎亦好学,夫妇日相唱酬。壬午(1762)余视学浙江,偕崔郎来,与诸昆弟结浣青诗社。予亦偶与其事。予尝谓孟钿曰:'汝不事女红,而好吟咏,汝性慧,而两弟俱钝,读书未成,此非予所愿也。'己丑(1769)秋寄诗数卷,请予评定,并弁言其首。适予有黔中之行,孟钿亦偕崔郎赴南郑任,忽忽三年,秋夜偶于案头见其诗,念二十年婉娩予膝下者,秦关燕月,迢遥千里,人生几何,聚散如此,如之何其弗思也。因书数语,题其集,并示中铣、中钰。予虽恒言不称,今五十有二矣。汝等皆壮,有室家,所成就者何如哉。毋使予言之卒验也。"② 钱维城

―――――
① (清)沈善宝:《名媛诗话》卷三,清光绪鸿雪楼刻本。
② (清)钱维城:《钱文敏公全集》茶山文钞卷四序,清乾隆四十一年眉寿堂刻本。

以父亲之观感记钱孟钿之才之诗词创作,拳拳情深溢于言表,从中我们也知钱孟钿自小聪慧,才智过人。

钱氏父子皆为诗人,钱维城也有写给爱女的几首诗。《孟钿极爱余东风行,手写口讽不置,复作此示之》:"东风一曲不胜情,云际灵璈听未清。帘外柳花能解恨,人间原有许飞琼。"①《寄孟钿》:"平生珠一颗,掌上惜多年。留向芙蓉浦,空怀明月篇。岂伊忘膝下,为我奉堂前。何事频支枕,愁心满海天。"②《寄示孟钿》:"汝病几时好,吾怀何日开。庭帏方有信,舟楫倘俱来。朔雪迷江国,南云接蓟台。中宵多羽翼,飞去每千回。"③《读孟钿所寄诗》:"娇女如娇鸟,嘤鸣寄意微。吹来花底曲,劝我不如归。我思同沧海,苍茫百感非。岂缘关塞隔,容易不南飞。"④钱维城诗意中透露出对爱女的喜爱之情。

三、钱孟钿与文坛女诗人的交谊

钱孟钿与当时一些诗坛领袖有交往,受到他们的一致推崇,同时钱孟钿与一些女诗人也有交往。清郭麟《灵芬馆诗话》卷三载:"钱浣青夫人孟钿《赠盲女王三姑诗》云:'闻声对影便相怜,一面檀槽亦凤缘。试向清宵作三弄,檐花如雨落灯前。杨柳歌残又竹枝,霜风吹上鬓边丝。人间多少繁华梦,总在秋娘未老时。'王三姑者,名青翰,即董浦诗所谓'道客胜常知客姓,目中莫谓竟无人'者也。中年以往,皈心素业,自忏前因。故人相访者,茗碗

---

① (清)钱维城:《钱文敏公全集》茶山诗钞卷八,清乾隆四十一年眉寿堂刻本。
② (清)钱维城:《钱文敏公全集》茶山诗钞卷九,清乾隆四十一年眉寿堂刻本。
③ (清)钱维城:《钱文敏公全集》茶山诗钞卷十,清乾隆四十一年眉寿堂刻本。
④ (清)钱维城:《钱文敏公全集》茶山诗钞卷十,清乾隆四十一年眉寿堂刻本。

炉香，相对终日。铁拨鹍弦化为粥鱼茶板矣。临终翛然吉祥而逝。"①

还有一女诗人方芳佩与钱孟钿有交往，诗名并举。方芳佩，字芷斋，号怀蓼，钱塘人，湖北巡抚仁和汪新继室，著有《在璞堂吟稿》。王鸣盛序略称："芷斋之诗，翦刻明净，欲以幽好避群。言志之篇，宛转而缠绵。体物之作，秀发而浏亮，譬则秋兰丛菊，嫣然风露之外。虽卷帙无多，性情风骨俱见焉。信乎其可传已。"杭世骏、翁照（字霁堂）、沈德潜等也作序称颂之。吴振棫也说："芷斋夫人，早年即师翁霁堂，又受师法于堇浦先生。微吟短咏，幽好避群。樊榭征君有'珠光落纸、兰畹生香'之誉。嗣以随宦，历览胜地，与徐淑则德音、钱浣青孟钿、杭筠圃澄为诗友。其佳句，五言如'鸟喧人语静，钟动曙烟微。竹云飞不尽，凉月落无声'，七言如'满径影横如荇藻，一天秋冷逼林亭。户外何知有鸡犬，闺中亦复乐箪瓢'，皆脍炙人口。先大父裒集杭郡诗辑时，闺媛一门，即夫人选定也。"②

潘素心（1764—1847 后），著名女诗人，与沈善宝、王韫徽齐名，著有《不栉吟稿》。钱孟钿《右调雨中花》词："多少锦囊丽句，不减落霞孤鹜。旷代清才，输他香阁，彩笔分将去。试听谢家闲咏絮，恰在柳衙深处看，心既玲珑，人应婉娩。待把黄金铸。"对潘素心称赏有加。

女性文学交流的空间一般相对于男性而言比较有限，但是钱孟钿因为钱氏家族，交游范围实际上并不小。钱孟钿《浣青诗草》关于亲戚的怀想、唱和、寄赠之篇什颇多，诗集各卷收录诗作总数是 675 首，关于亲戚的诗作总数是 244 首，超过总数的 36%。"钱孟钿的亲戚包括：父钱维城、夫崔龙见、竹初叔父、若芬妹、从母、小姑、杰士弟、声之弟、计从母、计表妹、弟妇庄循之、素溪姊、秋厓弟、杨鉴川外弟、毕雅岑表妹、杨与岑表弟、守

---

① （清）郭麟：《灵芬馆诗话》卷三，清嘉庆二十一年刻二十三年增修本。
② （清）潘衍桐辑：《两浙輶轩续录》卷五十二，清光绪刻本。

之弟、庄虚庵表兄、三叔父、张息圃舅氏、管韫山外兄、毕眉士妹、巨卿弟、序东兄、鲁思兄、静娟姊、杨六士表弟、东湖兄、野馀兄。其中与崔龙见、钱竹初相关之作最多。这些人物大致界定了一位十分幸运的世家女性的文学交往空间。其他世家文学女性的交游范围，难有逾越钱孟钿者。她们的交游具有限定与封闭特征，可以据此推测她们所承接的文学以及所接受的影响，主要来自家族成员，她们有可能成为较为纯正的家学传承者。她们成为母亲之后，一方面因为丈夫的外出，另一方面被女性的主内角色限定，自然成为教导子女或其他年幼家族成员的老师。由于各种机缘的和合，这些文学女性意外地获得了一个自己的空间。"[①]

对于钱孟钿的诗词成就，上文所介绍的大家名手、亲朋故旧多有赞赏，王蕴章《然脂余韵》卷四中所作摘引评述尤为精当详备。王蕴章说："浣青诗，高挹群言，飞空结响，有'太白搔首问青天'之想。《送素溪姊》云：'折柳复折柳，长枝更短枝。方追旧欢乐，又伤新别离。新别离、长相思，相思泪滴金屈卮，明朝有酒难同持。回首红颜能几日，可怜蕉萃秦川客。敝车羸马为谁劳，纸阁芦帘归亦得。'《咏始皇陵》云：'骊山高复高，落日霾荒台。西风吹白道，不见幽宫开……黄金作天地，日月为樽罍。银海停不流，人膏灿无灰。飞蚕三十箔，一一红玫瑰。知埋几皓齿，何论万匠哀。可怜闭衰草，贵贱同委骸。虽令地成市，难买青阳回……宝玉不在土，死增毛骨灾。徒闻古丈夫，霞举游蓬莱。'《和竹初叔父寄怀》云：'东山丝竹黯生尘，回首吾家最怆神。归燕巢空翻似客，啼乌枝冷只余身。情如疏柳春难挽，愁共寒潮夜亦频。陌上看来花溅泪，者番怕见物华新。'断句如《秋夜》云：'近山秋思早，临水晚凉多。'《中秋月》云：'天上初圆夜，人间欲别时。'《积雨》云：'鸣叶少完树，打窗凄一灯。'《对月》云：'何处高楼人尽

[①] 徐雁平：《清代世家与文学传承》，生活·读书·新知三联书店2012年版，第52—53页。

望,谁家遥夜酒初醒。'《闻笛》云:'江乡莫便愁肠断,更有天涯独倚楼。'大抵浣青诗,怆怀今昔,托兴风华。读书既富,命意尤超。读书富,故言皆有物;命意超,故句必惊人。毗陵闺秀,不得不推为独冠一时也。"①常州才女,推钱孟钿独冠一时。

四、钱孟钿对家学渊源的继承与传承

钱孟钿自然是有家学渊源,受到家族和状元父亲的影响。钱维城也参与钱孟钿等人的诗会以及创作。王蕴章《然脂余韵》卷四记载:"武进钱文敏以诗画名,女浣青,得其口授。京师休沐之所,曰'绿云书院',昔海宁陈文简居此。王横云尚书所署,其东有簃焉,曰古青簃,文敏拜御赐之诗而名之也。庄虚庵为文敏甥,管韬山尊人与文敏有连,皆尝馆邸弟。文敏弟竹初,偕犹子味菽数省视文敏。文敏为浣青相攸,得永济崔曼亭,虚庵之姑子也。既就婚,文敏留不遣去,此五人者相得甚欢,或斗险韵策旧事为笑乐。庭有老桑,近百余年物,绿阴蔚蔚一亩,视其景移屋角,则文敏退朝,竟就质疑,及举所得请甲乙,以为常。曼亭,名龙见,侨寓阳湖。浣青,名孟钿,唱随风雅。洪稚存序浣青诗,所谓以峰青江上之篇,配枫落吴江之咏也。竹初序其集,亦推奖备至,有云:'不图今日之大家,乃有我家之小阮,恨非男子,未能称汝麒麟,便号夫人,亦足佳吾子弟。'浣青随官楚北,与方芷斋夫人齐名一时。三子幼而能诗。竹初题词有'郎种甘棠儿视草,修来福命胜梅花'之句,为世艳美。浣青《月华清·中秋词》云:'碧海流辉,琼楼倒影,珠帘一片初卷,河汉迢遥。冷浸广寒宫殿。瑶天迥、云静无声,金镜满、月明谁看。闲盼。想南楼旧事,风光何

---

① (清)王蕴章:《然脂余韵》卷四,民国本。

限。回首天涯梦断,正塞雁行归,玉箫声远。病怯秋风,霜信早催纨扇,问昔日、几曲阑干,可还记、倚阑人面。缱绻。只天边娥月,多情常伴。'盖回首前尘,不无今昔之感矣。"①

《雪桥诗话》卷五还补充《然脂余韵》卷四的记载:"曼亭官富平时,虚庵为序其《鸣秋合籁》,与斯集者,竹初、韫山、味菽,复有浣青从母之子杨与岑及曼亭子云客,时文敏已捐馆舍矣。虚庵诗如《送蒋健之出塞》句云:'辽海文章师李贺,帝城书札累陈汤。'格调亦极超越。韫山侍御,以乾隆丙午大直枢垣。丁未春,大宗伯某掎摭渔洋、竹垞、他山三家诗,及吴园次长短句内语疵,奏请毁禁。事下机庭,韫山请惟将《曝书亭集·寿李清》七言古诗一首事在禁前,照例抽毁,其渔洋秋柳七律,及他山宫中草绝句,园次词语意,均无违碍,当路韪其议,奏上,报可。有诗纪事。《姚姬川赠钱鲁思诗》:'却忆平生知子时,侍郎举族住京师。安昌弟子闻张乐,谢传家庭多咏诗。樽前冠盖俄逾贵,室内孤嫠今莫支。'盛衰之际,亦足感也。"②

钱孟钿常与叔父钱维乔一起应和诗文,钱维乔对钱孟钿评价颇高。钱维乔乃钱维城之弟,但却比兄长小了二十岁,应该与钱孟钿年龄相仿。按上文袁枚的记载,几个年轻人相互间唱和并由钱维城品评是可能的,此也是一文坛佳话。钱维乔作有《侄女孟钿纫秋诗草序》,称侄女钱孟钿乃"今日之大家","乃吾家之小阮""早岁诵诗爱清风之句,频年织素翻锦字之文"。"实见恨非男子,未能称汝麒麟","定知君才无两"。③钱维乔《鸣秋合籁小序》载,"乙未之秋,同人萃频阳官廨",聚会来者七人,即"管子世铭,崔郎龙见,杨子庚,予,及兄子锴,女侄孟钿、即归崔郎者,其一崔郎子景仪,为

---

① (清)王蕴章:《然脂余韵》卷四,民国本。
② (民国)杨钟羲撰集:《雪桥诗话》卷五,民国求恕斋丛书本。
③ (清)钱维乔:《竹初诗文钞》文钞卷一序记,清嘉庆刻本。

最幼云"。① 可见参与诗会者七人，包括钱孟钿、崔龙见夫妇及儿子崔景仪，还有管世铭、杨子庚、钱错、钱维乔本人。七人之间皆属家族成员，有亲戚关系。钱维乔《致袁简斋》中说："舍侄女孟钿，字浣青，一字筱如，为先文敏兄爱女。比来失所怙恃，与仆尤相依为命。性慧，颇工诗词，最熟史事。仆与之闲窗煮茗，举某人某事某语在某某传，互相赌胜，仆辄不及。尝读足下大刻，倾心企慕。仆又与之言，足下治绩如汉吏，清谈如晋人，品望风度如鲁灵光，弥欲一见颜色。足下为其父执，倘收之女弟子之列，当不辱人。兹取其旧稿一册送上，知足下必能畀以片言，俾丛兰细草，一旦得发馨于光风也。渠先从足下乞诗文集全部，便中千万寄与。舍侄女从夫崔郎通守杭州，足下旦暮为故乡之行，仆先容为捧羔雁以肃见，当得数日快谭耳。"② 袁枚在苏杭多女弟子，有几十人之多，而钱维乔还专门向袁枚写信郑重推荐钱孟钿，让袁枚把钱孟钿收于门下。钱维乔也与侄女多诗词唱和。《越中七夕和侄女孟钿韵》："岁岁银河驾鹊迟，客游空复到星期。清宵谁遣陈瓜果，愁向天边数别离。"③《孟钿以瓶桂见贻手书谢之》："小山梦断客心幽，折尽西轩冷露浮。惭愧前身是金粟，也教管领一窗秋。"④《然脂余韵》卷四记载有钱孟钿《和竹初叔父寄怀》云："东山丝竹黯生尘，回首吾家最怆神。归燕巢空翻似客，啼乌枝冷只余身。情如疏柳春难挽，愁共寒潮夜亦频。陌上看来花溅泪，者番怕见物华新。"⑤ 诗文之间颇能见证叔侄之间的亲情与文才。

钱孟钿不但自身独冠一时，她还上承钱家，下启崔氏家族，人文昌盛绵

---

① （清）钱维乔：《竹初诗文钞》文钞卷一序记，清嘉庆刻本。
② （清）钱维乔：《竹初诗文钞》文钞卷三书启，清嘉庆刻本。
③ （清）钱维乔：《竹初诗文钞》诗钞卷三，清嘉庆刻本。
④ （清）钱维乔：《竹初诗文钞》诗钞卷三，清嘉庆刻本。
⑤ （清）王蕴章：《然脂余韵》卷四，民国本。

延，自然是又有一方新天地、新气象。

常州钱氏世家在钱孟钿之后，此一钱氏家族似乎声势不再，没有了更加优秀的人物出现。但是，整个常州地区的钱氏家族仍然保持了非常兴盛的局面，直至当代的"三钱"——钱学森（1911—2009）、钱伟长（1912—2010）、钱三强（1913—1992）都是江南人，同为吴越钱镠之后。还有国学大师、历史学家钱穆（1895—1990）同样是出自钱镠之后。此钱氏家族的兴盛与繁衍，正是中华文化的兴盛与绵延的体现。

从最开始的方殿元是第一代，方洁第二代，金祖静第三代，到金安、钱维城、钱维乔是第四代，到钱孟钿是第五代。地域上，从苏州转到常州，从中不难看出，钱氏世家的声势似乎更胜，层次似乎更高，钱维城、钱孟钿父女可以说比较具有代表性。另外，此时也是乾隆、嘉庆时期，是清代中期政治经济文化最为稳定发展时期，常州钱氏文化世家的突出表现应该也是整个时代文化状态的一种反映。钱孟钿是一代著名才女，而上文论述的王韫徽，差不多也是与钱孟钿同时代的具有卓越表现的一代才女。但也毕竟范围有限，在有限的视野篇幅内，接连出现这样的一批著名才女，也很好地论证了此一时期江南文化的整体兴盛局面，众多文化家族与才子才女们在一种大格局大场景的彼此关联中越发多姿多彩。

第七章

常州崔氏世家

钱孟钿丈夫崔龙见,字曼亭,又字幔亭,山西永济人,乾隆二十六年（1761）进士,曾官陕西南郑知县、富平知县、杭州府水利通判、荆州知府、荆宜施道等。崔龙见本永济右族,移居常州,故与常州武进大族钱家通婚,娶钱孟钿为妻。很可能崔龙见辞官以后还居住于常州。崔龙见与钱孟钿夫唱妇随,声名在外,是比较少见的才子才女夫妻。二人所在的时代,正是清朝中期的最高峰,也是文化传承孕育的最兴盛阶段,似乎在钱孟钿、崔龙见之后,清代逐步进入下坡路,向晚清以及近现代转移。崔氏家族儿孙众多,有才学,在仕途以及文学艺术上都有不俗的表现,还产生了女诗人庄素盘（1765—1787）。庄素盘乃崔龙见、钱孟钿第二子崔景儼之妻。

第一节　崔龙见

　　《（光绪）永济县志》卷八:"崔龙见,字翘英。乾隆庚辰（1760）辛巳（1761）联捷进士,选授陕西南郑县知县。庚寅（1770）充陕西乡试同考官。累升乾州知州、四川顺庆府知府、湖北荆州府知府、荆宜施道。"①

---

① （清）李荣和等修,张元懋纂:《（光绪）永济县志》卷八,清光绪十二年刻本。

一、崔龙见的生平与官宦道路

崔龙见,乾隆三十六年(1771)代理担任三原知县,《(乾隆)西安府志》卷二十六职官志:"崔龙见,山西永济人,辛巳(1761)进士,乾隆三十六年(1771)署任。"①乾隆三十八年(1773),任富平知县。《(乾隆)西安府志》卷二十六职官志中记载,张云龙,乾隆三十五年署任富平知县,苏燕,乾隆三十六年任。崔龙见,乾隆三十八年任。庄炘,乾隆四十一年任。吴六鳌,乾隆四十二年任。②这清晰地说明崔龙见任富平知县的时间是在乾隆三十八年(1773)至乾隆四十一年(1776)之间。崔龙见在任期间,修整县署、南湖书院。据《陕甘资政录》,南湖书院在东屏堡西门外里许,乾隆三年(1738)知县乔履信建。乾隆三十九年(1774),知县崔龙见修。对于南湖书院,清樊增祥《(光绪)富平县志稿》卷二有载:乾隆三年(1738),知县乔履信始于县城东南里许,善良原麓丰泉之澳建南湖书院,地基广四亩七分,前余地一亩六分,共为堂斋十八楹。③

崔龙见担任过乾州知州。王昶《春融堂集》卷五十二有钱维城《神道碑》,"中书女孟钿适陕西乾州知州崔龙见,是岁(1772)十一月葬公于怀南乡白荡之新阡。昶以甲戌(1754)会试出公门下"。

崔龙见担任过顺庆府知府,这是在任职杭州之前。《两浙辅轩录》卷二十五记载,叶佩荪诗《送崔别驾龙见之任杭州(崔由顺庆太守谪授)》:"作郡何如佐郡恬,单车好背朔风严。有官暂屈岑公孝,此地曾经苏子瞻。贫剩湖山堪自足,闲容吏隐得相兼。重烦问讯春堤柳,待我归来拂

---

① (清)舒其绅修,严长明纂:《(乾隆)西安府志》卷二十六职官志,清乾隆刊本。
② 参见(清)舒其绅修,严长明纂《(乾隆)西安府志》卷二十六职官志,清乾隆刊本。
③ 参见(清)樊增祥修,谭麟纂《(光绪)富平县志稿》卷二,清光绪十七年刊本。

帽檐。"①叶佩荪，字丹颖，号辛麓，归安人。乾隆甲戌（1754）进士，曾任湖南布政使，著《传经堂诗文集》十二卷。

乾隆四十八年（1783），任杭州水利通判。《（民国）杭州府志》卷一百一："杭州初设水利管粮通判二员，后并为一。雍正十二年，增设海防通判。乾隆十九年，改移南塘，隶绍兴府。……费扬武，正黄旗人，三十五年任。侯于蓟，营山人，进士，三十七年任。唐广福，汉军镶白旗人，三十八年任。崔龙见，永济人，进士，四十八年任。黄天益，嵩县人，进士，五十三年任。"②任职五年。戴璐《吴兴诗话》卷十六："崔漫亭观察龙见，辛巳（1761）进士。少随外舅钱文敏公视学浙中，其《和苏法华山诗》落句：'旧游枨触立苍茫，卅年惭负题诗债。'盖随侍轺车未暇游赏也。及癸卯（1783），通守杭州，因公至湖。《次竹垞先生韵二首》云：'已醉乌程酿，初游碧浪湖。落梅风渚淡，斜日岘山孤。烟艇春归早，洼尊兴到无。惊心思旧赋，倍欲老莼菰（碧浪湖）。''选胜菰城北，言寻白雀岩。忘机共鸥鹭，问道入松杉。天与湖光动，山将树色衔。吾生倦行役，孤往任云帆（白雀寺）。'甲辰（1784）岁，福建徐两松大中丞（嗣曾）来西湖行在所，时郑观察守杭州，与二公相遇，揖之曰：'今同时并见两东坡矣。'相与轩渠（崔徐皆予同年友）。"③

崔龙见还担任过荆州知府，在乾隆六十年（1795）前后。《（道光）贵阳府志》卷六十八载：乾隆六十年（1795），洪亮吉五十岁，十二月抵辰州，晤湖广总督毕沅（1730—1797）、湖南巡抚姜晟（1730—1810）。十九日，抵荆州，姻家崔龙见太守，以公事出，晤钱孟钿。其后，见钱伯坰（1738—

---

① （清）阮元辑：《两浙𫐐轩录》卷二十五，清嘉庆刻本。
② （清）龚嘉俊修，李榕纂：《（民国）杭州府志》，民国十一年铅印本。
③ （清）戴璐辑：《吴兴诗话》卷十六，民国吴兴丛书本。

1812）。①这里文字不多，内涵丰富。首先洪亮吉到了湖南，见到了湖广总督毕沅、湖南巡抚姜晟，这两位是地方上的最高级别的官员。毕沅不但是官职高，在文史方面也是大家能手，著作有《续资治通鉴》，又有《传经表》《经典辨正》《灵岩山人诗文集》等。毕沅任陕西巡抚时，曾招洪亮吉入幕。姜晟历官刑部主事，江西按察使，湖南巡抚、总督，直隶总督，刑部尚书，工部尚书。洪亮吉与苏州金家、常州钱家有密切的关系，同为科场、官场中人。有才学的人，往来交谊实属正常。洪亮吉称崔龙见为姻亲，不知具体情形如何，但是也是非常合理的，世家联姻形成网状社会结构本就正常。这次湖南之行，洪亮吉抵荆州，见担任知府的崔龙见，以公事出，所以只会晤到了钱孟钿，从中可知钱孟钿就在荆州。

崔龙见之子是崔景俨，洪亮吉《卷施阁集》有《三月二十六日同人至崇效寺看花作》《送崔二景俨南归读书并就婚》《寄丁二履端二首并柬崔二景俨》《客岁在请室中崔大令景俨频入问讯就道时又送我独远今岁余奉恩命释回大令适官兰州先飞札道中急待把晤因率占一律以寄》等诗作提及崔景俨，可见二人关系密切。洪亮吉《酬崔太守龙见时摄处州守》："万里归来摄一州，桃花岭畔使人愁。松杉密处稀耕陇，麋鹿闲时满郡楼。到海怪风闻尚懔，爱山狂客记曾游（丙申秋从王学使至此）。官清何事忙偏甚，几许新诗落案头。"②此次洪亮吉应该是从贵州学政任上回京路过荆州。洪亮吉是常州人，与同在常州的钱氏家族、崔氏家族多有交往，是顺理成章的。

荆州知府后，崔龙见还担任过荆宜施道，参与平定教乱。《（光绪）永济县志》卷八："崔龙见，字翘英。乾隆庚辰（1760）辛巳（1761）联捷进士，选授陕西南郑县知县。庚寅（1770）充陕西乡试同考官。累升乾州知

---

① 参见（清）周作楫等修，萧琯等纂《（道光）贵阳府志》卷六十八，清咸丰刻本。
② （清）洪亮吉：《卷施阁集》诗卷八，清光绪三年洪氏授经堂刻洪北江全集增修本。

州、四川顺庆府知府、湖北荆州府知府、荆宜施道。龙见莅道任,时教匪不靖。嘉庆改元(1796)正月,当阳城陷,距荆州百四十里,民情震恐。龙见与江陵令魏耀计曰,当阳城陷,贼不走宜都,则逼荆州,二处皆阨要,关系楚蜀全局。若贼散,大兵即来,亦难剿捕,宜都防守,我当任之。君可往当阳遥堵,领丁役二百名,沿途号召民勇多携火具,期次晚即至慈化寺,彼不知虚实,必匿。城内丁役但驻河干,待官兵至,无庸更前也。次日乙夜,将及慈化,贼果大队来,隔河望见,不敢进。据城坚守七日,后官兵云集,贼被围,悉就擒戮,荆州由是得安,官民皆颂其德。卒以疾致仕。"① 上文已知钱孟钿在丈夫不在官署的情况下,临危不惧,处置叛乱事宜得当,"川东啯匪为乱,龙见帅师出御,贼自间道来袭,吏民惊扰。钱诇贼自府西至,遣人掣渡舟泊东岸。贼至,不得渡,遂引去。及为湖北荆宜施道,值白莲教匪为乱,龙见出督饷,钱居危城中,烽火四逼,以龙见指发书,戒所属州县,令收附郭积聚,谨守备,毋与贼浪战。贼侦有备,亦引去"。夫妻二人在抵御叛乱中均发挥重要作用。

鄂辉《平苗纪略》、庆桂《剿平三省邪匪方略》两书中多次提及崔龙见。如鄂辉《平苗纪略》卷十四记载,平叛中因湖北各属及河南协济军火多由荆州转运湖南,而武昌、襄阳二府均有水路可至荆州、达常德等处,若用船只载运,较之陆路雇夫颇有节省,唯因春水未涨,水路不通,故有大臣向皇帝建议,饬令各站员多备人夫走陆路,以免延误军机,一面督同荆州府崔龙见等捐廉雇夫将虎渡口等处淤沙挑挖深通。当然还有其他军政事要。《剿平三省邪匪方略》正编卷二载:汪新奏言相关事务,防守各处要地,"荆州府知府崔龙见已亲历招谕,各集乡勇四五百人及二三百人,一律防御,亦俱具

---

① (清)李荣和等修,张元懋等纂:《(光绪)永济县志》卷八,清光绪十二年刻本。

报"①。《剿平三省邪匪方略》正编卷五载:"汪新又奏言,据荆州府知府崔龙见面禀,风闻潜江监利二县交界之熊口地方有教首汪学周、张在阳等图谋不轨。"《剿平三省邪匪方略》正编卷十三载:"饬荆州府知府崔龙见及附近州县并水陆要隘各委员一体昼夜防范,以防窜。"《剿平三省邪匪方略》正编卷十四载:"饬荆州府崔龙见在河溶一带堵截,并严饬荆门远安东湖各路要隘关津卡座委员督率兵勇昼夜截捕勿使一名漏网。"卷五十三载:"委荆宜施道崔龙见会同提督文图游击俞国智佐领喜格分段督防。"正编卷一百五十载:"据荆宜施道崔龙见禀报,荆州将军弘丰现在派带满兵前赴襄阳等处堵剿。"正编卷二百五十五载:"荆宜施道所属即以该管道崔龙见专司经理。"正编卷二百九十九载:"饬荆宜施道崔龙见宜昌府金之忠就近董率各州县探听大兵所过设法供运饷银。"正编卷三百二十六载:"此次捐输各员除吴熊光前已恩赏议叙外,全保孙玉庭、成宁海昌恒庆张道源王正常崔龙见着交部分别议叙。"

二、崔龙见的交谊

在荆州时,崔龙见一家与洪亮吉有交往,此外还有张问陶、宋翔凤。张问陶《船山诗草》卷八有诗《沙市舟中寄荆州崔竹楼公子(名景俦)》:"卧枣山房上树时,醉中狂态故人知。只愁燕市分襟早,莫叹荆州会面迟。爱我须倾千日酒,吓君新积一囊诗。倘能骑马来相访,好认江头篆字旗。"《赠崔荆州(名龙见,字漫亭)》:"才作凌云载酒游,又从南楚识荆州。杯中且送长江月,诗外谁争万户侯。落落交情知几世,茫茫春水叹孤舟。人

---

① (清)庆桂等撰:《剿平三省邪匪方略》正编卷二,清嘉庆武英殿刻本。

问离聚真无定，笑指征车为少留。"① 这两首诗一是给崔龙见，一是给崔龙见子崔景俌。从"落落交情知几世"可推断张问陶与崔家交情深厚。张问陶是清代杰出诗人、诗论家、著名书画家。上文可知，金祖静外甥杨梦符之子杨绍恭与张问陶有交往，张问陶有诗《题杨子靖绍恭山阴雪棹图（子靖，山阴人，今居常州）》。

宋翔凤（1779—1860），字虞庭，一字于庭，江苏长洲（今苏州）人。其母是庄述祖之妹，他常随母至常州，得闻庄氏今文经学。庄述祖说他的两个外甥"刘甥可师，宋甥可友"。嘉庆五年（1800）中举人，选为泰州学正，历官湖南新宁（今资兴）、耒阳等县知县。咸丰九年（1859）以名儒重宴鹿鸣，加衔为知府。宋翔凤《忆山堂诗录》卷三有诗《武昌呈崔曼亭观察（龙见）》："江湖文字有因缘，黄鹄山前系客船。谢傅心期在泉石，刘纲夫妇本神仙（夫人钱氏有诗名，著《浣青集》）。波涛云梦诗千首，荣戟风霜政十年（时已乞病未归）。情话武昌城下月，朝来别思满寒天。"② 这里也提及钱孟钿，同时我们从诗意中可知崔龙见在担任荆宜施道后不久，就因病辞归。也可能是受其子崔景俌提升知县，"御史宋澍参奏，湖北荆宜施道崔龙见之子就职州判崔景俌，经总督毕沅保奏交部议叙，巡抚汪新复将崔景俨咨部请以知县升用，办理朦混"，受到皇帝严责。

前文提及赵怀玉作钱孟钿《崔恭人钱氏权厝志》，赵怀玉也是江苏武进人，自然与钱家相熟。赵怀玉《亦有生斋集》有诗《题同年崔太守景仪册亨从军图》《题崔观察龙见蒲团小影》《次韵酬崔观察丈龙见见赠之作》。可见赵怀玉与崔龙见十分熟悉，赵怀玉与崔龙见之子景仪年龄相仿。此前不知崔龙见生卒年，赵怀玉《亦有生斋集》文卷十九有《诰授中宪大夫分巡湖北荆

---

① （清）张问陶：《船山诗草》卷八，清嘉庆二十年刻道光二十九年增修本。
② （清）宋翔凤：《忆山堂诗录》卷三，清嘉庆二十三年刻道光五年增修本。

宜施道崔府君墓志铭》，可谓是对崔龙见生平事迹最为详细可靠的记载。

《诰授中宪大夫分巡湖北荆宜施道崔府君墓志铭》曰："荆宜施道崔府君殁之明年，第三子景侃请识其墓。先是君配钱恭人权厝，长君景仪葬文，皆怀玉制，乞别属能者。既而，第二子景俨自蜀归，复申前请，乃不获辞。君讳龙见，字翘英，号曼亭，本籍山西永济。曾祖绳武，江苏如皋县知县，祖正观，累封中宪大夫，考琳，河南南汝光参议道参议。君侨居常州，卒葬武进。时惟君随南下，遂家焉。君生五岁，能为俪语，作擘窠字。乾隆庚辰（1760），年二十，中顺天举人。明年，成进士。初选广西武缘，引见调陕西南郑。庚寅（1770）充同考官，得解元王林等。南郑有汉江坝，民以争水讼，君适感疾未即赴勘，群集数百人，乞本道委勘，胥役以越控不纳，民夺门入，击堂鼓碎之。道闭内廨，使人逾垣，以民变告君。力疾驰往，收其诉词，叱令散去。次日，赴勘立界，杖夺门击鼓者，械以示众，民不敢哗。辛卯（1771）充武乡试同考官，摄三原县事，革陋规，自买骡马供支应，尤喜甄拔士类。旋摄兴安，州地辽阔，视听有所不及。君谓宜添设长吏。未几，兴安升府，增置首县，其议自君发也。历摄宝鸡、长安，调补富平。时金川未宁，征调颇急。富平多协济车马，司其事者，预致乡民大户为需索计，君俟抵站期近，始行调集，点毕即行，民户称便。院司胥吏半富平人，每以赋役飞洒。君按籍摊办，无能售其欺。迁乾州直隶州知州，摄凤翔知府，真授四川顺庆知府。以失察大竹县民为匪，降调选杭州通判。迁同知，又迁湖北荆州知府。督部毕君沅宽于察吏，而未能节用。君上诗云：'为宽民力先崇俭，但儆官邪自返淳。'以寓规讽，督部亦深然之。权荆宜施道时，教匪不靖，君所至捕获，雪其牵连疑似者。嘉庆改元正月，当阳城陷，距荆州百四十里，民情震恐。君与江陵令魏耀计曰：'当阳城陷，贼不走宜都，则逼荆州，二处皆扼要，关楚蜀全势。若贼散，大兵即来，亦难剿捕。宜都防守，我当任之；君可往当阳遥堵，领丁役二百名，沿途号召民勇各执械、多携火具,期次晚集慈化寺。彼不知虚实,必匿城内。丁役但驻河干,待官兵至,毋庸更前也。'次日乙夜,将及慈化。贼果大队来,隔河望见,不敢进。入城坚守七日后,官兵云集,贼被围,悉就擒戮,荆州由是得安。当毕督部剿当阳,中路白龙湾,有白莲教二十三人谋集大众,夜袭围兵。君侦得实,亟告汪抚部新,委窑圻司巡检王文麟署龙湾巡检,请巡抚檄二,一饬文麟察复,一饬其地绅民随同行事,选干役羿正朝周名雇壮丁二百名,距荆百八十里,以为声援。文麟往,即同绅民全获二十三人。畀羿周二役,解荆鞫实,戮首犯三人,余二十人禁候。奏报,有旨分别诛遣。于是,总督所统之兵,赖以无失,巡抚得赐花翎,君以道员即用,文麟亦擢知县。是役也,不涉张皇,竟策全胜,君实为之功首焉。宜都教匪聂人杰等构逆,君闻驰往擒奸民,为内应者,置之法。乡民数千人叩关求入,守者疑而拒之。君察其无他,遽命启纳,全活无算。大府命毁城内附垣民居,筑台置炮,君力争,择其必毁者则给以缗钱,令徙。荆有沙市屡扰于贼,君议筑城卫之。旋补荆宜施道,转运督战,备尝其劳。力陈防边之弊于姜督部晟,以为多设卡座,屯守荒山,縻饷养骄徒,置兵勇于无用,未纳。后任卒踵此议,入告得邀报可,而君已去官矣。壬戌(1802)在巴东军营,引疾调理。长子景仪旋任广西平乐知府,迎养署中。会钱恭人卒,遂回常州。己巳(1809)就养广东高州,景仪迁河南南汝光道,为参议,旧治君所生之地也。题'游钓重来'四字,志悲喜焉。乙亥(1815)九月,景仪卒官,君乃复还常州,时年七十五矣。君归之岁,怀玉亦以末疾自关中旋里。君再过访,并赠以诗。尝从敝箧假《首楞严》读之,自后不恒见。里中举五老会,君次居二,余厕其末焉。然每有宴集,率不能与,惟君为主人,得一见,已形衰惫矣。君性恬淡,老而益恭,与人言,若不能出诸口,及历戎行,毅然弗避艰险,非素裕猷略,能之哉?怀玉与景仪庚子同岁,辱交在纪群间,故奉教日久。综君生平,略无遗憾,独悲夫两世三志之悉出于余之手也。君生乾隆六年(1741)八月初八日,卒嘉庆二十二年(1817)十一月十四日,春秋七十有七。配钱氏,封恭人,刑部侍郎赠尚书维城女。子六人,景仪由翰林院侍读学士,改知府,历官河南南汝光道,并先君卒。景俨,四川金堂县知县。景侃,候选布政司经历。景偁,国子监生,为从父后先君卒。景僖,候选训导。景群。女二人,婿曰户部员外吕子班、曰钱瀚斯。孙七人,曾震,候选知县。曾益、曾泰并国子监生。曾晋、曾鼎,并永济县学生。曾颐、曾恒。孙女十二人。曾孙三人。以嘉庆二十四年(1819)正月壬子,与钱恭人合葬于武进县德泽乡五魁桥之原。"① 由此可知崔龙见的宦途以及才干,还有崔家的家庭情状。也知道,崔龙见生于1741年,卒于1817年,享年77岁。

三、崔龙见的文坛地位

崔龙见诗名可能不及其妻钱孟钿,但也是一位有影响的诗人。张埙《竹叶庵文集》卷三中说"三原令崔君漫亭龙见,及其室钱浣青孟钿夫人,并工诗词"。舒位《乾嘉诗坛点将录》中称崔龙见为诗坛中箭虎,对崔龙见的诗作成绩可资借鉴。"中箭虎,宗芥帆圣垣,会稽人,乾隆甲午(1774)亚元,有《九曲山房诗钞》。一作崔幔亭龙见,永济人。乾隆二十六年(1761)进士,官荆宜施道。"②

崔龙见诗作,王昶《湖海诗传》卷二十五收录两首,"崔龙见,字幔亭,永济人,乾隆二十六年(1761)进士,官荆宜施道。《癸卯冬暮杭州无轩司训属和芝山甥题湘管斋图元韵》:'廿年作吏无老屋,官退恰如鲇上竹。竭来从事古余杭,雪霁湖山积寒玉。太丘把臂恨较晚,眉宇轩然照人绿。休嗟

---

① (清)赵怀玉:《亦有生斋集》文卷十九墓志铭,清道光元年刻本。
② (清)舒位:《乾嘉诗坛点将录》,清宣统三年刻本。

冷蓿滞春盘，会见幽兰出香谷。问君高斋何所有，万个琅玕悦心目。好事藏汉代碑（君藏汉碑多善本），集古矗著欧阳录（近刻有《寓赏编》）。为言爱画通神解，吾甥弄翰差免俗（芝山三为之图）。卷中题识尽英贤，绝艺同工非异曲。庭有悬鱼今哲匠（君为太守郑枫人先生门下士延置宾馆），肯令坐客食无肉。待寻湘管谐素心（朱笠亭大令为作素心阁图），胜览他时传祝穆.'"《春雨次赵味辛舍人韵》："好雨及芳时，疏梅半着枝。云低沾袂重，苔浅上阶迟。烟柳张思曼，风花江总持。阳和霄汉意，留待舍人诗。"①王昶是与崔龙见相识的。王昶《春融堂集》卷十八记载："被旨授直隶按察使，刻日北行。崔幔亭（龙见）、同书局杨西和（伦）、马依墀（纬云）、赵晋斋（魏）、张芑堂（燕昌）、项金门（墉）、汪书年、家敦初、朱映湑（文藻）、李书田（赓芸）饯行，是夜大雨赋此留别。"②

崔龙见有词一首，即《百字令（牡丹）》："名花倾国，问沉香遗事，风流旷代。消歇芳华春过半，犹见霓裳月佩。鹿韭微黄，鼠姑浅碧，艳说东风醉。怨春不语，画阑空扫眉黛。凝望京洛征尘，钿车流水。芗泽盈衣袂。颒首花王曾品第，赢得闲愁坐对。漠漠晴丝，盈盈弱絮，烟柳无情最。几家蜀锦，晚香飞上鞓带。"③词中景境也有一番柔软风情。崔龙见的诗集可能是《万回诗草》，赵怀玉《亦有生斋集》卷九有诗《题崔别驾（龙见）万回诗草》："风帆得便锦江开，珍重诗人又姓崔。万里蚕丛身再到，一官鸡肋味初回。如君真具门庭乐，举世空争令仆才。已有新诗壮归橐，湖山胜处且衔杯。"④故此可知，崔龙见也有诗名。

崔龙见诗文多散佚，留存不多，但也颇有俊才，才思藻拔，不亚前贤，

---

① （清）王昶辑：《湖海诗传》卷二十五，清嘉庆刻本。
② （清）王昶：《春融堂集》卷十八，清嘉庆十二年塾南书舍刻本。
③ （清）丁绍仪辑：《国朝词综补》卷十四，清光绪刻前五十八卷本。
④ （清）赵怀玉：《亦有生斋集》诗卷九，清道光元年刻本。

性喜读书，浏览不倦，然公务繁忙，少有余暇，也有吟咏。崔龙见与钱孟钿诗文应和，乃才子佳人，文坛佳话。崔龙见诗文可能由钱孟钿叔父钱维乔收集整理了一部分，名《莅坪诗草》。按钱维乔之记载，此诗集所收诗可能是崔龙见在频阳、长安等地时，钱孟钿、钱维乔、崔龙见三人唱和之作。钱维乔《莅坪诗草序》记载："崔郎曼亭者，予侄婿也。就甥馆，后五年从都门归，始相偕于武林锁院，登临蜡屐，出入吟眺，往往同之。越三年，退处里中，亦然。又四年，曼亭谒选，得南郑令，携家远去四千里，踪迹遂相隔。又六年，予南宫报罢，视曼亭夫妇于频阳，见而剪烛话旧，惝恍如梦寐。时予已三黜，颇假诗酒自豪。侄女孟钿，亦好吟咏，每内集分题，必至午夜。惟曼亭或以公事留长安，不得与，或并坐，甫握笔而案牍沓至，中败其兴，诗恒后成，乃叹仕而后学，诚古人所难也。曼亭有俊才，弱冠登第，以未获致身石渠天禄，颇自悒怏。及官秦中，所至屡有政声。孟钿虽女子，能读书知大义，谈说史事，历历若指掌。放衙之余，举案啜茗，相与上下古今，旁及风雅，如嘉宾。然人生至乐，奚过是矣。孟钿有诗数卷，予既为掇拾成编，因及曼亭作，则以一行作吏，恐不得与于此事为辞。予谓不然，昔高达夫五十始为诗，卒膺节旄，名位大显，为一代作者。今曼亭年才三十五，才思藻拔，不亚前贤，性复耽嗜简策，浏览不倦，如是以往，安在龚黄卓鲁中无文苑嚆矢哉。所恨予以谋食走四方，骨肉聚散，动便间岁不能偕贤夫妇久相琢磨，以各底于成也。爰为删次如干首，聊识数语而归之。"① 此集中的作品乃在频阳等地唱和之作，上文在钱孟钿一节也记载了管世铭等七人在频阳官舍聚会作诗的风雅流韵，正好可以印证。《梧门诗话》卷十二中记载："曼亭官秦中，分校入闱。浣青赠以诗云：'当日霓裳宴曲池，亭亭三五少年时。

---

① （清）钱维乔：《竹初诗文钞》文钞卷一序记，清嘉庆刻本。

而今冷落闲脂粉,也向西风学画眉。'曼亭弱冠成进士,故云。"① 这是崔龙见、钱孟钿诗词唱和之一例。《粟香五笔》卷六记载有钱孟钿诗《舟行寄曼亭》,诗云:"且自加餐饭,无劳忆远人。儿曹能接武,宦况等浮尘。称意归林鸟,忘忧脱网鳞。何须问三径,风月即嘉宾。"② 诗意中有夫妻间鸾凤和鸣之音声。

第二节 崔氏子嗣

崔龙见、钱孟钿有六子、二女,即崔景仪、崔景俨、崔景侃、崔景俌、崔景僖、崔景群。女二人,婿曰户部员外吕子班、曰钱瀚斯。

一、崔景仪

崔景仪(1760—1815),进士,官至编修、思恩知府、南汝光道道员、署理河南按察使。

---

① (清)法式善:《梧门诗话》卷十五,稿本。
② (清)金武祥:《粟香五笔》卷六,清光绪刻本。

(一)崔景仪生平事迹

崔景仪由编修担任思恩知府。《荣性堂集》卷十五有《思恩府宿太守署》诗:"丑怪老榕百股摎,森梢野竹万夫修。不逢太守崔河北(太守崔景仪,永济人,由翰林出守),长揖参军陈太丘(经历陈若兰,安徽人)。俄顷焚香清似水,低迷听雨飒如秋。驮蒙一夜江应涨,并入牂牁浩不收。"①此诗小注明白无误地说明崔景仪任职思恩知府。《清续文献通考》卷二百六十六经籍考十:"陆继辂曰,余友崔景仪,尝为余言崔钧事,盖狪苗之乱,景仪方官思恩知府,故能详也。"②由上记载可知崔景仪以翰林出任思恩府知府。

崔景仪还担任过南汝光道道员。崔景仪女婿沈宝麟撰《南汝光水利志》十卷。沈宝麟,字孔珍,号绂斋,浙江嘉兴人。嘉庆戊午(1798)举人,汤溪县教谕。沈宝麟曾经主讲泰州书院,提倡研经穷理之学,邑人德之。《南汝光水利志》成于其岳父崔景仪分巡南汝光道时。沈宝麟自少年之时,即究心郡国利弊,以期有济于世。③据《平定教匪纪略》卷十二:"拨司库银二十二万六千两,同军火等项运送河北,现又派臬司诸以谦驰往卫辉,将军需事宜核定章程,兼派道员崔景仪会同赵麟妥为应付,俾供支无缺,亦不致滥应滥销,以归核实所有兵粮一项。"④此记载进一步证实崔景仪确实担任过南汝光道道员,行使过有关职责。

赵怀玉作有《河南分巡南汝光道署河南按察使崔君墓志铭》:"君姓崔

---

① (清)吴俊:《荣性堂集》卷十五,清嘉庆刻本。
② (清)刘锦藻纂:《清续文献通考》卷二百六十六经籍考十,民国景十通本。
③ 参见(清)刘锦藻纂《清续文献通考》卷二百六十六经籍考十,民国景十通本。
④ (清)托津等撰:《平定教匪纪略》卷十二,清嘉庆武英殿刻本。

氏，讳景仪，字云客，号一士。祖讳琳，河南南汝光道布政使参议。父龙见，湖北荆宜施道。母钱恭人。自参议至君三世，皆以进士起家。世居山西永济县，参议始居江南武进，而籍仍永济焉。幼有才识，见器于外祖钱文敏公维城。年二十一，中乾隆庚子（1780）举人，甲辰（1784）成进士，改庶吉士，以清书散馆，授编修。己酉（1789），充广西副考官。辛亥（1791），大考二等，擢赞善，迁中允，进充日讲起居注官。前后以校书献颂，多蒙赏赍。乙卯（1795）充顺天武乡试副考官。嘉庆丙辰（1796）擢翰林院侍讲学士，转侍读学士，以六十年京察用道府，改授广西思恩府知府。时西隆州册亨苗叛，督部觉罗吉庆公檄赴百色，营督饷。叛苗拒洪水江，兵不得进，巡检崔钧献以苗攻苗策于大府，募得故土府奉祀生岑文渊所集猺勇五百人。督部即命君督钧、文渊为前队渡江，君使猺勇伐竹结筏，壅溪上流，畜水放筏，乘夜渡。值大风雨，江中浪山立。君列炬江岸，多张疑军，潜遣崔岑自下流济，出贼后，至所据山下，督猺仙攻夺隘而入，遂破百扣，平八渡苗，焚其栅，追剿三十里。次日，复督钧等搜捕余寇，抚慰穷苗。越日，大帅至，进攻半弝。君适感寒，扶病督战，连破羊街、鸦口、新会塘等寨，遂复册亨城，与云贵总督勒保公会。初，有旨颁发花翎，以俟有功者。总督将为君请，君辞曰：'同官多劳，何敢独邀宠锡。'遂加军功随带一级，纪录二次。思恩辖土州一、土分州一、土县一，课常不及额。君至，土官以旧规献。君斥曰：'汝亏国课，而以私尝我耶。'即以所馈偿所亏，土官感服。终君任，课无亏。思恩人李亚明居阳万八角山，龙川人方让文挈两侄亦往寓焉，强王氏女为妾，贷亚明钱，恐责偿，与侄其杀之，而诬以盗，久不决。君察其妾有怨色，似畏其暴，而不敢言者。乃置让文及侄他所，而谓其妾曰：'若不言，死于官；苟直言，彼将就戮，无能暴若也。'妾吐实，谳遂定。五年（1800），调泗城府。泗城，故苗地。康熙间讨吴逆，土司岑某有功，其裔纳土，时赐田一百垡，世为祀产。岁久，为豪猾侵占，君为厘正归诸祠。署左江兵备道。九年（1804），以边俸满，内调平乐，遭母丧去官。十四年（1809），服阕，补广东高州。有海舶水浸其装，贩民某某售以贱，值汛，兵索赂于民，弗得，以通盗诉弁，弁与令执梏之两踝，几折。其家奔诉君，君白其诬于上官，竟出之。时督部方剿抚粤海，群盗获放鸡洋。盗乌石二余党檄君勘定，有无辜见掠拘留者，即予省释。妇女无归者，置使得所。十五年（1810），兼摄高廉兵备道，海水漂没民居，君捐俸编筏援之，多所存活。又尝摄惠潮嘉道。十七年（1812），摄广州地滨海，商贾辐凑，奸民错出其间，椎埋剽劫无虚日，民侥沃，性又好胜，官每不挠法而致厚赀。且省会繁剧，簿书填委，吏易上下其手。君以正月莅事，讯清远盗曾亚四等五百余人，及顺德县结会匪徒严贵丘等二百余人，以次剖断。摘发遂溪民吴维德乘海盗肆掠谋杀李吴氏，及东莞民王朝栋与方某争禾械斗伤兵匪犯情状，群颂其神。旋奉部推，擢河南南汝光道，督部以君廉明，奏留毕府试。盖广俗，以前列为荣，不惜重金夤缘。君严其防，贫而才者多见甄拔。是冬，抵新任。初，参议居是官，有惠政。君至，率履攸行，父老以为旧德复见。时兵荒之后，道殣相望，君倡捐督赈，民忘其灾。又立义冢，收无主骸骨瘗之，立碑以识。十九年秋，摄河南按察使。明年，复权按察，奉旨查拿南汝光三郡红胡匪徒，巡抚以三郡界连安徽、湖北、陕西，幅员广长，必得大员专司督缉，始无虑此捕彼窜。乃奏君为总巡督捕，檄到，君方病疟，医者谓君积劳，心力已弱，且当盛暑，劝缓行。君奋然曰：'吾承乏是官已三载，虽连年亦有捕获，然不能早靖匪徒，致厪宸虑，方深愧愤，其敢以犬马疾自懈耶。'克日赴汝宁，与同官筹议督捕。甫两旬，获四十余人。俄而，下血不止，众劝少休，弗听。疾益剧，始回信阳。君知不起，告其父曰：儿受两朝厚恩，方冀竭驽驰以报万一，不意一病至此。故里又无一椽一垄以宁起居，重负君亲，九原赍恨而已。以嘉庆二十年（1815）九月十日卒，春秋五十有六，配恭人吴氏，山西布政使龙应孙女、候选县丞祖健女；侧室陈氏、汤氏。子二：曾泰，国子监生；曾鼎，永济县学生，为君弟景偁后。女五，沈宝麟、庄成进、陈萃贞、雷某、吕元瑞，其婿也。孙一，善保。嘉庆二十三年（1818）某月日葬于某乡之原。予与君为庚子同岁，又忝十三年之长，尝以弟视君。君早登科名，旋历侍从，谓可即跻卿贰，及出典外郡，人共惜之。而君不以为屈，弥著贤劳。既迁监司，屡权陈臬，骎骎乎日起，而遽以是止，伤哉。铭曰：'君之初官，清班递迁。洎出典郡，折冲绩宣。卒以尽瘁，下寿未延。修短信细，孰操其权。归于其室，庶几永安。'"①

崔景仪担任南汝光道道员，代理河南按察使，官职较高，也勤于政务。他二十一岁中进士，已经是家门中第三代进士，又是庶吉士，授编修，还充任广西副考官、顺天武乡试副考官、日讲起居注官，前后以校书献颂，多蒙赏赉，文化才能比较突出。在文化上也是有作为的，赵怀玉有《八月十七日与庄三丈招同社泛舟芦墅联句》："三五朋同舟，二八月余彩。晨飔吹泠泠（程景傅命三），秋川去浼浼。扬舲过云渡（庄绳祖蜚英），击汰谢尘海。西郊招提幽（蒋熊昌辛仲），北郭睥睨洒。修条摇天青（洪亮吉稚存），错卉结地彩。蝶紫飘领轻（怀玉亿孙），乌啅落羽雒。低桥舫难通（杨伦西河），野榜席屡改。林日半珙衔（庄选宸皋直），烟峦一桁待。芦郊且往观（崔景仪云客），菱港薄言采，花才背阳开（命三），盘喜活水汇。棱尖乍挺矛（蜚英），裹薄未著铠。竟虚屈到嗜（辛仲），几令鱼宏悔。门阒僧雏延（稚存）。"② 参与者有洪亮吉、崔景仪等人，这是崔景仪参与官员文人们诗文应酬的一次体现。

---

① （清）赵怀玉：《亦有生斋集》文卷十九墓志铭，清道光元年刻本。
② （清）赵怀玉：《亦有生斋集》诗卷九，清道光元年刻本。

（二）崔曾泰、崔曾鼎

崔景仪之子崔曾泰，国子监生，综合《（光绪）信宜县志》《（光绪）广州府志》《（咸丰）顺德县志》《（光绪）永济县志》《（光绪）惠州府志》《（光绪）高州府志》中的职官表，可知他大致是在道光三年（1823）担任龙门县知县，道光七年（1827）任顺德县知县，道光十四年（1834）代理信宜县知县。《（光绪）永济县志》卷十四中记载，有典史崔桢，妻吕氏，吕氏祖父吕子班，官宁波知府，父名吕偌孙，官垫江知县。舅父是崔曾泰，官广东顺德知县，因公罢官，留广东。说明崔曾泰确实是担任过顺德知县。

崔景仪第二子是崔曾鼎，永济县学生，为崔景仪弟崔景偶之后。生平不详，但嘉庆二十三年（1818）有一个案件涉及崔景僖与崔曾鼎。《刑部比照加减成案》卷三十："山西司嘉庆二十三年。晋抚咨崔景僖，因崔敦子谋杀伊出继胞侄崔曾鼎，伤而未死，崔景僖将崔敦子捆缚送官，行至中途，因捆绳松开，崔敦子在车滚转，停车将其捆缚，被崔敦子辱骂不休，用刀将其砍伤致死，系属忿激，一时将崔景僖依罪人本犯应死而擅杀，律拟杖一百。"①事过时迁，岁月流转，一些与有关人物相关联的人和事，会因为历史云烟之遮掩而逐渐湮灭，种种事实有雾里看花般的疏离感，此等具体事件的细节能拉近我们的感官，进而在心理上接近肯定文化世家中曾经发生过的种种文化事件，也能直观感受文化世家中的喜乐哀愁。文化世家虽高高在上遥不可及，但其实也有兴盛与衰微，种种人与事其实也可能是普通人、普通家庭会经历感受的人事、家事、天下事的一部分。

---

① （清）许梿编：《刑部比照加减成案》，清道光刻本。

二、崔景俨

崔景俨是崔龙见、钱孟钿第二子，进士出身，官居四川金堂知县、两当县知县。《(道光)两当县志》卷七记载，崔景俨，永济县人，监生，嘉庆九年（1804）十月任知县。刘宾，乾州人，拔贡，嘉庆十年（1805）十月任知县。① 这说明崔景俨嘉庆九年至嘉庆十年之间担任两当县知县。另据《武进阳湖县志》《永济县志》，崔景俨曾担任过金堂知县。

崔景俨曾任州判，《(民国)渠县志》官师表还记载，崔景俨在嘉庆十六年（1811）代理渠县知县，还引起不小的风波，惊动皇帝和朝中大臣与地方大员。《大清仁宗睿皇帝实录》嘉庆元年（1796）十一月记载："上御乾清门听政。谕内阁：御史宋溥参奏，湖北荆宜施道崔龙见之子崔景俨就职州判，经总督毕沅保奏交部议叙，巡抚汪新复将崔景俨咨部请以知县升用，办理朦混。又该督等请将枝江县知县汪云铭调任当阳，为脱卸处分地步，请旨敕部实查办一折，已交军机大臣会同本日召见之尚书刘墉等详议具奏矣。楚省办理军务以来，带兵之督抚，将在事出力人员，专折保奏，于定例稍为假借，朕非不知，即从前福康安、和琳保奏各员，亦间有与例未符之处。朕因军务需人，原难拘定成格。伊等为鼓励勤劳起见，是以即照所请行。但于破格之中，亦当存核实之意。今崔景俨经毕沅以该员办事出力具奏，当即照所请，加恩交部议叙。而汪新即将该员咨部请以知县升用。崔景俨系现任道员崔龙见之子，在伊父任所随同帮办，本属分内之事，非投效人员可比，何得率行咨部请以知县升用？此等随任子弟，该省地方大小官员，谅必不少，若俱似此越例邀恩，岂不与前代之窜名冒滥军功者相等，该御史所奏尚是。着

---

① 参见（清）德俊纂修，韩塘编《(道光)两当县志》卷七，清道光二十年抄本。

毕沅、汪新，将办理此事何以含混奏咨之处及御史所参情节，据实明白回奏。其枝江县知县汪云铭，因何调任当阳令，其规避处分之处，亦着一并据实覆奏。寻据军机大臣等议奏：毕沅、汪新覆奏，俱以汪云铭调任当阳，并无与例不符之处，应毋庸议。至崔景俨出力即系伊父崔龙见左河溶堵截后路之事，应将崔景俨以知县升用查销。该督抚朦混陈奏，应请将毕沅、汪新降二级调用。嗣后军营出力人员，奉旨指明以何项升用者，自应遵办。其督抚奏请议叙人员，应令夹单开列何项出身，于何处着有劳绩，是否现任。"崔景俨此次任职，皇帝亲自过问，载入实录，是件大事，从中我们也能感受到崔氏父子受到朝廷以及皇帝任用的历史真实，也能感受到个人、家族与社会生活、朝政等相互融合在一起的事实，文化世家是整个历史时代的有效构成部分。

三、崔景侃

崔景侃是崔龙见、钱孟钿第三子，候选布政司经历。今可见崔景侃词两首。《国朝词综补》卷二十三："崔景侃，字瘦生，永济人。寄籍阳湖。巡道龙见子，官府经历。《清平乐》：'漏残香烬，雨点声声紧。坐着欲眠眠着醒，假暖灯前孤影。飞花吹遍春城，如何不放天晴。默数韶光余几，来朝已是清明。'"[1]

洪亮吉还称崔景侃雅号"崔红叶"，与王士禛时期的"崔黄叶"相并称对举。《国朝词综续编》卷五："崔景侃，字瘦生，武进人，候选府经历。梁晋竹曰：'昔有崔黄叶，王桐花之弟子也；近崔曼亭观察次子瘦生《红叶词》，洪稚存太史呼为崔红叶，可与陈帘钩、鲍夕阳同传。'《如梦令·红

---

[1] （清）丁绍仪辑：《国朝词综补》卷二十三，清光绪刻前五十八卷本。

叶》：'为爱吴江晚景，渡口斜阳相映。点水似桃花，无数游鱼唼影。风定，风定，一样落红堆径。'"① 崔黄叶就是崔华，字不凋，号蕴玉，小字连生，太仓直塘镇人。生于明崇祯十年（1637），九岁父殁，与母亲凌氏相依为命。家贫好学，自幼聪颖，工诗善画。清顺治十四年（1657）丁酉科举人。诗学出自大诗家、刑部尚书王士祯之门。王士祯《蝶恋花·和漱玉词》中有佳句"郎似桐花，妾似桐花凤"，在京城被广为传诵，王士祯因之而有"王桐花"的雅号。故此，梁晋竹才有"昔有崔黄叶，王桐花之弟子"之说。这里提及的梁晋竹，即梁绍壬，号应来，杭州人，官至内阁中书，能承家学，工诗善文，学问渊博，著有《两般秋雨盦随笔》。《坚瓠集》九集卷二有"黄叶桐花"条，记载："说铃崔孝廉尝得句云，黄叶声多酒不辞，王阮亭赏之，目为'崔黄叶'。阮亭有和李易安韵蝶恋花词，长安士大夫称王桐花，固不可无崔黄叶作配。词曰：'凉夜沉沉花漏冻，欹枕无眠，渐听荒鸡动。此际闲愁郎不共，月移窗罅春寒重。忆共衾裯无半缝，郎似桐花，妾似桐花凤。往事迢迢徒入梦，银筝断绝连珠弄。'"② 这里再一次明确了"崔黄叶"典故之来源。

洪亮吉与崔景侃先辈关系密切，上文多有涉及，洪亮吉与崔景侃更是交情深厚，我们在洪亮吉文集中能看到好几首写与崔景侃的诗。洪亮吉《卷施阁集》诗卷八有《赠崔三景侃二首兼寄哲兄景仪都下景俨（剑门）》："客儿微子本齐肩，未向衙斋识阿连。今日西堂赋春草，怀人蜀道上青天。难兄执笔趋蓬观，小弟裁诗压绮筵。三处离愁一杯酒，夜寒聊与对床眠。"③ 这说明洪亮吉与崔家三兄弟都认识。

洪亮吉还有多首诗写给崔景侃，或者涉及崔景侃。《至公安寄崔三景

---

① （清）黄燮清编纂：《国朝词综续编》卷五，清同治十二年刊本。
② （清）褚人获纂辑：《坚瓠集》九集卷二，清康熙刻本。
③ （清）洪亮吉：《卷施阁集》诗卷八，清光绪三年洪氏授经堂刻洪北江全集增修本。

侃》:"十年五度手频分,犹喜常时入梦勤。行到驿亭残月出,一丛修竹卧思君。"①诗人与崔景侃十年五分手,也就是十年五次聚会,崔景侃时常进入诗人的梦境中相会,可见思念之情很是浓厚。《十三日邓尉访梅,忆昔游寄钱大令维乔、蒋文学、陈尊》:"昔游钱蒋殊不闲,独我近自山中还。连宵清梦屡飞越,闻说梅放西山湾。西山湾中万树花,古干郁勃枝交叉。山中猿鹤尽无恙,岂识世事纷如麻。草元亭圮季重亡(谓杨比部梦符、吴上舍祖健),天末回首思崔郎(景侃)。闲心检点壁间句,蜗篆剥蚀无偏旁。湖亭三面交远风,香气扰人湖光中。看花岁月苦难驻,花亦憔悴无欢容。君不见,看花背花立少时,别有会意谁能知。忽然大笑出山去,峰顶落落云分驰。"②这里钱维乔乃钱孟钿之叔,杨梦符是金祖静另一外甥,与钱孟钿是同辈的亲戚。

崔氏、钱氏、杨氏都有亲戚关系,实际上就是同在文化群体内。洪亮吉在此诗"回首思崔郎",可见与崔景侃之间情深异常,也许此一批人曾经常聚会唱和。洪亮吉诗中还记载了与崔景侃的两次聚会,一次欢会崔景侃中途离去,一次崔景侃未见。《清明日,招同人各携一壶一碟至舣丹亭小集,酒半,崔三景侃以事先去,余十五人并至月午始归,分韵得阙字》:"十五地上人,十五天上月。花初红欲腻,月正圆不缺。相招花下饮,佳节兴超忽。空蒙柳丝外,水绿鉴毛发。闲汀三五转,怒草生郁勃。亭亭辛夷花,香气盈十笏。盘飧随所见,各各办嗟咄。无愁觞欲罄,门外酒旗揭。人生欢会少,半又感存殁。黄生(景仁)久埋玉,庄叟(宝书二人皆昔时同游者)又归骨。神仙吾懒学,况肯事禅窟。余生益疏懒,久已罢干谒。惟余花月夜,往往兴孤发。客来常不速,客去亦仓猝。崔生逃席半,瘦影窜林樾。追之不能

---

① (清)洪亮吉:《卷施阁集》诗卷十二,清光绪三年洪氏授经堂刻洪北江全集增修本。
② (清)洪亮吉:《卷施阁集》诗卷二十,清光绪三年洪氏授经堂刻洪北江全集增修本。

到,足滑致颠蹶。其余凡几辈,杯底任汩没。天空亭月午,清响益疏越。空明无障碍,醉影自突兀。终当跨茅龙,矫焉归玉阙。"①从"客来常不速,客去亦仓猝。崔生逃席半,瘦影窜林樾",倒也颇有趣味,也可见二人之间关系融洽。此中黄生,即黄景仁(1749—1783),是清代常州著名诗人,字汉镛,号鹿菲子。四岁早孤,少年时诗负盛名,为"毗陵七子"之一。亦能词。著有《两当轩全集》。

洪亮吉《十五夜小饮牡丹花下,待崔三景侃不至》:"燕燕莺莺久作群,墙头入夜望如云。得天独厚开盈尺,与月同圆到十分。何处更容倾国见,此香先已上楼闻。谁怜露白灯红夜,倚遍熏炉待鄂君。"《刘中允种之斋头,红牡丹盛开,招同人小集,即席赋赠》:"入座香风已四飞,姚黄魏紫认都非。神仙队里仍耽酒,富贵丛中独赐绯。影共朱霞相激射,情于红袖最因依。平泉十载才开宴,怪底从前识面稀。"②洪亮吉还有一首诗《客中忆崔三景侃病》:"却跨班骓忆陆郎,记同情话向闲房。多时旧梦堆花幌,几日春心艳海棠。石笋反肥林竹瘦,山霞何暖水云凉。调剂莫向庸医问,写寄仙人海上方。"③《题崔三景侃折枝画扇》:"蒙蒙只隔小窗纱,相约秋中待月华。忽咏异香生扇底,顿教胡蝶忆春花。""凤爪花赪鸭脚黄,动人秋艳不生香。朝霞一片清华影,尚认红颜未退房。"④至此洪亮吉与崔景侃交情之深不言而喻,二人在细小轻巧之物上都有一番往还,如赏花,玩扇。

洪亮吉《寄崔三景侃三十二韵》:"昨来游西湖,兼为访君病。迎门一相见,坐语不能竟。欹卧六尺床,朝曦与相映。红窗阖两扇,尚畏晓风劲。药物贮枕函,医嫌不符症。复言昨携灯,失手不持柄。灯烬误拂眉,瘢痕额

---

① (清)洪亮吉:《更生斋集》诗卷六,清光绪三年洪氏授经堂增修本。
② (清)洪亮吉:《更生斋集》诗卷三,清光绪三年洪氏授经堂增修本。
③ (清)洪亮吉:《更生斋集》诗续集卷一,清光绪三年洪氏授经堂增修本。
④ (清)洪亮吉:《更生斋集》诗续集卷五,清光绪三年洪氏授经堂增修本。

间钉。君虽颜色瘁，玉骨尚精莹。竹扇挥不停，罗衣最娟净。神清能照物，朗若玉为镜。榻畔数册书，抛残未装订。为言是君集，偶亦取讽咏。云笈蒙四壁，爱好实天性。翡几插白莲，秋桃花亦倩。朱鱼贮瓷槛，水浅喜游泳。怜余欲稍憩，深室早除摒。阿母喜客来，开扉急延请。斋厨戒荤杀，蔬笋搬欲罄。银梨手中擘，绿果盘内钉。倾觞复携榼，一一催使令。忆昨握别时，君妻尚初聘。今闻娶盈载，嬿婉并能敬。君兄持玉节，失喜早相庆。仲子昨有书，潜修怕奔竞。惟君忘进取，所喜达时命。晚挈卧具来，纱厨放端正。辞君不可得，连榻话宵静。絮语不觉长，疏疏佛楼磬。虽癯谈尚剧，使我醉时醒。一夕话数年，奚奴隔窗听。松梘移影遍，残月复窥径。明发倘别君，重来尚难定。"①此诗很是风雅，儒雅文士的交游跃然纸上，二人之间的情感也是深厚浓烈的，体现在细细描摹的微小而温情的小情小事上，反而能见二人朝夕相处的往昔时光。"三尺寒檠七尺床，阿三曾共捉迷藏（谓令兄景侃）"，就是描写其少年时代的亲密无间。常州一带，经济文化发达，大概文化家庭众多，官员文人众多，如此文人们在青少年时期就有更多机会相互交流并共同相伴成长，经历丰富。崔景侃的母亲是钱孟钿，大概有名的诗人以及世家大族的影响在常州当地也一定会家喻户晓，少年之时的洪亮吉也一定喜欢与崔家的公子们一同相伴相随。文化世家从来都不会是封闭的结构，必然是时代社会的有机构成部分。

洪亮吉与同时代的杨氏、钱氏、崔氏等家族都有关系，而这些家族又有姻亲之渊源。可以推测，他们之间应该也有一定的往来。这些人与本著涉及的世家以及文人都有交集，自然一些人物之间、上一代与下一代之间熟悉或者相识。

---

① （清）洪亮吉：《卷施阁集》诗卷八，清光绪三年洪氏授经堂刻洪北江全集增修本。

四、崔景偁

崔龙见第四子崔景偁（1769—1793），国子监生。洪亮吉有诗《崔公子景偁竹楼图》："竹绿参天笋亦抽，偶然竹里有高楼。不知楼上人何处，我欲打窗寻不休。三尺寒檠七尺床，阿三曾共捉迷藏（谓令兄景侃）。落来画里还相识，为我窗西补夕阳。"① 此诗证明崔景偁善于绘画，大概此幅《竹楼图》摹写刻画十分形象逼真，让洪亮吉想起了过往真实生活的场景，思念回忆起与崔氏兄弟的友情。

张惠言乃清代大词人、散文家。原名一鸣，字皋文，一作皋闻，号茗柯，武进人。是嘉庆四年（1799）进士，官编修。少为词赋，深于易学，与惠栋、焦循一同被后世称为"乾嘉易学三大家"。张惠言辑《词选》，为常州词派之开山，著有《茗柯文编》。崔景偁一门寄籍常州武进，与张惠言相识很是可能。张惠言作有《崔景偁哀辞》："余始识景偁于京师，与为友，景偁以兄事余。既数岁，已而北面承贽，请为弟子，余愧谢不获，且曰：'偁之从先生，非发策决科之谓也。先生不为世俗之文，又不为世俗之人。偁则愿庶几焉。'呜呼！世俗之为师为子弟云者，其取之有由矣，其学之有由矣，非所援焉。而取非所炫焉，而学则以为狂且愚。昔韩退之作《师说》，毅然为人师，一世非笑之。唯李翱、张籍、皇甫湜数人以为然……景偁字格卿，蒲州永济人，以乾隆五十八年（1793）五月十二日卒于京师，年二十五，其为人长弟完好，生而父兄称之。殁，而所与游者思之。工八分楷书、摹印，世多藏者。余独悲其有盛志而卒，不遂其学，以无闻于后，为可惜也。"② 崔

---

① （清）洪亮吉：《卷施阁集》诗卷九，清光绪三年洪氏授经堂刻洪北江全集增修本。
② （清）张惠言：《茗柯文编》初编，清同治八年刻本。

景俨工书、善画、摹印,且世人多收藏,也是多才多艺的才子,二十五岁早亡,无闻于后,甚为可惜。

第三节　庄素盘

崔龙见、钱孟钿第二子是崔景俨,崔景俨妻是庄素盘。庄素盘也能诗,济南知府庄钧女,钱孟钿儿媳,学诗于钱孟钿,年二十三早逝,著有《蒙楚阁诗草》。

《晚晴簃诗汇》卷一百八十五记载:"庄素盘,字少青,武进人,知府钧女,永济崔景俨室,有《蒙楚阁遗草》(《诗话》)。少青未嫁时,随其父历官山东五州,凡所过名胜,及春秋佳日,辄命为诗纪事。六七年中,积箧中者百首。议论不似闺阁中语。年十八归崔,从姑吟咏,诗境益进。年二十三卒,洪北江为作圹志。"①

洪亮吉撰《崔君妻庄孺人圹志》:"孺人姓庄氏,讳素盘,济南府知府学坡先生之季女,今杭州府水利通判曼亭先生之子妇也。济南伏氏,经学传于女孙;江东谢宗,闺望逾于男子。自其幼时,最得大父末夫公欢。稍长,随其父济南君历官数州,五行俱下,视不停眸;十纸齐挥,墨常盈口。迨乎始笄,积诗已至百首。访汝坟之俗,过南阳之墟,登高览古,有士大夫之风概焉。年十八,归于通判君次子景俨。载玉万只,一珏至而输华;有鸟十

---

① (民国)徐世昌辑:《晚晴簃诗汇》卷一百八十五,民国退耕堂刻本。

双,比翼鸣而戢影。通判君妻崔恭人,故尚书钱文敏公之女也。马芝之行,附见辞宗;左芬之篇,光于艺苑。自孺人之归,而扶风子妇,作赞大家;河东孝娥,续编闺范。几砚日亲,文笔益进。是时通判君左迁莅郡,全舫移家。访孤山之雪,则娣姒偕吟;观广陵之涛,则妇姑并赋。吴江枫落,有吾宗之逸篇;陌上花开,寻外家之故事;仕宦之地,有神仙之望焉。松方悦柏,中道而雕;月不舒华,上弦遽隐。以乾隆五十二年八月遘疾,卒于邠镇官署,年二十有三。子二:曾述、怀荆,女一,均幼。景俨感逝既殷,伤心屡赋。十二时之内,欲废黄昏;三百篇之简,竟删蒙楚。其年,归葬于武进某乡之某原。呜呼!明星七夕,天上谁期;秋水一渠,人间何世。墓门鹗萃,时开怨女之花;华表鹤来,即作望夫之石。"①

庄素盘有才学,受到洪亮吉的高度称赞。庄素盘二十三岁而死,红颜薄命,惹人痛伤。此时的崔氏家族正是文风鼎盛的时期,钱孟钿、崔龙见夫妻传承前代风华,特别是钱孟钿已经是具有代表性的著名女诗人,庄素盘受到钱孟钿的影响,诗文方面取得一定成就,若不是早逝,一定还有精进的空间,也许能取得更大创作成绩,产生更大影响。

庄素盘少年成名,又是一代才女。自其幼时就接受长辈教诲,稍长随父历官数州,增长了见识,其也颇好学,"视不停睐,十纸齐挥,墨常盈口",很喜好文史,显示了过人的才华,十几岁,积诗已至百首。她还探访名胜古迹,登高览古,有士大夫之风概,诗作非一般闺阁之作。庄素盘留下的诗作不多,她有诗《新月》:"帘卷西风小院门,玉阶凉动近黄昏。蛾眉一曲横天半,疑是嫦娥指爪痕。"②诗意精巧别致,诗情婉转清新。庄素盘年十八,归于崔景俨。庄素盘良好的天赋,再加上有著名才女婆婆钱孟钿的指导与切

---

① (清)洪亮吉:《卷施阁集》文乙集卷五,清光绪三年洪氏授经堂刻洪北江全集增修本。
② (民国)徐世昌辑:《晚晴簃诗汇》卷一百八十五,民国退耕堂刻本。

磋,"观广陵之涛,则妇姑并赋",诗文艺术更上层楼,光采显于艺苑,"续编闺范。几砚日亲,文笔益进",又创作了不少优秀之作,有关孤山之雪,吴江枫落,陌上花开,夫家故事。遗憾万端的是,有松柏之韵致,怀神仙之望者,如"月不舒华,上弦遽阙",英年早逝,年仅二十有三。有子二,曾述、怀荆,还有一女,均幼小。崔景俨感逝伤心,屡赋念之。洪亮吉也很感伤一代才女的早亡,赋诗感叹崔庄夫妻天上人间、阴阳永诀。

庄素盘父济南太守庄钧,江苏武进人,字振和,号学坡。初由幕僚补霸州州判,以卓异升东安知县、磁州知州,累迁山东济南知府。明习水利,治漳水有绩。《(光绪)顺天府志》卷七十四记载:"庄钧字振和,号学坡,武进人,少育于外王父刘文恪于义。乾隆初,于义修畿辅河道,钧年十九,随幕府,数言水利事,奇之。直隶总督方举能任河工者,上其名,补霸州州判。卓异,迁知东安县。既明习水利,又长于治民,有殊绩,而性谦谨,未尝自言。河水暴出,钧乘小舟渡,及中,舟覆,仆役皆溺,有跃而呼者曰:'此吾贤父母也!'遽入水负之出。官至济南知府(张惠言《济南知府庄君传》)。"①

张惠言《茗柯文编》二编卷下有《济南知府庄君传》。庄钧,字振和,自号曰学坡。先世自镇江金坛县迁徙武进县。明弘治中,有族人中进士,官山东参政,其后子孙多显贵,武进之言世族者,当推庄氏一族,庄氏家族到庄钧这一辈已经延续十世。庄钧少小时育于外祖父刘文恪公。刘文恪应该是刘权之(1739—1819),字德舆,号云房,湖南长沙人。纪晓岚门生。乾隆二十五年(1760)进士。改庶吉士,授翰林院编修,累官司经局洗马,督安徽学政,曾预修《四库全书》,在事最久,及《总目提要》成,擢侍讲。乾隆初,刘权之出使巡视整修京城附近的河道。庄钧当时十九岁,跟随在刘公

---

① (清)张之洞等纂:《(光绪)顺天府志》卷七十四,清光绪十二年刻,十五年重印本。

的幕府里,屡次给刘公进言有关水利方面的事情,刘公很惊奇。"当是时,直隶总督高公某,方举能任河工者,曰:'孰有才如庄某,而不早试之吏者乎!'即上其名,补霸州州判。卓异,升东安县知县、磁州知州。以与按察使有亲,例改河南禹州,升直隶汝州,寻升陕西汉中府知府,留河南改南阳,仍调直隶大名府。丁父艰,服除,授山东济南府,护理济东道按察使印,卒于官。君既以高公举任河工,而以后督方公观承卓异,荐其留河南也,以巡抚阿思哈公奏,而直隶总督周公元理请之故,又调直隶。君既明习水利事,又长于治民,所在大府争欲任君以事,其历州郡皆有殊绩。"①他所治理过的州郡都有突出的成绩,但庄钧不曾自我夸耀。他去世后,他的儿子还幼,因此无法详细了解庄钧政事的情况,只留传四件突出的被人称道的事情。第一件事情是,治理磁州两条漳河,开挖河道来引导洪水,平息了存在已久的漳水祸患。第二件事,漳水边有废弃的几千顷田地,原来是百姓的田地,被漳水破坏,但税收依旧保留着,官吏用刑法责成百姓交赋税。庄钧请求总督向朝廷汇报情况,免去了赋税。百姓在漳水边造祠堂纪念他。第三件事,汝州先前有军队,下面分有四个戍所。军队撤走后,这四个戍所合并到汝州,但是这些戍所距离汝州很远,服徭役时路途遥远,庄钧治理汝州时,免去了此徭役。"其四事曰,君始为大名府,岁大旱,君谒守道,请发粟赈。道曰:'太守擅之乎,咎谁执。'君曰:'府去省千里,文移往返必旬月,饥民旦暮且死,何咎之云乎?'知府请任立檄大名、元城出谷四万石与民。既总督周公奏之有旨,复与赈谷四万石,民无饿者。是秋,岁大稔。"②

张惠言还记载道,庄钧的儿子庄轸和其朋友说过一则轶事,庄钧在东安的时候,一次正乘着小船渡河,河水突然暴涨,船到河中央倾覆,船上仆役

---

① (清)张惠言:《茗柯文编》二编卷下,清同治八年刻本。
② (清)张惠言:《茗柯文编》二编卷下,清同治八年刻本。

都跌入河中。此时有人见了喊道，"此吾贤父母也"，遽入水负之出。"及其去，大名民号哭而走送者百里不绝。余以为世多言今之民情不如古，观于君，岂其然哉？惜乎君之未得尽其所设施，而其事又不得而尽传之也。余尝游大名，大名之人至今能道君之赈民粟也。"①不难看出，庄钧是深受民众爱戴的好官。

庄素盘"稍长，随其父济南君历官数州"，她的诗才与见识肯定受到父亲的影响，庄钧的清廉官声以及才能一定对庄素盘的诗文艺术创作有实质作用。上文洪亮吉所说，"五行俱下（指读书敏捷神速），视不停睇，十纸齐挥，墨常盈口，迨乎始笄，积诗已至百首。访汝坟（《诗经·国风》中有《汝坟》）之俗，过南阳之墟，登高览古，有士大夫之风概焉"，士大夫之风概者，自然是自己的修为，当然也会受到家风的熏陶。

崔氏家族上有钱孟钿，来自钱氏家族，下有庄素盘，来自庄氏家族，各有因缘。每一个家族都有一番盛景繁华，家族与家族之间也可相得益彰，一位位有思想、有才学、有情感的诗人在不同辈分、不同家族成员之间的往还与互动，都是文化的力量与表现，不乏蜜意柔情、伦理风情，共同彰显了中华文化的繁盛与厚重，让人留恋不舍地顾盼向往，探究那绵绵不绝的哀愁感伤、欣喜鼓舞。

以上可见，从苏州方氏家族开始的时代传承，钱孟钿、崔龙见为第五代，崔景仪、崔景俨、崔景侃、崔景俌、崔景僖、崔景群、吕子班、钱瀚斯、庄素盘等人是第六代，崔曾泰、崔曾鼎是第七代。此时乃清朝中期，正延续至后期之时，已经明显感受到清代中后期的具体事件以及有关人物，历史风云与时代背景在逐步变换，不同人物以及家庭的境遇也在变迁之中。清朝道光年间开始进入衰落时期，乱世之秋的社会生活与个人命运都将受到影

---

① （清）张惠言：《茗柯文编》二编卷下，清同治八年刻本。

响与波及。而进入近代社会后，整个中华民族都遭受了一段痛苦的岁月，古代文化之花的文化世家基本上也都凋零消散。第八章论述常州吕氏世家，而吕氏世家的最后辉煌是近现代著名的历史学家吕思勉，为古代文化世家增添了一抹亮丽风采。

第 八 章

常州吕氏世家

苏州方氏家族，至金氏家族，再到常州钱氏家族，再由钱氏家族至崔氏家族，由崔氏家族再至吕氏家族。崔龙见有六子、二女，"婿曰户部员外吕子班、曰钱瀚斯"，吕子班（1782—1838）原配夫人崔恭人，荆宜施道崔龙见之女。吕氏世家是要论述的有血脉流转的最后一个世家。而吕氏世家本身也是常州传承很久的大世家，自然也是人才兴盛，内外勾连颇广，与吕氏联姻者，在崔氏之外，还有王氏、张氏等。王氏四才女以及张氏四才女等都是常州以及江南才女文化以及世家文化的一部分。吕氏世家上启自清初的大学士、状元吕宫，下至近现代的著名历史学家吕思勉，吕子班是吕氏家族中间的一位人物，先从吕子班介入，再看整个吕氏家族。

吕子班本身有一个家族传承，长子吕佺孙，吕佺孙有子吕懋荣，吕懋荣妻王采蓝。王采蓝早卒，吕懋荣继娶妻王采藻，乃王采蓝之妹。王采苹、王采蘩、王采蓝、王采藻四姐妹，都是女诗人，有"太仓女三王"之称。王氏四姐妹的父亲乃太仓王曦，王曦祖父乃太仓著名画家王原祁。王氏四姐妹的母亲，是张纨英。张氏四姐妹张䌌英、张䌷英、张纶英、张纨英是常州著名的四才女。张氏四姐妹之父是张琦，乃张惠言之弟。张氏四姐妹之母是女诗人汤瑶卿。

吕子班兄长是吕子珏，吕子珏有女儿吕采芝，堪称吕氏之才女。常州吕氏家族也是传承悠久的一大世家，从清初绵延至清末，还有才女吕永萱（1875—1908），乃近现代著名历史学家吕思勉的姐姐。故此吕氏、王氏、张氏又都是常州有名的文化世家。

第一节　吕子班

吕子班自身有才名，几位儿孙也是官宦，有才学，堪称文化世家。吕氏还有更庞大的家族，从清初绵延至清末，长达三百年。

吕子班，常州阳湖人，字仲英，十一岁能诗。常州吕氏家族系出宋东莱郡侯吕好问（1064—1131）。吕好问字舜徒，仁宗朝宰相吕夷简曾孙，司空吕公著之孙，荥阳先生侍讲吕希哲之子，寿州（今安徽寿县）人，南宋初封东莱郡侯，定居婺州金华，以荫补官。钦宗时（1126）任御史中丞，不久改兵部尚书。靖康之难后，金人立张邦昌，以吕好问为事务官。吕好问劝他迎立赵构为帝。吕与杨时并列道学家，有"南有杨中立，北有吕舜徒"之称。建炎元年（1127）知宣州。吕好问长子吕本中（1084—1145），字居仁，世称东莱先生，祖籍莱州，寿州（治今安徽凤台）人。宋代诗人、词人、道学家。吕好问曾孙吕祖谦（1137—1181），字伯恭，世称"东莱先生"，为与伯祖吕本中相区别，亦有"小东莱先生"之称。吕祖谦是南宋著名理学家、文学家，为吕夷简六世孙、吕大器之子。吕氏在宋代就是著名的世家大族。明永乐时，吕成徙常州武进。雍正二年（1724），析割武进为阳湖，故此吕氏改称为阳湖人。

吕子班的生平可见《浙江宁波府知府吕君墓志铭》，由李兆洛(1769—1841)所撰写。李兆洛，字申耆，晚号养一老人，阳湖人。李兆洛精舆地、考据、训诂之学，乃文学家、地理学家、藏书家，是阳湖派代表作家之一。

嘉庆十年（1805）进士，起选庶吉士，充武英殿协修，改凤台知县，后主讲江阴暨阳书院达二十年。李兆洛为吕子班作墓志铭，相当于说明吕子班也是具有一定影响力的人士。从此墓志铭，一定程度地消除了对于吕子班的距离感与生疏感，知道历史上确有吕子班其人。按此墓志铭可知，吕子班仪观丰硕，十一岁能诗。父亲吕尔禧虽然担任桐乡知县，但居官廉惠，殁于桐乡县任上，家中萧然贫苦，吕子班整理家务筹措资财一年多，才得以扶父亲灵柩以归家乡。自此也更加自砥于学，后补县学生。十九岁时，吕子班到京城参加科考，从同乡张惠言游。

吕子班先后历任各职，皆能恭于职守，勇于作为，颇有政绩。嘉庆七年（1802），"会试中式，观政户部农曹，事剧，君勤稽综核，吏不敢上下其手，同司倚赖。时方开土方例，君主稿捐纳房，虑书吏舞弊，详立章程，与库司互相钩考后，仍视为具文"。道光十年（1830），遂有蔡绳祖案，识者服吕子班具有先见之识。嘉庆二十二年（1817），担任会试同考官。嘉庆二十三年（1818），担任顺天乡试同考官，升贵州司员外郎。同年，皇帝下诏清查官员赔欠，"大农知君才，令总办，条定章程详尽其要"，然后吕子班转任陕西司郎中。道光二年（1822），任期满，特授广东琼州府知府。琼州在海南岛，斗悬海外，吕子班留妻子儿女在家乡侍奉老母，路途遥远只身上任。郡内环绕有五指山，山为黎人聚处之地。汉族奸人来进行贸易活动，重利盘剥，致酿事端。吕子班遇黎民交涉之案，重惩汉族奸人，而后再治黎人之罪。琼州田少，民不敷食。

道光四年（1824）春，风信不及时起，作物遭灾，粮价腾贵。吕子班檄十县三州即日开仓平粜，而后才禀告上级大员。又思虑粮仓谷物不能持久，于是筹款募商买运粮食进入郡中，赖以全济民众。琼州境内有军工厂，修造督标及龙门等协战船，历任皆委于书吏操办。吕子班虑其偷工苟且，不能坚实，自己亲自移厂自督造，制造必如法度。当时，母亲蒋太恭人凶信，吕子班竟不得谢事归乡探母。直到第二年，工毕才得以奔丧，不久奉旨就近补用于浙江。道光九年（1829）三月，代理湖州府事。八月，代理绍兴府事。道光十年（1830），代理温州府事。当地土俗，五月竞渡划船比赛，乡民各操一舟斗捷，因有互殴致命之事发生，吕子班为之设禁令，以变革土俗。再补宁波府知府，郡内多积案，吕子班日坐堂上，审理土田钱谷之案，必为核算精确，查阅卷簿，亲手摘记，不假手于幕胥操办，案件办理既明且允，一经断结了案，无翻案提出异议不服者。

道光十二年（1832），代理宁绍台道道员，护理浙江海关。道员，又称道台，是省（巡抚、总督）与府（知府）之间的地方长官。时有英吉利国夷船擅自出入内地，声请就近贸易。吕子班至镇海，会同提督勒兵防守，谕示英国人，市场贸易有定章法度，不能窬越来去，夷船驶去。宁绍台道辖区内有承修战船，向来需要赔补，故历任各官多未修之船，日久积压，竟有四十余号之多。吕子班念及海捕之事必须营船足用才可，又不得一概咨追前任之过，于是力请人员分三年修整，在吕子班力推之下，差不多二年时间内竟然赶修完竣，没有耽误战船使用。道光十三年（1833）十一月，吕子班复护宁绍台道。前任彭年内擢入都，有承造金州战船二只未办理完工，吕子班即为刻期兴工建造，免彭年赔累之事。正此时，有御史参吕子班勒索属员，钦差大臣朱士彦负责查办，查清并无此事，上奏朝廷，下旨让不必再议。吕子班体气壮盛，少有痰疾，任职各郡居于海滨，"地斥卤积寒湿"，故此致病，卒于任所，时间是道光十八年（1838），享年五十七岁。[①] 从吕子班生平，不但知道其个人的才学功业，也能感受到时代风云，历史已经将要进入近现代社会。

吕子班孝友性成，"待人不设城府，言呐如不出诸口。见事有远识，有

---

① 参见（清）李兆洛《养一斋集》文集卷十三，清道光二十三年活字印四年增修本。

所筹议，下笔数千言，洞中窍要。为政一以静镇，实心任事，不以趋跄便给为能，尤不好名。驭属吏宽和，或因公受累，必周旋之。公事有不合，亦不曲徇"[1]，也是谦谦君子，有人品官声。

吕子班原配夫人崔恭人，荆宜施道崔龙见之女；侧室张安人。吕子班有子五人，吕佺孙，道光甲午（1834）科举人，丙申（1836）进士，翰林院编修；吕佶孙，道光乙未（1835）科举人，会试挑取誊录；吕備孙，太学生，道光丁酉（1837）顺天乡试挑取誊录；吕偣孙，道光丁酉（1837）科举人，戊戌（1838）进士，翰林院庶吉士；吕俁孙，邑庠生。女二，长适候选知县赵钧谟，先卒；次即适钧谟，为继室。孙子五人，吕懋修、吕懋条、吕懋荣、吕懋和、吕懋采。[2] 此众多儿孙，皆有成就与表现，是一欣欣向荣的大家族。这样的大家族，一般而言，不但有经济实力与社会地位，家风家学也必定有传承的过人之处，才可以人才兴盛。

第二节　吕佺孙、吕佶孙、吕偣孙

吕氏也是一文化世家，吕子班几子比较有名，有诗文以及艺术成就。这里介绍三位。

---

[1] （清）李兆洛：《养一斋集》文集卷十三，清道光二十三年活字印四年增修本。
[2] 参见（清）李兆洛《养一斋集》文集卷十三，清道光二十三年活字印四年增修本。

一、吕佺孙

吕子班长子吕佺孙,字尧仙,道光十六年(1836)进士,改庶吉士,散馆授编修,道光三十年(1850)担任会试同考官。同年四月,授广东高廉道,未赴任,擢四川按察使。咸丰元年(1851)迁贵州布政使,代理巡抚。咸丰四年(1854),擢福建巡抚。巡抚是从二品官员,吕佺孙的官职不低,是此一时期吕氏诸人中官职最高的。

吕佺孙精于治理政务。"时南安、永安匪先后作乱,佺孙与总督分兵擒治之。漳浦匪肆扰日久,佺孙亦饬檄其府县剿平之。先是御史蒋达请改兵制,而山西巡抚亦有富者出财、贫者出力,编练乡兵之奏。下各督抚议,佺孙奏曰:'兵农之分,其来已久。我朝民惟完赋,兵以卫民,即有差派,亦皆给值。闽地负山面海,兵额甲于他省,而地多斥卤,俗悍民贫,械斗之风几成锢习。台湾澎湖又粤闽杂处,气类攸分,必藉客兵以资镇压。他若巡洋守卡,水陆交严,往返动逾千里,今以犷悍之众,授之干戈,既恐助其关横,又复限以方隅,不听远调,则拨戍巡防更属无从措置。是有作丁名,而无实兵之用。……'佺孙诸所陈奏洞切事理,如停铺租饬盐课榷茶税免抽厘弛铜禁铸铁钱,及请豁水田钱粮,皆见施行,军用以充,而民不病。"① 咸丰七年(1857),吕佺孙以病乞归,病亡。从中可见,吕佺孙官宦与政务活动,特别是其也参与了平叛活动,这应该是社会由治到乱的真实反映。匪患等社会不良事件的反复出现,正是整个社会日趋衰败萎靡的征兆。

《清史稿》志一百二十八艺文二记载,吕佺孙撰《运甓轩钱谱》四十卷、

---

① (清)王其淦等修,汤成烈等纂:《(光绪)武进阳湖县志》卷二十二,清光绪三十四年刻本。

《百砖考》一卷。另据现代人吕小薇《先世纪闻》一文记载："曾祖吕佺孙，字尧仙，道光进士，改庶吉士，为宁波知府，官至福建巡抚，精金石考，搜藏古砖甚富，自号'百砖砚室'。著《秦汉百砖考》一卷，何绍基、赵之谦推为海内藏砖第一。"何绍基（1799—1873），晚清诗人、画家、书法家。通经史，精小学金石碑版。书法初学颜真卿，又融汉魏而自成一家，尤长草书。何绍基被认为是当之无愧的清代第一书法家。他对吕佺孙藏砖之评价应该比较权威。赵之谦（1829—1884），清代著名的书画家、篆刻家。何绍基与赵之谦同时推崇吕佺孙，自然说明吕佺孙在搜藏研究古砖上的成就非常高。中国文化的魅力，琴棋书画、笔墨纸砚，当然也包括秦砖汉瓦的收集、整理与研究。

二、吕佶孙

吕佶孙以誊录议叙选四川垫江知县。蜀吏治尚严，吕佶孙独以诚厚化之。当时兄长吕佺孙授四川按察使，吕佶孙回避离任。不久，佺孙授贵州布政使，吕佶孙仍回垫江县，民争欢迎他，都说，"我公复来何幸也"，后卒于任上，葬县城东门外，"县民岁时上冢，至丧归犹不辍"。

吕佶孙有一女，是典史崔桢之妻。生平困苦，事迹催人泪下，年四十二岁就早早离世了。个人命运之坎坷中还有时代风云的影响。《（光绪）永济县志》卷十四："典史崔桢，妻吕氏，世居江苏阳湖县。大父名子班，官宁波知府，父名佶孙，官垫江知县。两世皆娶于永济之崔氏，为崔之所自出。生而婉娩，言动悉如姆教。时舅氏曾泰，官广东顺德知县。因与箧室（妾）潘孺人所生次子名桢者，年相等，遂缔姻焉。年二十，赋于归。逾年，生一女。又逾四年，生一子。时舅氏已因公罢官，留广东。潘孺人携眷侨居江宁氏，与夫依母氏，居阳湖。未及趋侍，而粤匪陷江宁，尽室歼焉。氏痛家难惨酷，悲不自胜。夫服阕，官福建顺昌典史。咸丰八年（1858），粤匪攻城，城陷，巷战力竭殉难。事闻，赐恤予云骑尉世职。氏年二十六岁，生子甫晬，闻讣，屡欲以身殉。或劝之曰，奈呱呱者何。乃忍死以育孤儿。儿多病，为之调药饵、节饮食、谨寒暑，所以保护之者至周且密，如是者有年。而粤匪又攻陷常州，氏襁负孤儿，避地浙东。未几，浙东又陷，氏航海之闽。自是之豫章、之鄂、之湘，间关险阻，屡濒于危旅次，萧条资斧告罄，几无以为生。同治八年（1869），母弟懋勋官陕西蓝田知县，迎氏至署，始免冻馁忧。十年（1871），舅父卒于家。以道远不克奔赴。哀毁逾常、越二年。女以瘵亡，痛之甚，由是身益惫。光绪二年（1876），为子娶湘潭王氏，遂以一生多难，心殚力瘁，得咯血症。家人延医进药，屏不御，曰曩之忍死偷生为孤儿也，今幸得成立有室，亦可以告无罪于先夫矣，何以药为守节。十六年（1890）卒，年四十有二，子名兴祖，袭世职，业儒。"①吕氏病亡于光绪十六年（1890），此时正是中国最为动荡衰弱的时期。文化世家的兴盛与衰微，文化世家中的每个人的个人命运离不开整个国家社会的时代大背景。

三、吕佾孙

吕佾孙，字星田，道光十八年（1838）进士，咸丰元年（1851）以编修充广东乡试副考官。咸丰五年（1855），授韶州知府，不久代理高州知府。吕佾孙遇水灾施振，循行泥淖中，民众多得以全活。吕佾孙还勤于选士，任高州知府一两年间，他识拔的士人就举乡试元魁。咸丰七年（1857），代理雷琼道道员。咸丰九年（1859）夏，大旱，祷雨致疾，卒于官任。"宦囊萧

---

① （清）李荣和等修，张元懋纂：《（光绪）永济县志》卷十四，清光绪十二年刻本。

索，吏民醵金送丧归"①。吕子班、吕佶孙、吕倌孙父子三人都是死于任职期间，都是忠于职守的好官员，而且清贫。

第三节　吕懋荣及王氏四才女、张氏四才女

吕子班长子是吕佺孙。吕佺孙有子吕懋荣，曾佐曾国藩、左宗棠幕，以军功为浙江归安知县，娴于书画。吕懋荣妻王采蓝工诗书，得丹青家传。

一、吕懋荣

吕懋荣，字向叔，阳湖人。同治七年（1868）任分水知县，同治十三年（1874）十月由调任代理开化知县，回任。光绪四年（1878）至七年（1881）任归安知县。前知县刘某以敛财招怨而去官，忿而上控，县中俊秀几乎一网而尽。吕懋荣尽力辩白刘某的诬告，众人多赖此保全。当时歉收民困，吕懋荣向上官请求以工代赈，增加民众收入。因而新修县署还有庙宇，使民脱困有生计。光绪十三年（1887）复任知县，复兴玉华书院，每月亲自讲学育士子，众人敬仰向风。县内人众十分颂扬此举。②

汤肇熙《出山草谱》卷二中有《呈为开化县天香书院膏火经费请荼捐展

---

① （清）王其淦等修，汤成烈等纂：《（光绪）武进阳湖县志》卷二十二，清光绪三十四年刻本。
② 参见（清）陈常铧等修《（光绪）分水县志》卷六，清光绪三十二年刊本。

限于用光绪丁丑指分到浙》，汤肇熙于同治十一年（1872）到开化县任，因为开化县文风未盛，观看之后，每月亲课生童一次，捐廉助学。又查寻城内有天香书院，已经存有百余年，但每年仅收田租钱百缗，向来因经费无几，不能延师课士。时值署教谕任官燮卸事，因禀留劝捐约计共得膏火田二百数十亩、洋银三千余圆。同治十二年（1873），汤肇熙奉调差后回任，代理知县吕懋荣与绅耆商，留汤肇熙暂充教谕。同治十三年（1874），书院山长缘费不敷用，地方耆旧乡绅称开辟茶捐作为收入。上官以地方之产办地方之事，且抽收无几，各商亦无不乐，从因酌定每箱茶捐厘一钱、毛茶减抽三分四厘，计五年为限，由吕懋荣详转蒙抚宪杨批准立案。该书院于捐输外，复赖有此项经费来源。自同治十三年，延师课士，至此已经有五年时间，不单单读书寒士欢颜不尽，也让县内文风日日蔚上。从前县府考试，仅百余人参加，后已多至三百余人。① 吕懋荣注重书院教育。书院自唐代以来到清末存在千余年，是官学与私学之外重要的教育形式，培养了大批人才，书院在清代时期有走科举考试的书院，也有保持自由讲学传统的书院，地方官员往往有注重书院前往讲学的传统。吕懋荣对任职县内的玉华书院与天香书院皆有提倡之功，便利了读书士子，发扬提升并培育了当地的文风。

二、王氏四才女

吕懋荣妻王采蓝，字少婉。太仓人王曦女，母张纨英。姨母张纶英为孙劼妻，抚王采蓝为女，遂更姓名为孙嗣徽。王采蓝善书隶，尤工诗画，有《清晖草堂诗》。王采蓝早卒，吕懋荣继娶妻王采藻，乃王采蓝之妹。王采藻，字绮香，有《仪宋斋诗存》。

---

① 参见（清）汤肇熙《出山草谱》卷二，清光绪昆阳县署刻本。

王采蓝家世也颇显赫。她是太仓著名画家王原祁（1642—1715）之曾孙女。王原祁，字茂京，号麓台、石师道人，太仓人。王原祁是娄东画派祖师，影响清代画坛三百年。曾任侍讲侍读学士、太子府詹事、户部左侍郎等职。王时敏、王鉴、王原祁和王翚四位画家号称"太仓四王"。王原祁乃王时敏（1592—1680）之孙。王时敏，字逊之，号烟客，晚号西庐老人。王时敏的祖父是王锡爵（1534—1611），明朝宰相，王时敏父亲王衡（1562—1609），是翰林学士，明代南剧的名家。

王采蓝、王采藻的两位姐姐王采苹、王采蘩都是女诗人。王采苹（1826—1893），著名女诗人，字涧香，无锡举人程培元妻。山水宗家法，又精篆、隶、楷各体书法，风格近北魏，并擅画翎毛花卉。合肥李鸿章曾延为女塾师。卒年七十外。著有《读选楼诗稿》十卷。王采蘩，字筥香，魏骥妻，有《慕伏师班之室诗集》。

三、常州张氏四才女

王氏四姐妹的母亲张纨英也是常州阳湖女诗人，张氏四姐妹是常州著名的四才女，张氏四才女之父是张琦，张氏四才女之母是女诗人汤瑶卿。

张琦（1764—1833），张惠言之弟，初名翊，字翰风，号宛邻。历知章丘等县。善医术，民有病者，设局自诊之。张琦工诗词古文及分隶，尤精舆地之学，与兄张惠言齐名。著有《宛邻诗文集》四卷，《战国策释地》二卷，《素问释义》十卷。张琦之妻汤瑶卿，著有《蓬室偶吟》。膝下张𦃠英、张䌹英、张纶英、张纨英四女，留下《澹菊轩集》《纬青词》《绿槐书屋诗集》《邻云友月之居诗集》，四姊妹之弟张曜孙，刊刻了她们四人的诗词作品《毗陵四女集》，又称《阳湖张氏四女集》。

《（民国）江阴县续志》卷二十："《纬青遗稿》，张䌹英字纬青撰，存，自刊本粟香室本，金武祥序：'常州多才媛，而莫盛于张氏，盖翰风先生琦有四女，长缙英，字孟缇，有《澹菊轩集》；三纶英，字婉纫，有《绿槐书屋诗集》；四䌹英，字若绮，有《餐枫馆集》；次为䌹英，字纬青，有《纬青遗稿》。纬青，年甫三十卒，故遗稿仅此。为其弟仲远观察曜孙所编辑，刊入《宛邻丛书》者。余观闺媛之诗，大率咏物抒情、清婉绮丽之作，独张氏四姊妹皆能取法汉魏，力争上流，由其濡染家学，而同室姊弟又互相观摩。虽《纬青遗稿》独少，而所谓灵幻幽邈、感慨悱恻，亦有足传者焉。女史适江阴章氏。余近辑《江阴丛书》，故先付之梓人云。光绪二十三年（1897）丁酉四月。'"① 按金武祥此记载，张氏四才女，并非一般才女，"常州多才媛，而莫盛于张氏"。一般的闺媛之诗，大多都是咏物抒情、清婉绮丽之作，独张氏四姊妹皆能取法汉魏，力争上流，诗多风骨，异于旁人，此乃濡染家学，而同室姊弟又互相观摩，故此诗文成就高。

　　四姐妹中的张䌹英，虽作品遗留下来并保存在《纬青遗稿》内的很少，但诗作灵幻幽邈，感慨悱恻，足以传世。张䌹英嫁给江阴章氏，金武祥也是江阴人，故此认识或了解之，编《江阴丛书》，刊刻《纬青遗稿》。江阴也有才女群体，如闺秀周荣起二女淑祜、淑禧，善画能诗；还有黄蓼鸿，字节栖，字如游丝，袅娜非烟非雾，诗句也优美；有蓉湖女子，邓孝威云，蓉湖女子本名家女，为宦室妇，文才敏妙，篇什甚多，以丈夫戒其吟咏，故真实姓名不传；还有蓑衣道人，姓盛氏，皆称为江阴人。由此可见，张䌹英在江阴，也是才女中的一位，她与金武祥妻黄馥，都是常州（武进）人，故彼此间应该熟悉或者有交往。

　　张纨英，字若绮，常州阳湖人，张琦第四女，诸生王曦之妻，著有《邻云友月之居集》。张纨英的诗作成就颇高，下面两首诗就是她的作品。《寒

---

① （民国）陈思等修，缪荃孙等纂：《（民国）江阴县续志》卷二十，民国九年刊本。

月》:"天迥月初上,沉烟一径深。峭寒凝远岫,冷彩浸空林。篱竹舞清影,江梅共素心。莫嫌风景异,好为洗尘襟。"①《读纬青姊遗稿》:"浮生若流水,死别忽经年。泪眼惊秋早,离魂有梦牵。鹤飞华表月,花落夕阳天。此日西窗下,空余咏絮篇。"②诗句清新淡雅,情感别致幽婉。

张䌌英,字孟缇,常州阳湖人,张琦长女,主事吴廷铨妻,有《澹菊轩集》。包世臣(1775—1855)论说张氏四姐妹诗风,张𬘓英"幽隽"、张纶英"排奡"、张纨英"和雅",而张䌌英诗则"缠绵悱恻,不失于愚。属词比事,必达其志"。吴仲伦说,张䌌英《澹菊轩集》中,五古大有黄初之风,七古及近体诗亦不失中晚唐贤格调,"求之闺阁中,诚为难得。宛邻四女皆能诗,而孟缇工力尤至,知有得于庭授者深矣"③。就是说四姐妹皆能诗,各有特色,而张䌌英成就最高,获得家学渊源最深、最多。姐妹四人皆能诗,此本是家学深厚、家教成功的生动体现。

张䌌英有诗《留别弟妹》:"聚首既云乐,每忧分手时。分手忽在即,离思何可支。堂上白发亲,容颜日以衰。大人虽强饭,辛苦独自持。慈母况抱病,常藉药饵资。荏苒卅八年,骨肉长相随。一旦欲暌隔,恋恋不忍辞。视彼投林鸟,回翔绕故枝。嗟余独远行,何日重牵衣。举头见明月,哑哑慈乌啼。溪流为鸣咽,花影亦离披。弟妹设酒筵,殷勤劝一卮。举盏属弟妹,挥泪重致词。游子日以远,亲心日以悲。承欢慎朝夕,步履谨持维。亲身日以康,子心日以夷。千里虽去远,魂梦常相依。丁宁再三属,不必问归期。努力事高堂,慎莫说相思。"④此诗亲情感人至深,几代人皆为诗人,其家风家学之丰厚传承实际上是不言而喻的。

---

① (民国)徐世昌辑:《晚晴簃诗汇》卷一百八十七,民国退耕堂刻本。
② (民国)徐世昌辑:《晚晴簃诗汇》卷一百八十七,民国退耕堂刻本。
③ (民国)徐世昌辑:《晚晴簃诗汇》卷一百八十七,民国退耕堂刻本。
④ (民国)徐世昌辑:《晚晴簃诗汇》卷一百八十七,民国退耕堂刻本。

曼素恩在《张门才女》中甚至认为女性在文化世家的传承中具有决定性作用。一代代文化世家的内部与外部传承中女性确实具有非常大的作用。《张门才女》中展示了女性诗人之间互相酬唱的一些生动事例。《夜梦还家》："梦里关山近，休歌行路难。五更频涉远，千里独冲寒。绕膝仍相聚，牵衣不尽欢。钟声忽惊断，欹枕泪阑干。"①《婉绅妹将有山右之行作此赠之》："绝壁几千尺，名山忆太行。嗟予当远道，赖汝慰高堂。那更重分手，相看欲断肠。谁怜双鬓影，一半点秋霜。"②张纶英以上几首诗反复颂歌了亲情，其实也反映了文化世家形成的一个必要条件，即家庭内部的诸多男性或女性文人不能离开良好的家风与家学，而且上一代的教育与引导固然重要，同一代人之间的互相爱护与诗艺上的切磋与交流也起到很重的作用。曼素恩在《张门才女》等著述中甚至认为同辈才女互相间的促进作用，超过了上一代人的影响。这种观点至少是有一定道理的，青春男女结诗社作诗论曲，他们之间的阻隔少交往多。张纶英几首诗中展示了几个姐妹间的情感与儿时切磋学习的情形。

张纨英的四个女儿王采苹、王采蘩、王采蓝、王采藻相互之间也体现了文化世家代代传承的特征，上承前代的风华，姐妹之间共同读书作诗。《然脂余韵》卷六中说，王采苹为武进张惠言、张琦两先生的外孙女，王采苹少依其舅仲远于武昌官舍，与妹王采蘩、王采藻同受书于姨母张纶英、张纶英二夫人。当时张纶英诗既名宗，张纶英书法尤雄出湘南。曾国藩、胡林翼二公推叹标举，钦为卓绝。近时习北朝书者，又奉张纶英为昆仑。③其他赞誉也颇多。故此王采苹的书法水平也很高，"画宗奉常家法，兼善花卉，精八分书"。工诗，有《读选楼诗稿》八卷，诗稿中有拟古诗数十首，辞意逼真。

---

① （民国）徐世昌辑：《晚晴簃诗汇》卷一百八十七，民国退耕堂刻本。
② （民国）徐世昌辑：《晚晴簃诗汇》卷一百八十七，民国退耕堂刻本。
③ 参见（清）王蕴章《然脂余韵》卷六，民国本。

光绪中，应李鸿章之聘，教授其家女妇。今天尚可见王采藻、王采蘩、孙嗣徽、孙祥珍四人所合绘之祝嘏册，册页设色绢本，咸丰壬子（1852）作品。孙嗣徽，就是王采蓝，姨母张纶英为孙劼妻，抚王采蓝为女，采蓝遂更名为孙嗣徽。

张纶英生于清仁宗嘉庆三年（1798），卒年不详。性婉柔，体弱若不胜衣，而下笔则刚健沉毅。每晨起盥洗毕，即据案书数百字。及闭户就寝，亦必尽百字乃卧。尝中夜不寝，辄起作书。家人劝其少休，她曰："吾一日不作书，若有所失，欲罢不能矣。"大概因为体弱，所以无子女。王采苹有为姨母张纶英而作的《题婉紃从母师绿槐书屋诗稿》，此也是家族中不同辈分之间诗文唱和的例证。

张氏世家才女与王氏世家才女的探讨就至为止，应该已经大致见证了此几代才女密集出现的盛况。张氏、王氏的人才之盛丝毫不亚于吕氏家族。

吕懋荣子乃吕德镐，吕德镐撰有《显考向叔府君（吕懋荣）行述》，有清光绪十八年（1892）刻本，今存于世。

第四节　吕采芝

吕子班兄长是吕子珏，河南灵宝知县，吕子珏有女儿吕采芝，字寿华，同邑常州赵德谟妻。吕采芝是咸、同时期的女词人，她通音律，能弹琴，擅作小词，旅居北地多年，有《秋筎词》一卷。《（光绪）武进阳湖县志》卷二十八还记载吕采芝《幽小草》，此表明吕采芝还有此诗集存世。徐乃昌编《小檀栾室汇刻闺秀词》十集一百十二卷,收明清女词人一百家词作,第五集有吕采芝《秋筎词》一卷,收录吕采芝词作,有《浪淘沙·春夜》《醉花阴·冬夜》《高阳台·秋夕有怀》《望江南·四时幽居即景》《一剪梅》《菩萨蛮·有感》《如梦令》《高阳台·病起》《菩萨蛮·春暮》《念奴娇·春暮偶见落花有感》《菩萨蛮·挽五弟妇董孺人》《高阳台·自题停琴伫月图小影》《百字令·留别祐甫四姊、撷芬二妹、逸青三妹》《高阳台·平湖秋感》《如梦令·春雨》《满江红·韵玉六妹赴陕,赋此送别》《高阳台·庭有白海棠一株,花时甚芳,忽经夜雨摧残,触绪感怀,偶填一阕志之》《蝶恋花·清明》《高阳台·夜雨》《如梦令·送春》《菩萨蛮·寄怀撷芬二妹即和原韵》《一剪梅》《浪淘沙》《菩萨蛮》《临江仙》《阮郎归》《高阳台·咏垂丝海棠》《蝶恋花·春暮忆撷芬二妹、逸青三妹》)《如梦令·柳絮》共29首词作。

《望江南·四时幽居即景》:

江村好,柳眼乍舒青。水涨红桥浮嫩鸭,阴浓绿树听啼莺。游赏及时新。

江村好,小阁数间宽。曲沼荷香清十里,夜窗竹影上千竿。新葛称轻纨。

江村好,秋气入幽居。篱畔菊花香对酒,楼头皓月坐观书。风急雁来初。

江村好,集霰景偏佳。松径风寒堆白玉,纸窗梦冷绽梅花。扫雪煮新茶。①

---

① (清)吕采芝:《秋筎词》,载徐乃昌编《小檀栾室汇刻闺秀词》第五集,浙江大学出版社2018年版,第345页。

《菩萨蛮·挽五弟妇董孺人》：

无端几夜西风急，琼花一树轻轻折。雨暗玉阑干，依稀翠袖单。帘垂环佩冷，衰草迷荒径。妆镜为谁开？彩云何日回。

调琴乍喜知音遇，缘悭不道反成误。红粉惯飘零，伤心不独君。罗巾残泪渍，细喘随风绝。香烬阿谁烧？空悬碧玉箫。①

《菩萨蛮》：

金猊香冷迢迢夜，一轮皓魄当庭泻。邻院悄无人，梅花瘦影横。依稀长中酒，百结柔肠锁。虬漏一声声，愁人不忍听。

绮窗曾记调鹦鹉，海棠依旧娇如许。小谪几多年，几回欲问天。有情天易老，遗恨知多少。青鬟已成霜，销魂在异乡。

绿苔深锁蘼芜院，薄凉时节添人倦。雨雨又风风，花痕淡复浓。宝奁闲未启，镜里慵梳洗。一点晓霞明，四围山色青。

芳尘不碍行人路，花骢欲系知何处。暝色入疏帘，春风软似棉。故园空怅望，烽火连云嶂。杨柳绿如丝，断肠谁得知。

梦中犹忆乡关好，醒来转觉乡关杳。泪眼问青天，海枯恨莫填。杜鹃啼不住，断送华年去。夜雨又潇潇，愁心卷绿蕉。②

---

① （清）吕采芝：《秋筼词》，载徐乃昌编《小檀栾室汇刻闺秀词》第五集，浙江大学出版社2018年版，第358页。
② （清）吕采芝：《秋筼词》，载徐乃昌编《小檀栾室汇刻闺秀词》第五集，浙江大学出版社2018年版，第374页。

《临江仙》：

帘外一庭芳草，墙头几树桃花。碧波低映小桥斜。韶光明媚甚，春光十分赊。知否玉关消息，依然烽火黄沙。故乡欲去已无家。红楼残梦醒，情思滞天涯。①

一夜春风料峭，醒来花落阶墀。燕雏莺怯费寻思。昨宵因中酒，今日起偏迟。青鬓已非畴昔，多愁不减当时。陌头垂柳万千丝。危阑慵去凭，心事有谁知。

《一剪梅》：

深院无聊香懒焚，生怕黄昏，又是黄昏。锁窗无语悄愁生，人自飘零，梦自忪惺。芭蕉细雨一声声，搅乱春心，滴碎春魂。鸳鸯倦绣冷金针，倚遍桃笙，数遍残更。②

《高阳台·病起》：

瘦褪腮红，愁消黛绿，病中辜负年光。连日春晴，卷帘几阵花香。空教赢得春光好，到如今、怕说春长。又何须，药驻红颜，衣斗新妆？

惊回一枕当年梦，问儿家往事，说也堪伤。芳草无情，依然绿遍池塘。啼痕镇日萦罗帕，尽由它、湿逗鸳鸯。漫凄凉，身似春蚕，心

---

① （清）吕采芝：《秋笳词》，载徐乃昌编《小檀栾室汇刻闺秀词》第五集，浙江大学出版社2018年版，第375页。
② （清）吕采芝：《秋笳词》，载徐乃昌编《小檀栾室汇刻闺秀词》第五集，浙江大学出版社2018年版，第371页。

似秋霜。①

《高阳台·平湖秋感》：

败叶凝黄，枯芦减碧，长堤已是秋深。无限凄凉，扁舟独倚纱棂。湖光一片清如画，对愁颜、倍觉销魂。叹年来，瘦骨支离，照影分明。

寒蛩不用吟衰草，纵哀吟百遍，谁解怜卿？天阔云低，孤鸿共我南征。青衫非是江州湿，掩啼痕、别有伤心。任凭它，冷月澄辉，难证前身。②

《高阳台·自题停琴伫月图小影》：

鹤友琴交，云盟月契，也曾自许清幽。桐叶风翻，泠然已是新秋。轻绡漫试罗襦薄，恨年光、总付悠悠。问长空，一样清辉，为恁迟留？

从今忆昔都如梦，自赏音人去，未谱清讴。云暗银屏，凭栏触目牵牛。今生命薄原如纸，又何销、写出新愁？最堪怜，石上三生，缘在情休。③

---

① （清）吕采芝：《秋筠词》，载徐乃昌编《小檀栾室汇刻闺秀词》第五集，浙江大学出版社2018年版，第354页。
② （清）吕采芝：《秋筠词》，载徐乃昌编《小檀栾室汇刻闺秀词》第五集，浙江大学出版社2018年版，第362页。
③ （清）吕采芝：《秋筠词》，载徐乃昌编《小檀栾室汇刻闺秀词》第五集，浙江大学出版社2018年版，第358页。

吕采芝丈夫是阳湖赵铺谟，早逝，吕采芝守寡二十九年，这让其词风凄凉，词意幽冷，将生离死别、感伤之情怀抒赋风月，写不尽人间离愁别绪。显然她的词作已经具有了较高的艺术成就，颇能打动人心。《粟香三笔》卷五："阳湖赵鹤皋茂才铺谟，与方元征征君交好。年二十三而卒，遗有《舒怀草》数十首，《自君之出矣》云：'自君之出矣，不复卷珠帘。愁意如新月，寒辉夜夜添。闺怨云帘外，舞杨花东风。'"① 此诗意境也很凄冷。

吕采芝词中写景、叙事、抒情都颇别致有情，也颇有表现力，如"一点晓霞明，四围山色青"，就很是传神。诸如"邻院悄无人，梅花瘦影横""虬漏一声声，愁人不忍听""有情天易老，遗恨知多少""雨雨又风风，花痕淡复浓""杨柳绿如丝，断肠谁得知""夜雨又潇潇，愁心卷绿蕉""红楼残梦醒，情思滞天涯"等等不但具有词句文采，也具有很强的艺术感染力，春花秋月，人生苦短，其中含有无限的哀伤与凄凉。女词人深院无聊香懒焚，怕是黄昏，又是黄昏。锁窗无语悄，人生愁梦自飘零，芭蕉细雨一声声，搅乱春心。春光好，到如今怕说春长。红颜易老，青春难挽。在秋天黄叶碧连天之时，词人也是无限感伤，难却清愁。她写到，败叶凝黄，枯芦减碧，长堤已是秋深，无限凄凉。湖光一片清如画，瘦骨支离。天阔云低，孤鸿青衫，冷月清辉，掩啼痕别有伤心。鹤友琴交，云盟月契，也曾自许清幽。如今又桐叶飘零，已是新秋，一样清辉，故人不在。从今忆昔都如梦，今生命薄如纸。种种哀愁，总在心头。

关于吕采芝的生平与艺术成就，《然脂余韵》卷二记载："阳湖赵鹤皋室，吕采芝女史寿华，有《幽竹斋诗》及《秋筱词》一卷。柏舟早赋，率多凄楚之音。《蝶恋花·春暮忆妹》云：'寂寞重帘庭院悄，门掩梨花，燕子归来早。寒食清明都过了，池塘又见荷钱小。极目荒烟迷古道，冀北江南，梦

---

① （清）金武祥：《粟香三笔》卷五，清光绪刻本。

逐征鸿渺。盼得鱼书偏草草，近来肥瘦难知晓。'颇见风致。至诗集中《咏菊》云：'不与春花并，幽然独自芳。无言人共淡，有节晚能香。'则又托物自喻矣。"①《粟香三笔》卷八记载："树三先生之孙，鹤皋茂才，诗已摘录第五卷。其配吕采芝女史寿华，有《幽竹斋诗》及《秋筘词》一卷。柏舟早赋，率多凄楚之音。吕曼叔观察，其同怀弟也，为梓行之。诗有云：'欲慰君子心，暂缓泉台赴。上有黄发亲，代君伸乌哺。螟蛉待有人，代君深保护。'苦志贞操，直摅胸臆。《咏菊》云：'不与春花并，幽然独自芳。无言人共淡，有节晚能香。'此则托物自喻。《如梦令·送春》云：'报道一声春去，满目游丝飞絮。嘱付燕和莺，可否留春暂住。无绪，无绪，怕听妒花风雨。'《蝶恋花·春暮忆妹》云：'寂寞重帘庭院悄，门掩梨花，燕子归来早。寒食清明都过了，池塘又见荷钱小。极目荒烟迷古道，冀北江南，梦逐征鸿渺。盼得鱼书偏草草，近来肥瘦谁知晓。'又《高阳台》云：'芳草无情，依然绿遍池塘。'《蝶恋花》云：'望遍天涯，飞絮浑无准。'均有清婉之致。"②此评述比较传神。由于人生际遇，可能还有时代风云，其诗词中多凄楚之音。

吕采芝有妹妹吕采芙。采芙字撷芬，阳湖人，吴县蒋彬蔚室，事迹见《闺秀诗钞》。吕采芙撰《撷芬诗词钞》。③

吕采芝有《菩萨蛮·寄怀撷芬二妹即和原韵》：

年年生怕清明节，惜花人杳空相忆。何处鹧鸪啼，春深蝶自迷。

---

① （清）王蕴章：《然脂余韵》卷二，民国本。
② （清）金武祥：《粟香三笔》卷八，清光绪刻本。
③ 参见（民国）曹允源、李根源纂《（民国）吴县志》卷五十八中，民国二十二年铅印本。

画桥流水碧,怅望云山叠。情绪醉还醒,那堪更忆君。①

吕采芝《百字令·留别祐甫四姊、撷芬二妹、逸青三妹》:

秋深红树,正长空雨洗,行装初整。一夜西风催晓梦,别恨又堆双鬓。素手重携,啼痕漫拭,把酒无心饮。销魂玉笛,不堪回首重听。

曾记永昼敲棋,长宵清话,往事空相证。此去乡关如落絮,身世飘零莫定。千叠云山,一江清水,辜负归帆顺。酸辛情绪,却教清泪盈枕。

重帘怕卷,乍楼头寒压,沉吟别意。真个今番分手也,雨雨风风难避。衰柳无情,落花惹恨,况又关同气。叮咛保重,不须双袖凝泪。

任它仁月楼虚,评花院冷,莫把离愁系。薄命自知非独我,今古伤心一例。断梗飘蓬,浮萍败叶,悟彻今生味。分飞千里,只期鱼雁勤寄。②

以上两首词中都提到撷芬二妹,撷芬就是吕采芙。

吕采芙有词《齐天乐·题张孟缇夫人澹菊轩诗稿》:

九秋芳信知何许。新声一卷争睹。雅韵珠流,清辞玉润,六代宗

---

① (清)吕采芝:《秋筪词》,载徐乃昌编《小檀栾室汇刻闺秀词》第五集,浙江大学出版社2018年版,第370页。
② (清)吕采芝:《秋筪词》,载徐乃昌编《小檀栾室汇刻闺秀词》第五集,浙江大学出版社2018年版,第359页。

风堪溯。深情似诉。正三径凝霜，一枝含露。淡极无言，定应消受锦囊贮。

家风君自领取。想词坛竞美，吟就飞絮。听雨联床，消寒剪烛，酬唱兰闺伴侣。天涯日暮。奈塞北风霜，江南烟树。愿写乌兰，好将红豆数。

在常州吕氏家族中，还有吕景蕙（生卒年不详），十五岁时已擅长诗、文、词，二十四岁适同里赵苕卿为室。吕景蕙，字若苏，又号璇友。她自幼嗜学，十五岁时便博古通今，而且善于写作诗文。当时阳湖办女校，吕景蕙被聘为教师。她教导有方，在教学上颇有成就。后来，吕景蕙跟随兄嫂在上海定居，租赁房屋，设立私塾，并在多处任教。虽然生活很困苦，但吕景蕙一直非常好学，手不释卷。有《纫佩轩诗词草》。吕景蕙是吕家女诗人中的杰出代表。"吕景蕙在幼年时期便失去了父母，只得跟着兄嫂过活。她的伯兄吕景端，字幼舲，是光绪时的举人。他不仅是当时的书画名家，也擅长写词。吕景蕙就是在他的指导下，提高了自己的填词技艺。吕景蕙在二十四岁时嫁给了同邑赵苕卿为妻。赵苕卿的同族兄弟赵尊岳是晚清至民国时期重要的词学家，也是晚清著名词论家况周颐的学生。《纫佩轩诗词草》的序言就是他的手笔。"①

吕景蕙词作有《满江红·中秋》《满庭芳·颊晕潮红，眉消烟翠》《迈陂塘·暮秋晚眺》《金缕曲·玉蝶梅》《满庭芳·咏并头兰与外子分韵》《貂裘换酒·和伯兄都门消寒之作即依原韵》《百字令·题同音集》《菩萨蛮·楼中晚眺》《满庭芳·清明》《百字令·题望杏楼志痛编》。《百字令·题望杏楼志痛编》曰："文星惊堕，问前身是否，玉楼仙吏。慧业几

---

① 杜聪：《论吕景蕙〈纫佩轩诗词草〉》，《常州工学院学报（社科版）》2019年第1期。

生修得到,红杏日边曾倚。江夏方黄,东吴拟陆,只觉输英气。峥嵘如此,聪明何竟遭忌。""堪痛剑气沉埋,珠光黯澹,寂寂杉斋闭。墨沈淋漓云变化,谁道神龙见尾。嬴博城遥,望思台古,一掬西河泪。楼高休上,秋魂一片无际。"

常州吕氏还有吕凤(1869—1933),字桐花,江苏武进人,世称桐花夫人,擅篆书、绘事,尤工词。嫁同邑赵椿年(1869—1942),清光绪进士,赵匡胤三十一世孙,赵翼五世孙,赵椿年曾师从俞樾,民国期间任审计院副院长、财政部次长等职,工书,能诗,著作有《覃研斋石鼓十种考释》一卷、《覃研斋诗存》三卷。《覃研斋石鼓十种考释》在2015年由中国书店出版社出版。吕凤婚后生二子,长子赵琇孙,次子赵璧孙。

第五节　程梴、吕永萱、吕思勉

常州吕氏是绵延久远的大家族,吕子班的世代谱系也很清晰。五世祖吕宫,曾祖吕廷鹓,祖父吕瀜,父亲吕尔禧,吕尔禧有二子,即吕子珏和吕子班。常州吕氏人才众多,延续三百年。

一、常州吕氏家族

吕宫,字长音,号金门,常州府武进县人。原居马山埠,明代末年中举人。清顺治四年(1647)殿试中获一甲一名。中状元后,官授秘书院修撰,顺治九年（1652）升任右中允。后深受清世祖顺治皇帝的信任，一年之内，授吕宫秘书院学士，再迁吏部侍郎，超授弘文院大学士。

《清史稿》列传二十五："吕宫，字长音，江南武进人。顺治四年一甲一名进士，授秘书院修撰。九年（1652）加右中允。十年（1653）二月上幸内院，召宫与侍讲法若真，编修程芳朝、黄机命撰柳下惠不以三公易其介论，宫论有曰：'伊、周、卫、霍，争介不介。'上喜曰：'此三公语。'列第一，成状元。寻谕吏部：'翰林升转，旧例论资俸，亦论才品，吕宫文章简明，气度闲雅，遇学士员缺，即行推补。'寻授秘书院学士。闰六月，迁吏部侍郎。十二月，超授弘文院大学士。言官请禁江、浙签富户运白粮并织造报充机户，部议已有例禁，宫复请严饬督抚察究。大学士陈名夏得罪。十一年（1654），给事中王士祯、御史王秉乾劾宫为名夏党。宫引罪乞罢，上命省改。清初，平西王吴三桂专镇，渐跋扈。宫与名夏及大学士冯铨、成克巩荐御史郝浴，命巡按四川。至是，浴露章劾三桂，三桂疏辨，上为罢浴，宫与铨、克巩皆坐误举，降二级留任。宫以病乞假，上遣医疗治，问病状。疏言：'乞假已三月，禀体怯弱，人道俱绝，仅能僵卧兀坐。乞宽期调治。'御史姜图南劾疏语亵嫚，杨义复劾其旷职，宫亦累疏乞罢。十二年（1655），以修资政要览书成，加太子太保。宫复疏申请，赐貂裘、蟒缎、鞍马，命驰驿回籍，俟病痊召用。十三年（1656），敕存问，赐羊酒。十七年（1660），诏大学士，尚书自陈，宫不具疏，左都御史魏裔介劾宫'一病六年，闻问杳然，忘君负恩'。上以宫请告无自陈例，谕毋苛求。十八年（1661），世祖崩，宫赴都哭临，病益殆，还里。康熙三年（1664），卒。"[①] 吕宫享年六十二岁，葬常州望贤坝东南（吕家塘南）。

上述事迹中，他多次沉浮，早早辞官。顺治十年（1653），编修程芳朝、

---

① （民国）赵尔巽撰：《清史稿》列传二十五，民国十七年清史馆本。

黄机命撰柳下惠不以三公易其介论，似乎有所指责。顺治十一年（1654），吕宫以病乞假，上遣医疗治，问病状。吕宫说自己"禀体怯弱，人道俱绝"，御史姜图南劾疏语亵嫚，杨义复劾其旷职，吕宫也累疏乞罢。顺治十七年（1660），诏大学士、尚书自陈，吕宫不具疏，也就是不回答皇帝诏书，左都御史魏裔介劾吕宫"一病六年，闻问杳然，忘君负恩"。以上几条事实都有不可解处，特别是吕宫生病即可，不必言及自身"禀体怯弱，人道俱绝"之事，此乃个人隐私，无论是古今各时代都是不可对人轻易言之之言，吕宫作为大臣、文人、状元，为何对皇帝有此言行，细查之下，确实不合常理。

有传闻记载，吕宫到宫内辅佐年少顺治，皇太后专朝政，有私情在，吕宫担忧杀身之祸，故一再辞官回乡。此说似乎颇能印证吕宫之言行。顺治十年（1653），顺治帝十六岁，"上幸内院，召宫与侍讲法若真，编修程芳朝、黄机命撰柳下惠不以三公易其介论"。就是此年，吕宫进入皇宫内妃嫔所住的宫室内院，有了与皇太后接触的机会，接着就是程芳朝、黄机命吕宫撰柳下惠不以三公易其介论，应该说事出有因。这种传言少见正史，正史不方便记载，涉及皇室。但是这种传言应该流传了很久，也绝非空穴来风。

吕宫后裔、著名历史学家吕思勉在《中国史籍读法》中说："我清初的祖宗吕宫，乃是明朝一个变节的士子。他入清朝便考中了状元，官做到大学士。其时年事尚轻，正可一帆风顺，大做其清朝的伪官，却忽然告病回家了。而其时实在并没有什么病，这是何缘故呢？我们族中相传有一句话：说是由于当时的皇太后要和他通奸，他知道嫪毐是做不得的，将来必遭奇祸，所以赶快托病回乡了。"①假若没有一定的依据，这种祖先与皇太后通奸的言论，不会在吕氏家族历代流传下来，也不会传至吕思勉这里，作为著名历史

---

① 吕思勉：《史学四种》，上海人民出版社1981年版，第61页。

学家的吕思勉绝对不会知道此事也绝对不会记载下来这样的言论。

按常理论，吕宫毕竟也是状元才子大学士，很有身份地位，都说了对自己不堪入耳的话，也辞官不做，更何况，吕宫不会编造自己与皇太后的私情，此涉及身家性命，谁人敢如此大胆而愚蠢。那是否是外人造谣呢？虽然时代久远，情境不在，但事实上也是微乎其微，吕宫是自己"诬陷"自己，坚决辞官不做，甚至还为此遭到大臣的弹劾，自然不是由于争权夺利。即便是吕宫得罪了人，别人要报复他，那也有许多别的理由与方法，岂能拿皇太后编造借口，稍有不慎，就会惹火烧身，不但损害吕宫，可能造谣之人先就身家性命不保，一般之人不可能这样做。通过历史细节及以上的分析，应该是确有其事。顺治皇帝之母、皇太后就是孝庄皇太后博尔济吉特氏。顺治年幼时，主政的是摄政王皇叔多尔衮，顺治八年（1651）多尔衮去世。孝庄皇太后正可专权，没有约束。顺治十年（1653），编修程芳朝、黄机命吕宫撰有关坐怀不乱的柳下惠之文，大约是此年已经有这方面的传言或苗头，此时皇太后四十一岁，正是风华正茂，而吕宫则是五十一岁。

吕宫作为清朝前期状元，其才名可想而知。《中书典故汇纪》卷八："桐城张文和公（廷玉），大学士文端公（英）之子；常熟蒋文恪公（溥），大学士文肃公（廷锡）之子；尹文端公（继善），亦大学士尹文恪公（泰）之子。皆父子宰相。本朝百余年状元入相者五人。顺治丙戌傅以渐，丁亥吕宫，己亥徐元文，乾隆丁巳于敏中，己未庄有恭。"[1]王渔洋《池北偶谈》"僚婿状元"条云："武进杨修撰廷鉴、吕阁学宫僚婿（姊妹的丈夫之互称或合称）也，一明崇祯癸未状元及第，一顺治丁亥状元及第（廷鉴二子，大鹍，己亥庶吉士、按察使。大鹤己未，谕德）。"[2]谕德是清朝时期辅佐太子的一

---

[1]（清）王正功辑：《中书典故汇纪》卷八，民国嘉业堂丛书本。
[2]（清）王士祯：《池北偶谈》卷一，清文渊阁四库全书本。

个官职，隶属于詹事府，从五品。杨廷鉴与吕宫二位状元，确实难得，称佳话。吕宫著有《五经辨讹》十卷、《群书通解》、《金镜录》。可见，吕宫也有声名。自大学士吕宫始，一门出了很多名人、学者，有"四世科甲""五子登科"的艳称。

吕廷鹓，吕宫子，官泰州训导。《（道光）泰州志》卷十三、《（光绪）武进阳湖县志》、《（嘉庆）扬州府志》都有简单记载。

吕瀜，吕廷鹓子，乾隆甲戌进士，官至安邑县知县，山西汾州府同知。

吕瀜第五子吕尔禧，乾隆举人，官太平知县，吕子班之父。

吕瀜在第五子吕尔禧之外还有四位儿子，按现代著名历史学家吕思勉先生之手书吕氏世系表，吕瀜还有子，分别为吕尔昌、吕尔益、吕尔喆。吕尔喆子吕子珊，吕子珊子吕佑孙。吕思勉家族世系：吕宫—次子吕瀜—四子吕尔喆—嗣子吕子珊—次子吕佑孙—次子吕懋先—子吕德骥—子吕思勉。

吕佑孙就是吕思勉曾祖，道光举人，官旌德教谕。《（光绪）武进阳湖县志》卷十九："吕子珊，榜名瑾，宛平籍，河南偃师县知县。"①《（光绪）重修安徽通志》卷一百三十三："吕佑孙，常州人，举人，旌德教谕。"②

吕思勉祖父吕懋先，监生，同治五年（1866）官江西奉新县知县。《江西通志》《南昌府志》《奉新县志》记载吕懋先在担任奉新县知县时多次捐俸禄修桥建署。

吕思勉父亲吕德骥，字誉千，生于咸丰二年（1852），年轻时即享有文名，曾任江浦县学教谕，对《易经》深有研究。著有《抱遗经室读书随记》及诗集若干卷。吕思勉在所撰《先考妣事述》中称"先考阳湖吕氏，讳德骥，字誉千"。

---

① （清）王其淦等修，汤成烈等纂：《（光绪）武进阳湖县志》卷十九，清光绪三十四年刻本。
② （清）沈葆桢、吴坤修等修：《（光绪）重修安徽通志》卷一百三十三，清光绪四年刻本。

《诰授奉政大夫晋授朝议大夫五品衔升用知县江浦县教谕显考誉千府君行述》:"府君吕氏讳德骥,字誉千,一字展甫,晚自号志千。吕氏先世故居宜兴,自明永乐间有讳成者,始自宜兴徙居常州。及国朝遂为阳湖人。曾祖讳子珊,嘉庆庚午顺天乡试举人,河南偃师县知县。祖考讳佑逊,道光壬午顺天乡试举人,安徽旌德县教谕。考讳懋先,国学生,江西奉新县知县。府君少有至性,严重如成人,九岁发逆陷常州时,先大父知江西奉新县事,道梗音问不通。府君随先大母庄恭人奉先世神主避居武邑循理乡之龚家村。"吕德骥奋勉力学,日初出而作,夜漏三鼓始息,于书无所不读,而尤好治经史之学。曾说,通经可以致用,读书万卷而无益于世,虽多则无用,故为学不屑屑治章句。吕德骥勤苦自力于学,购求书籍三万余卷,上自经史词章之学,旁逮医卜星相之属,靡不淹贯。年三十七,补廪膳生。又四年,选江浦县教谕,培育人才,颇有政绩。既去官,游历四方以自怡,曾客居江宁、上海、嘉兴等地。吕德骥生平仁恕矜慎,有人望,事亲孝,性俭约。于学无所不窥,晚尤好治史学,著有《抱遗经室读书随记》若干卷,诗集若干卷,藏于家。① 吕思勉此文写于1906年,当时还是清朝,其中记载其父亲事迹内容还颇多,情感也颇为深厚。最后说:"不孝孤子吕士勉泣血谨述。诰授光禄大夫、头品顶戴、赏戴花翎、太子少保、前工部右侍郎、会办商约大臣、姻世愚弟盛宣怀顿首拜填讳。"

二、程梫

吕思勉母亲程梫,字仲芬,生于咸丰三年(1853),卒于光绪三十四年(1908),为武进名士程兆缙次女。亦能诗能文,著有《逸秋诗钞》及《读书

---

① 参见吕思勉《吕思勉诗文丛稿》上册,上海古籍出版社2020年版,第1—4页。

随笔》各一卷。吕思勉在《先妣行述》中详细记载了程棪生平。武进程氏，程棪之祖父程凤，曾担任陕西三原知县，祖父程应枢，嘉庆癸酉顺天乡试举人。父亲兆缙，咸丰顺天乡试举人。祖父程应枢早逝，家贫有四子。祖母吴氏，因葺屋掘地，得一金船，但又埋之，义不敢受，祝愿天佑程氏子孙。程兆缙兄弟四人，皆以文章经济有名于时，诸人之子女，亦多聪明才智者。程棪年八岁时，太平军犯常州，一妪走告，时其父程兆缙客居京城，家中皆妇女幼儿，皆受惊扰，程棪坐窗下读书不动。老妪离去时，以手抚程棪头顶，说："你必有福，吾老，又逢乱世，不能见你日后的功成。"城陷，程家避泰州。程兆缙闻难南归，至山东，土寇起，县令程绳武留程兆缙主军事，提兵数百人，日与贼数十战，所杀伤过当。一日贼大至，战不能克胜，程兆缙战死。噩耗传来，程棪与母亲、姐姐入山东，收葬骨骸。此时，程兆缙之兄弟皆亡，惟二兄程乃文是江西新淦县知县，于是程家长途往依之。江西亦多土寇，环绕新淦县数百里皆贼众出没。一日贼寇来，知县程乃文准备舟船，让家人出避，而自己督众人守城，程棪不肯离去，说岂可使众亲戚皆去，而伯父独自留在新淦县城。程乃文"以诡词遣之，乃出"。"夜泊舟河步，有盗舟自远至，列炬戈铤耀波，舟子移舟匿丛苇中，戒舟中人勿声。盗舟过，举舟屏息，先妣独大笑，一舟皆惊，已而贼退，复返新淦。"数载之后，伯父程乃文以忤上官意，弃官归故里。程棪乃复返常州。年二十二岁，嫁吕德骥。时寇初平，戚族多无以自立，程棪承前辈之意，倾所有财力振恤亲戚，或有劝其少为后日计，她仍然坚持做下去，不久家果贫。程棪"躬履俭素，率婢媪朝而作，夜分始休，自晨昏侍养，以至于冠昏丧祭之务，靡不躬自经纪，无失其宜"。家中事无大小，皆程棪一人主之。"丧者得以葬，老者得所养，幼者有所抚育，以至于成人有室家，皆先妣有以保聚之也。"治家勤苦，性至明察，慈祥有爱，接人以恩，"其视人世富贵贫贱，忧乐毁誉，皆属无足介意者，而虑事至深远"。

程棪也是一代才女。吕思勉评价其母说："少未尝读书，长自苦习之，以至于经史词章，皆能贯通，所著有《逸秋诗钞》一卷，《读书随笔》一卷。戚族中女子年及髫龀，其父母辄使居吾家，受教于先妣（程棪），皆能通知书史，习女红，勤于内则，而明于应事。"①"先母讳棪，字仲芬，号静岩。小时被难山东，转徙兵间，仅读《论语》二十篇，又读《孟子》，至齐桓晋文之事章即辍学。然其后于经史古籍，无不能读，亦能为诗文，天资之高，并世所罕见也。"②程棪天资之高世所罕见，作为其子的吕思勉自然是非常了解并很敬重的。

由上文可知，程棪显然是有家学之培育的，父亲程兆缙"兄弟四人，皆以文章经济有名于时"。关于程兆缙事迹见吕思勉《先舅氏程君事述》。程兆缙祖父为陕西某县知县，以廉洁名。与中朝某大臣有隙。一昔，梦白虎坐听事。旦起，则闻此人已入军机矣。惧罹祸，即告病归，时年仅三十余。居常州城内早科坊，旋卒。有子四人，祖母抚之，甚贫苦。一日，天雨，墙坏，躬自葺治，于墙根下得黄金一巨器，祖母祝曰："非分之财，非所敢取。天而哀念廉吏，使其四子皆克有成，则所愿也。"复掩之。程兆缙，字柚谷，乃第三子。昆弟俱以文名，而兆缙与其伯兄尤著名。兆缙亦工医，宦游所至，治验颇多。晚犹读医书不释手。此外，兆缙八岁，即能日课一诗。十三入邑庠，后中式咸丰某科顺天乡试，客于京师。闻江南大营溃，南归，至兰山，道阻弗得行。助县令某御捻军，战殁于汤家池。兆缙经学湛深，于三《礼》尤精熟。尝以说郊禘义为某山长所赏，由是知名。亦工医，又多艺事，时用钟表者尚不多，能修理者亦少，兆缙拆阅数具，即自能装置修治，不假

---

① 吕思勉：《吕思勉诗文丛稿》上册，上海古籍出版社2020年版，第33页。
② 吕思勉：《吕思勉诗文丛稿》上册，上海古籍出版社2020年版，第7—8页。

师授。① 对于程兆缙的生平事迹，1957年，吕思勉还作有《外王父程君传》。② 也与下文《外王母行述初稿》中的内容有相同之处。

程兆缙妻、程桱母蒋氏，也有志节才名。据吕思勉《外王母行述初稿》，蒋氏，吴县人，父蒋兆鸿，安徽蒙城县知县。蒋氏治家以贤能称。如上文所载，太平军攻陷常州，程兆缙客居京师。而还有补充之处是，兄绂衡，弟继胪皆死难。蒋氏挈全家幼弱避难乡间，闻军将至，悉埋簪珥于地。军至，蒋氏携两女沉于河，此两女应该就是程绮、程桱。军去，遇救得生。而乡里有因避难死者，蒋氏出簪珥易资敛之。蒋氏有兄，为靖江学官，于是绕道泰州往依。至青口镇，遇军，火烧及其庐，而蒋氏坚不出，会风返火息，乃得艰辛辗转携幼儿抵江西，依程兆缙二兄程乃文。此也载于上文吕思勉《先妣行述》。蒋氏幼处良好的生活条件，工诗善书，通晓音律。待嫁程兆缙，食贫而安，乱离之时，躬事劳作，十指皲裂。程兆缙在山东抵御捻军，战死兰山，蒋氏寡居二十六年，杜门不出，人罕见其面，笑不见齿，每言及兆缙即泣下。自新淦归，蒋氏后来依其次女程桱以居，也就是吕思勉家。蒋氏卒于光绪十一年（1885）十月，年六十七。此时吕思勉才在前一年出生，应该对于外祖母没有留下具体的印象。蒋氏遇下有恩，终身不畜婢，然为人处世明决。常州未被围时，有抱布求贸者，蒋氏目之曰："此贼谍也。"③ 已而果然如此，可见其聪敏。结合上面之种种，其乃有胆有识者。这样的见识与作为，自然会影响到程桱。蒋氏工诗善书、通晓音律之才学，显然也会影响到程桱在诗文上的成绩。

程氏家族的几代传承，再加上吕氏家族的丰厚历史文化积淀，也孕育出了一代著名历史学家吕思勉，还有吕思勉的姐姐吕永萱。

---

① 参见吕思勉《吕思勉诗文丛稿》上册，上海古籍出版社2020年版，第33—34页。
② 吕思勉：《吕思勉诗文丛稿》上册，上海古籍出版社2020年版，第55—56页。
③ 吕思勉：《吕思勉诗文丛稿》上册，上海古籍出版社2020年版，第13页。

三、吕永萱

吕永萱（1875—1904），字颂宜。少受教于父母，又与吕思勉同受学于武进薛念辛先生。能诵经史，工诗词，著有《碧云词》若干卷。吕思勉《诰授奉政大夫晋授朝议大夫五品衔升用知县江浦县教谕显考誉千府君行述》："岁甲辰（1904），先姊逝世。姊幼承庭，能传府君之学，工诗词，善绘事，尤熟精掌故，擅女红，戚党有针神之目。在室善事父母，于归后能宜其家。以遘瘵疾，中道徂谢，府君悼之甚，精力遂潜耗矣。"①吕思勉撰有《记吕颂宜女士》一文，记述了其姊吕颂宜的事迹：

> 我邑吕颂宜女士，名永萱，丁蒲臣大令之元配也。女士自幼敏慧，工诗词，善书画，适丁，才貌相当，唱酬甚乐。在闺房中，手不释卷，博览群书。不幸罹瘵疾（痨病），病榻呻吟中，犹日读《太平广记》，以资消遣，及卒，竟尽二百余卷，其好学如此。惜年仅三十，所作诗词，大半散佚耳。兹觅得其遗词数首，清丽缠绵，亟录于下，以饷阅者。
>
> 《春阴·调寄高阳台》云：
>
> 纸帐凝寒，熏篝梦冷，萧条静掩重门。一院迷离，描来淡月黄昏。东皇更自无情甚，又连宵、酿就阴云。最无聊，天自恹恹，人自醺醺。
>
> 绿章不用通明奏，看梨酣棠醉，花正消魂。芳草芊绵，踏青绝少游人。何时携得东山屐，脱貂裘、换酒前村。乞天公、且放晴晖，且任嬉春。

---

① 吕思勉：《吕思勉诗文丛稿》上册，上海古籍出版社 2020 年版，第 2、3 页。

此首题下注代外子作四字,盖为蒲臣大令代作也。

《念奴娇·清明》云:

倚阑怊怅,怎匆匆,又是清明时节。既霁仍阴,寒不减,花信廿番被勒。柳眼才舒,桃腮未展,孤负春风拂。蹉跎韵事,秋千又成虚设。

长记试茗停针,当时曾有,好句题红叶。太息年来浑不似,瘦损梦中词笔。草草劳人,俗尘如许,往事休重说。凝眸立久,林梢又上新月。

《念奴娇·春阴》云:

湿云浓聚,正做晴弄暝,困人天气。十丈游丝飞宛转,一缕春魂被系。雾薄如烟,寒轻似水,陌上花开未。笑他邻女,踏青空绣丝履。

最是纸阁沉沉,芦帘不卷,闲门长深闭。乍醒宿醒还倚枕,消尽诗情酒意。鸟唤提壶,鸠催布谷,明日阴还霁。韶华已半,莫辞荷锸买醉。

《壶中天·寄外子湖北》云:

中秋过了,又云浓雾薄,连宵风雨。酿就凄凉重九近,那管添人愁绪。玉枕啼多,锦衾寒重,况直人初去。房栊静掩,满怀心事谁诉。

怊怅楚水吴山,离魂断梦,可许迢遥度。料得今宵孤馆夜,一样拥衾无语。纸阁芦帘,敲诗煮茗,何日长相叙。偿钱牛女,此生总为贫误。①

---

① 吕思勉:《吕思勉诗文丛稿》上册,上海古籍出版社 2020 年版,第 23—24 页。原刊 1934 年 10 月 2 日《武进商报》,题为《吕颂宜女士遗稿》。

这几首词已经具有了很高的艺术水平，称其为闺阁词人也是实至名归。从吕思勉《自述》及相关资料可知，吕永萱长吕思勉九岁，同受学于武进薛念辛先生。吕思勉在早年读书时还得到过其姐的帮助和辅导。《自述》记载：后其家生活拮据，因此"未能延师，由予父自行教授。予母及姊，皆通文墨，亦相助为理"。又称："予年九岁时，先母即为讲《纲鉴正史约编》，日数叶。先母无暇时，先姊代为讲解。"吕永萱是一位才华过人的才女，"能诵经史，工诗词"，尤擅长于填词，著有《碧云词》若干卷。吕氏姊弟两人关系很好，而吕思勉学习填词，更与其姊有着密切的关系。如吕氏《残存日记》记载说："予学填词，始于庚子(1900)春间，所填第一阕，系《阮郎归》调，因先姐赐兰花而作，今已不复忆，惟记其中有'传来王者香'之句，姐病其粗犷，诫之。"①吕永萱幼承庭训，工诗词，善绘事，尤熟精掌故。但英年早逝，1904 年，以瘵疾卒，年仅三十岁。"清代才女命穷福薄的亦不在少数。《清代闺秀诗文集丛刊》中确知生卒年的才女作家约有 230 位，未满 30 岁即去世的 80 多位，约占总人数的 35%；50 岁至 80 岁去世的约 80 人，亦占总人数的 35%。值得注意的是，长寿的才女中至少一半或早寡，或遭家庭变故。尤其是在清初及清中叶，才女因社会动荡而生活困苦、流离失所的现象极为突出，《闺秀诗话》开篇即言'才女命穷'，诚非虚语。"②确实，人生际遇，个人命运，造成了不少才女的伤痛。看上文，也有不少的闺阁才女具有相类似的命运与遭遇。所谓好花不常开，好景不长在。好在，文化世家以及文人才女虽消散，但是文化的血脉仍然在代代传承与延续。

1957 年，吕思勉已经七十余岁，还作了《先考妣事述》，对于父亲、母

---

① 邬国义：《青年吕思勉与〈中国女侦探〉的创作》，《华东师范大学学报（哲学社会科学版）》2009 年第 5 期。
② 宋清秀：《"才女命穷"与"福慧双修"——清代江南才女的文学生态与诗学理想》，《浙江师范大学学报（社会科学版）》2020 年第 5 期。

亲、姐姐以及舅舅家族的生平事迹进行了再论述。内容与上文文献引文互有异同，可资补正。吕思勉此文见证了吕氏传统文化世家的状态与历史余晖。大概至此，传统意义上的文化世家也就消失了，中国社会进入了现代社会。

吕思勉母亲程梫与姐姐吕永萱都是学养深厚的才女。吕思勉作此文之时，时代已经进入了20世纪中期。吕思勉本人出于传统文化世家，且又接受了现代文化教育，他本人成为现代文明社会中的中国近代历史学家、国学大师，与钱穆、陈垣、陈寅恪并称为"现代中国四大史学家"。吕氏世家传承时代久，而且跨越古代、近现代，至吕思勉之女吕翼仁，已经是当代社会。本章展示的吕氏家族，从清初到清末民国，从吕宫到吕思勉，正好八代。本著从最初的方殿元到吕思勉，差不多也是十代。至此，本著也完成了对清代文化世家的总体论述。

本著述从明清之际开始，一直延续到清末，使众多文化世家的诸多人物显现在中华文化的大舞台。而常州吕氏实际上从清初吕宫到现代的吕思勉，也已经是首尾连贯，形成一个三百多年的文化世家之形态与状貌。吕氏文化世家是本书要论述展示的最后一个文化世家，也成为中国古代整个文化世家历史的最后表现形态之一。吕氏文化世家是中华文化世家最后的辉煌，在文化世家命运的最后历史关头，还演变诞生了吕思勉这位近现代社会中的文化大师、著名历史学家，似乎是在内容与实质上都表明，虽然时代改变了，但是文化血脉仍然没有断绝，也不可能断绝。

本书文化世家的论述，地域上从岭南方家到江南吕家，时间上从清初至清末。岭南的文化世家，有广东顺德陈氏，即陈邦彦、陈恭尹、陈励、陈世和祖孙四代。陈邦彦是抗清而死的"广东三忠"之一，陈恭尹是侧身"广东三大家""岭南七子""北田五子"的著名诗人。王邦畿是"岭南七子"之一，王邦畿子王隼、侄王鸣雷，王隼妻潘孟齐、女王瑶湘、子王客僧皆工诗。此外还有胡方、吴秋翁婿世家，吴文炜、吴世忠父子世家。还有韩海世家，韩海诗人,从兄韩瑶、五弟沄皆名诸生,韩海族兄韩嘉谋、韩嘉谋子韩鹄皆工诗。在其后的行文中,还涉及一批文化世家,有详有略。本书所涉,江南地区占有主要部分,这与整个社会和时代中的文化世家的实际分布数量相一致。"从中国历代文化世家的历史演变与区域轮动观之,江南文化世家不仅起步迟,而且起点低,然而借助中国文化中心南迁三次波澜的有力推动,通过从边缘走向中心、从两个黄金时期到一个鼎盛时期的起伏链接,终于后来居上,大放光彩。而与全国其他区域相比,江南文化世家最具典范性。"[1] 一是数量众多。二是分布密集。三是类型齐全。主要有学术、文学、艺术、科技、教育、医药、藏书、刻书、商业世家等,囊括了文化世家的重要类型。四是历时悠久。江南文化世家的代际延续普遍较长,十代乃至更多代而不衰的大型、巨型文化世家为数不少。五是人才辈出。江南文化世家尤其是其中的大型与巨型文化世家中,往往拥有一个为数众多、代代相继的庞大人才群体。这既是文化世家长期累积与培育的核心成果,又是继续保障文化世家生命延续的主体条件。六是成果丰硕。江南文化世家普遍具有旺盛的文化创造力,文化积淀深厚,成果卓著,而且特别注重家族文集的编辑与刊刻,所以能将这些丰硕的文化成果惠于当世,传之后人。七是贡献巨大。江南重要文化世家的贡献往往基于家族而又超越家族,乃至超越区域,起到引领全国的示范与导向作用。八是影响深远。其一超越时间,对后代产生重要影响;其二部分杰出文化世家还能超越空间,在世界产生重要影响。从根本上说,正是江南文化世家的典范性,决定了研究价值的重要性。[2] 从本研究的实际情况来看,确实切合以上八点。江南文化世家的数量众多、人才辈出、影响

---

[1] 梅新林、陈玉兰:《江南文化世家的发展历程与研究趋势》,《华南师范大学学报(社会科学版)》2011年第3期。
[2] 参见梅新林、陈玉兰《江南文化世家的发展历程与研究趋势》,《华南师范大学学报(社会科学版)》2011年第3期。

大，堪称整个文化世家群体的代表。据曼素恩在《缀珍录》中统计，江南女作家占清代女作家总数的70%以上。正是由于此，对中国文化世家以及江南文化世家的研究，一时之间难以穷尽。"家族是社会的细胞，文化世家是文化殿堂的基石。江南文化世家在中国文化世家发展史上举足轻重的地位，决定了江南文化世家对于中国文化研究的重要意义与价值。因此，研究中国文化，离不开文化世家；研究文化世家，离不开江南这一典范区域。进而言之，只有真实、准确地把握住了江南特定区域的总体风貌与原生状态，才能为由区域文化版图整合为中国文化版图奠定坚实的基础。"[①] 此论比较重要。整个文化世家的文化内涵同样也是如同江南文化一样辉煌而且厚重，在灿烂的中华文明历史上，文化世家堪称具有代表性的重要构成元素。

---

① 梅新林、陈玉兰：《江南文化世家的发展历程与研究趋势》，《华南师范大学学报（社会科学版）》2011年第3期。

第九章

血脉传承与文脉流转

文化世家是中国传统文化的重要组成部分，近来已经有不少研究成果。本研究建立在已有成果的基础上，但仍然有其意义。本研究主要在呈现文化世家的文化成就与文化辉煌的前提下，着重说明文化世家的传承性，进而表明整个传统文化的历代传承性特征，并阐释中国传统文化的当代价值与意义。

第一节　世家文化的两个维度

我国有五千年的文明史，几千年来我们的文化血脉从未断绝，有兴盛的历史文化，又有一代代繁衍生息的家庭与家族，故此文化世家早已有之，最为典型的是孔子世家，堪称中国文化世家的代表。文化有传承，文化世家也有传承性。这分为纵向与横向两个方面。第一，在同一时期的时间段上，文化家庭或文化家族不是静态的存在，人们在生活中、在社会交往各个方面有文化的交流，诗文歌赋、游山玩水、结社交游、花鸟鱼虫，文化世家内部进行交流活动，不可避免地对外界产生影响，也会自然而然地与其他的文人或文人家族进行文化的交流与互动。第二，文化在传承，时代在流转，文化世家的内部成员在不间断地持续成长，培育涵养着下一代，文化的基因在持续不断地延续，无论显隐，实际上并没有断绝与割裂。即便是一族一姓的文化世家消失了，但是文化血脉却在不同的文化家族之间流传，成为共通共荣的文化记忆与文化标志符号。这是整个中华民族文化传承的缩影与表现。

本著研究对象是有血脉姻亲之连贯的文化世家，在对清代整个文化世家有一个整体把握的基础上，以广州方氏，苏州金氏，绍兴杨氏，松江王氏，常州钱氏、崔氏、吕氏为论述中心，阐述文化世家的文化内涵，突出文化世家的传承性特征。

明末清初，广东番禺有方国骅、方颛恺、方颛临父子三人并称"禺山三方"，文采风流，著于当世。方国骅同族侄儿方殿元乃康熙三年（1664）进士，工诗文，尤长于乐府，官至江宁知县、剡城知县。方殿元之子方还、方朝乃清代广东有名诗文大家。父子三人与梁佩兰、程可则、陈恭尹、王邦畿合称"岭南七子"。方殿元的女儿方洁，也是番禺名媛才女，撰有《方彩林诗集》一卷。与方氏世家有姻亲关系的梁氏世家，也是具有代表性的文化世家，核心人物是梁佩兰。方洁随父兄方殿元、方还、方朝移居苏州，因而嫁吴县金䥝，金䥝官至教谕，著有《读易自识》。金䥝以诗名海内。方氏家族在苏州构勺园，有勺湖以及广歌堂，结交四方文人，其中就有沈德潜。

金䥝、方洁之长子金祖静官至贵州按察使，工诗文，善书法，著有《定涛诗文集》十二卷。金祖静妻杨珊珊也是一位女诗人。杨珊珊之父杨宾（1650—1720）更是一代名士，文学家、书法家、旅行家。杨宾著有《塞外诗》三卷、《大瓢偶笔》八卷、《杂文》一卷，还有《柳边纪略》《力耕堂诗稿》。金祖静之弟金祖昌乃乾隆辛未（1751）进士，官至利川知县。金祖静与杨珊珊有女三人，其中第二女金安（1720—1782）、第三女金兑。金兑嫁计嘉禾，计氏家族也是绵延传承多代的大家族，人才颇盛，也有不少女性诗人。金兑工诗，有《栉生小草》，三个女儿计捷庆、计趋庭、计小莺都是女诗人。

金祖静还另一女，名字不详，嫁绍兴杨大德，生刑部江苏司员外郎杨梦符。杨梦符第二子杨绍文官至盐官中长芦批验大使（嶐尹），杨绍文妻子王韫徽是一位女诗人，与潘素心、沈湘佩等著名女诗人齐名。王韫徽乃娄县人（今属上海），王氏家族也有诗名，王春煦是乾隆四十年（1775）二甲第一名进士，朝考第一，改庶吉士，授编修，后担任知府。王韫徽与妹妹王昆藻合称"闺阁二难"。王昆藻丈夫是陈柘慈，乃河南商丘人，"明末四公子"之一陈贞慧（1604—1656）以及大词人陈维崧之后辈。

　　金安丈夫是钱维城，乃文学家、书画家，著有《钱文敏公全集》。乾隆十年（1745）一甲一名（状元）进士，授修撰，调任右中允，南书房行走，又迁刑部侍郎，是从二品的高级官员，深受乾隆皇帝的宠信。钱维城弟钱维乔是文学家、戏曲家，与钱维城有"常州二钱"之誉。常州钱氏是著名世家，吴越王后，历经宋元明清，辗转绵延，至清代时再次振兴，科甲鼎盛，人才辈出。钱维城之女钱孟钿乃著名女诗人，诗词皆工，深受文坛领袖袁枚、赵翼等当世大家赞誉。因诗宗浣花（薛涛）、青莲（李白），自号浣青，诗风力宗唐贤，品格高雅。

　　钱孟钿嫁常州崔龙见，崔龙见曾官荆州知府、荆宜施道，也工诗词。崔龙见、钱孟钿有六子，即崔景仪、崔景俨、崔景侃、崔景俌、崔景僖、崔景群。崔景仪，甲辰（1784）进士，官至编修、思恩知府、南汝光道道员，署理河南按察使。崔景俨，进士出身，官居四川金堂知县、两当县知县。崔景俨妻庄素盘（1765—1787）也是一位女诗人，乃济南知府庄钧女，学诗于钱孟钿。崔景侃，候选布政司经历，与洪亮吉多诗词往来。崔龙见有女二人，女婿是吕子班、钱瀚斯。

　　吕子班较为有名，也是常州阳湖人，十一岁能诗。吕子班的家族同样是常州一大世家。吕子班的世代谱系也很清晰。五世祖吕宫、曾祖吕廷鹓、祖吕瀗、父吕尔禧。吕子班有五子，吕佺孙、吕佶孙、吕偹孙、吕俉孙、吕俣孙。另吕子班的侄女、吕子珏的女儿吕采芝,也是一代女词人,著有《秋筎词》一卷。吕子班长子吕佺孙。吕佺孙有子吕懋荣,曾佐曾国藩、左宗棠幕,以军功为浙江归安知县,娴于书画。吕懋荣妻王采蓝工诗书,得丹青家传,是太仓著名画家王原祁之曾孙女。王采蓝、王采苹、王采蘩、王采藻四姐妹都是女诗人。王采苹字涧香,无锡举人程培元妻。其山水宗家法,又精篆、隶、楷各体书法,风格近北魏,并擅画翎毛花卉;合肥李鸿章曾延为女塾师,卒年七十外;著有《读选楼诗稿》十卷。王采蘩,字筥香,魏骥妻,有《慕伏师班之室诗集》。王氏四姐妹的母亲张纨英也是常州阳湖女诗人。张䌌英、张㶉英、张纶英、张纨英四姐妹又并称于世,皆有诗名。张氏四姐妹是常州著名的四才女,张氏四才女之父是张琦,张氏四才女之母是女诗人汤瑶卿。

吕滋有五子,第四子即吕尔喆。吕尔喆后世子孙中有现当代著名历史学家吕思勉。吕尔喆之子吕子珊,吕子珊之子吕佑孙,吕佑孙之子吕懋先,吕懋先之子吕德骥,吕德骥之子吕思勉。吕思勉的母亲程梭、姐姐吕永萱也都有才名。

至此,从清初到民国,通过江南文化世家的十代历史与人文的传承,一个个文化世家、一位位人物以及才女的悲欢离合、音容笑貌,逐步丰满起来,鲜活地展示在我们的眼前,此也就是中华文明博大精深的生动画卷,具体可感,宛若在眼前心头。

通过广州方氏、梁氏,苏州金氏、计氏,绍兴杨氏,常州钱氏、崔氏、庄氏、吕氏等文化世家,从最早的岭南名士方国骅,到现当代著名历史学家吕思勉,我们能探究到清代文化世家的兴盛,能看到文化世家在家族内部是互相影响的关系。文化世家之间是互动的,一代代的文化世家之间同样存在着相互的影响与演化变迁。虽然一家一姓的文化传承未必能持久,文脉不会永远延续,但是,文化世家在地域上、在不同姓氏之间却可以持续不断地辗转绵延，接续不断。文化世家之中出现了许多人才，文化世家也是开放的体系，与当时的社会生活以及各种人物之间都有所关联，有交流往来。文化世家与文化世家之间也有关联与促进互动，诸如通婚与交游等方式是必然存在的，文化血脉与基因也在一代代地传承。此正是数千年中华文明一代代生生不息的传承方式，是中华民族长盛千年之真切表现。对文化世家的传承性探索与研究，也正是我们认知与把握中华文明深厚悠久的优良传统能够持续发展的途径。

女性在文化世家的形成与传承中具有非常重要的地位，清代文化世家的兴盛，特别是江南文化世家的繁盛，与一批有才华的女性文人的出现有着密不可分的关系。女性文人的出现正是文化世家形成的组成部分，受到文化家族中的政治、经济、文化等诸多因素的熏陶与培育，女性文人必将以自己较高的文化素养影响到新的家庭与家族文化，也会直接影响家庭与家族的文化教育，为后辈子孙文化水平的提升打下良好基础，这体现出世家文化良好的传承性。

女性文人受到家族以及地域文化的熏陶，随着她们的出嫁或远行，她们自身的文化素养得以传播，并形成新的文化世家。方洁是女诗人，其儿媳杨珊珊为女诗人。杨珊珊有三女，其中金兑、金安也是女诗人，金兑还是著名诗人袁枚众多女弟子之一。金兑又有三女计捷庆、计趋庭、计小莺皆工诗。金安生女钱孟钿，乃清代著名女诗人。金祖静还另一女，嫁绍兴杨大德，生刑部江苏司员外郎杨梦符，梦符第二子杨绍文之妻王澹音与著名女诗人潘素心、沈善宝齐名。其后庄素盘、吕采芝、程椠等女性才女皆工诗能文。方洁有《方彩林诗集》，杨珊珊有《佩声诗稿》，金兑有《栟生诗稿》，王澹音有《环青阁诗稿》，钱孟钿有《浣青诗草》及《鸣秋合籁集》，庄素盘有《蒙楚阁遗草》，王采蓝有《清晖草堂诗》，吕采芝有《幽竹斋诗》及《秋筇词》，程椠有《逸秋诗钞》及《读书随笔》，吕永萱有《碧云词》。这些众多的才女身负才艺,诗书传家,把自身原来的家学家风延续与传承,开启了新的文化世家。在具体的事迹行为中,可以看到这些女性文人就学于父兄,秉承家学而成一代才女的种种事迹,也可以见到她们教育子女以及亲朋晚辈的种种行为。泱泱大国的传统文化的传承与兴盛,女性文人的作用向来是或隐或显的真实存在。本书所述具体而生动的诸多行为,在全方位的展示之下,可以让人们充分认识、理解文化世家文化的丰度与厚度。

阐述文化世家的内涵与外延,并且着重于阐述文化世家文化的传承性,有助于弘扬传统优秀文化。文化世家在当时是具有优良家风家教的成功家族,人才众多。文化世家与不同的文化世家之间,与当时的社会生活以及社会人文集团之间保持了密切的关系。文化世家的文化基因在文化世家内部的不同时代的持续流传,也通过姻亲关系之传播,家风家学之熏染,在不同时代、不同区域、不同家族之间代代流变,体现出流动性、传承性的特点,进而在一定程度上呈现出中华文明代代传承千年兴盛不衰的历史面目,是具体而微的缩影。在中华民族伟大复兴到来之际,文化世家对于文化复兴具有历史价值与现实意义,因为文化兴盛包括传统文化的复兴。

第二节 文化世家的式微与新生

文化世家研究具有当代意义与普世性。文化世家的意义不单单在于它所代表着、孕育着、传承着传统文化的精华,还在于对现代教育的启迪,对现代家庭教育的补充。不可忽视家学、家教的作用,世家与文化显露着家庭以及家族教育的话题。融乐的家庭及长辈的楷模作用，启迪着新一代的年轻人，其品行与修养，洁身自好与刻苦自励，胸怀坦荡与正派理性等诸多良好素质在潜移默化中养育与生成，这是家风家学的传统优秀力量，这是中华民族悠久历史文化的源泉。①

千千万万的中国人以及世界上各个国家、各个民族，无不拥有家庭，拥有家庭就有家庭教育，怎样教育好自己的孩童，使之立大志成大才，培育良好的家风家教是每一个家庭都面对的问题。事实上，我们也看到，有些家庭在快乐祥和中培育出众多英才，也有许多家庭教育遭遇失败，家人情感上陷入痛苦的挣扎。更为不幸的是，幸福成功的家庭可以再次持续，不幸的家庭中家庭教育的失败，却再难有机会重来。所谓浪子回头金不换的良好愿望，是说明重新做人进行再教育、再努力的难能可贵，我们不能寄希望于重新做人式的幡然醒悟，代价太高，时光不可倒流，创伤难以抚慰。失败的家庭教育遗留下深重的灾难，可以影响到一代人甚至几代人的生活。

家与国是密不可分的，国家、社会正是由千千万万个家庭组成的，家就是我们经常所称谓的社会的细胞，成功的千千万万家庭不仅仅是一个个家庭自身的成功，也必定会点点滴滴地构筑、汇聚为社会、国家的正面因素，使整个国家、社会充满向上的力量。与此同时，家庭教育的过多失败，必将一点一滴地反映在社会生活当中，给整个社会发展、国家强盛带来负面影响。一正一反之间，每一个家庭教育的得失，不但关系到自身的成败与否，也会切切实实地影响到一个社区、一个村落，甚至整个社会与国家。因此，我们也就越发能认识到家庭文化的重要性。历史上诸多文化世家的成功经验，一定会对我们产生有益的价值与意义，我们对文化世家的研究，正是我们对优良传统文化的重视，这有助于当代，功在社会，利于国家。

---

① 参见郭谦《影响中国的文化世家》序言，崇文书局2011年版。

文化复兴的主要表现乃家庭文化的振兴。中国有广袤的国土，有14亿多人口，历史悠久，民族众多，文化容量巨大，而重要的承载者就是千千万万的家庭。文化涉及每一个人，也涉及每一个家庭。家庭文明建设具有重要意义，重视家庭文明建设，是国家发展、民族进步、社会和谐的重要基点。中华民族历来重视家庭，中华民族传统家庭美德铭记在中国人的心中，融入中国人的血脉中，是支撑中华民族生生不息、薪火相传的重要精神力量，是家庭文明建设的宝贵精神财富。无论时代如何变化，无论经济社会如何发展，对一个社会来说，家庭的生活依托都不可替代，家庭的社会功能都不可替代，家庭的文明作用都不可轻忽。一个人的成功，固然涉及时代背景、历史条件、师承关系、文化氛围等多种因素，但家学渊源无疑是不可忽略的关键一环。中国历代文化世家不可胜举，他们无不重视家学渊源，授受有源，累世相传，相互影响，潜移默化，造就了不计其数的优秀人才，家教、家风、家学的传承对中华文化以及政治思想等诸多方面具有巨大的推动作用。

一、文化世家的历史价值

文化世家不是独立于社会体系与家庭体系之外的独立系统，因而对于文化世家的研究，实际上内涵丰厚，意义广阔，涉及文化世家所处的时代历史、各种文化以及教育传统。"'文化世家'的形成是需要一定的条件的，既有内在因素也有外在原因。强调文化、科举传统、礼法家风和注重仁孝可以视做'文化世家'形成的内在因素，宗祠、族谱、族田、族规、族训也起了很大的作用，没有这些内在因素，没有这些大家族世代不懈的追求和努力，文化世家是不可能形成的。但仅有这些内在因素是不够的，还需要外在客观条件。家国同构的伦理—政治型社会范式，科举选官制度的长期存在，以及家族所在的人文地理环境，都是文化世家形成的重要条件。"① 研究文化世家会涉及历史、文化学术、艺术、文学、教育、科举、官场政治以及经济生活等诸多方面。文化世家要"一世其官，二世其科，三世其学"（薛凤昌《吴江叶氏诗录序》），仕宦、科举、学术，这正是文化世家的核心要素，可谓三位一体，正如陈寅恪所说"学术文化与大族盛门不可分离"。一个区域内的世家往往不是孤立的，而是彼此间存在着这样或那样的联系，其中姻亲是世家大族间的一层重要关系。文化世家对中国文化发展做出杰出贡献或在家学传承上有典型表现，这是我们研究文化世家的重要意义。郭谦在《影响中国的文化世家》序言中指出："具体考察这些名门家族的家世家风、家学渊源、家族流变演化，无异于找到了一个个有趣的窗口，可以领略每个家族里几代文化名人的人生风采、文化品格、学术追求、治学方法，以及彼此之间相互影响、相互传承的复杂的联系；可以获得有关文化史和学术史的历史知识；可以了解不同风格的家族文化精神和家庭教育的特色。"②

现代社会以及现代教育体系的转型，加之现代文化传播方式的变化，还有现代中国家庭人口的变化，甚至大规模的城市化等诸多因素，造成现代教育体制全面覆盖影响下，所谓"世家"与"文化"的关系已式微。但是，我们引以为豪的五千年文明生生不息，代代传承，其精神的力量以及文化内涵的精华不会断绝。

随着中华民族的逐步强盛，现代文化以及传统文化必定同时兴盛起来，以满足广大人民的需求。人民物质文化生活水平的逐步提升，必定造成精神文化的多层次多元化的要求，也为传统文化的再振兴再发展提供了良好的条件。中国的全面振兴，将使中华文化对世界各国人民产生更加强大的吸引

---

① 王玉海、姜丽丽、刘涛：《江南文化世家研究：以无锡秦氏和昆山徐氏为例》，知识产权出版社2011年版，第7页。
② 郭谦：《影响中国的文化世家》序言，崇文书局2011年版。

力，中华文化的魅力必定更为绚烂辉煌，包括文化世家文化在内的诸多有利有益的元素，需要被挖掘阐述以供国内外人民之需求，国内外人民也会自发寻求各种有益的元素，通过良性互动而共同提升。

二、文化世家的当代意义

中华文明，传承五千年。辽阔的疆域内，生息繁衍着众多的民族，历朝历代的无数先人追逐着美好的生活，创造了无穷无尽的灿烂文化。在传承几千年的中华文明熏陶传承之下，我们逐步形成了博大精深的文化，其内涵丰富，涉及面极其广阔精深。我们注重忠孝节义、礼义廉耻，我们也注重家庭的教育，崇尚耕读传家，注重慈孝，爱护儿孙。科举折桂、光宗耀祖、衣锦还乡，诸如此类的文化基因融入了国人的血脉，成为我们思想情感不可分割的一部分，扎根于我们内心世界与灵魂深处。正是文化基因的深厚，才塑造了中国人的形象。在现代物质文化极其丰富的时代，我们顺应并拥有新时代的文明，但文化的血脉与特质，在某种程度上仍然支配着我们的生活方式、思维方式，并指引着我们的未来。文化的传承性是难以断裂的，其具有潜移默化的持久作用。

文化有传承性，文化世家也有传承性。如果说，五千年文明史的内涵太过丰厚，历史太过久远，思想情感与文化传承太过博大精深，而作为国家社会历朝历代的细胞的家庭，有可能过于细小单薄，不能承载整个中华文明的厚重，那么，文化世家也许正可大小适中地充分表现出中华文明的精深伟大。五千年积淀下来的文化世家文化是极为丰厚的，是中华文明中非常重要的构成部分，处于家国之间，有多方面的内涵，上则联系国家政治经济文化，下则沟通一个个家庭、一代代人物。但是，正如朝代更替一样，文化世家也有兴盛与衰落的过程，"君子之泽，五世而斩"，家无三代富,"人无千日好,花无百日红",论说的是让人感伤而又真切的事实。千百年来无数的文化世家之兴有其兴的道理,败也有败的规律。但是正如我们津津乐道的千年不衰的传统文化一直在流传、在蓬勃发展代代传承一样,文化世家的文化血脉也还是在一代代地延续与传承,此家之兴连接着彼家之兴,此家之衰落,并不代表文化传承的完全断绝,文化血脉通过种种方式在绵延不绝。此正是数千年文明史以及文化发展的重要方式。文化世家正是传统文化精华的体现者、发扬壮大者,文化世家内部以及文化世家与外部的文化基因要素的纵向和横向的传承性,正恰好揭示中华文明生生不息的机制与机缘。

文化世家之传承性研究,意义颇深,内涵丰厚。从传承千年的文化强力来看,"家族的文化及存留是极为重要的,家学家风对后代子孙的影响不可忽略,必须认真地重视起来。红楼梦'君子之泽,五世而斩'之说,也印证了世家文化传承的不易,但这种破坏性的现象不该也不能让它蔓延,尤其是优秀文化和家学家风,必须秉承流芳百世的基本理念,再以切实可行的方式落到实处"[①]。文化世家的深厚文化底蕴的传承,让文化世家代代绵延。当然种种原因会使文化世家难以长久维持。可是,文化的内涵在人类社会生活中却也一直持续存在,文化世家的文化基因正在一代代地传递,一个文化世家在兴盛后衰落,另一个或几个文化世家相继兴起与传承其精髓,文化的内涵与基因事实上在不停地演变与维系。探讨文化世家的文化传承性与延续性,正可探寻、展示我们丰富多彩的传统文化的无限魅力,文化世家史正是家国史,也是文明史的有机构成部分。

中国传统文化深厚,人们一般都认为,在儒家修身、齐家、治国、平天

---

① 黄雪敏、区婉仪:《岭南香山黄氏文化世家考述》,《佛山科学技术学院学报(社会科学版)》2017年第2期。

下的序列中，家庭起着枢纽性的关键作用。它强化着个体的修身，也筑实了治国、平天下的基础。因此，古人非常重视对家的维护与建设，注重对子弟族众的教育。家不只是一个人最初物质生活资源的供应者，更是其精神养分的提供地；不只是一个人最初的知识和生活常识习得的场所，更是形塑其行为举止、礼仪规范、道德境界的熔炉。被誉为"古今家训，以此为祖"的《颜氏家训》中有这样的说法："夫风化者，自上而行于下者也，自先而施于后者也。是以父不慈则子不孝，兄不友则弟不恭，夫不义则妇不顺。"罗曼·罗兰曾说，一个人身处的环境"给一个人的影响，除有形的模仿以外，更重要的是无形的塑造"。家庭及其家风，就是每个人朝夕于斯的最切近的环境。对于家族子弟的教育来讲，特别是对于为人处世来说，以身示范比简单的规训更加生动有效，耳濡目染要远远胜过耳提面命。我们可以将家风看作是一个家庭的文化、一个家庭的传统。这样的文化或传统是一个家庭在长时期的历史过程中逐渐沉淀的结果，是一辈又一辈先人智慧的结晶。没有经过较长时间的过滤和沉淀，就形成不了传统。在《论传统》的作者希尔斯看来，"它至少要持续三代人——无论长短——才能成为传统"。尽管世家本身的长短不一，但"信仰或行动范型要成为传统，至少需要三代人的两次延传"，其文化的精髓要素需要涵养，文化的精神需要长久的点点滴滴的凝聚与培育，家风家学的养成且出成就非一日一时之功，也越发难能可贵，让人敬仰与赞叹。

　　文化世家的研究具有广泛的学术价值和现实意义。清代文化世家的种种丰厚文化基础还有待继续研究，其内涵与意义的研究还不够。还有大量的文献资料尚有待挖掘整理，大量生动鲜活的人物与事例正逐渐消失在中华文化的历史长河中。今日之中国，国力日趋强大，中华文化的优良传统与价值必将吸引更多的关注。我们整理传统文化的精华正可为现代文化强盛所使用。本研究试图采取点面结合的方法加以展开，既要对整体的清代文化世家展开论述和研究，又要对具体的有意义的世家展开具体分析与论证。结合各个学科的方法，生动具体地论述各个文化世家的内涵与特色，增加趣味性和可读性。

　　放眼全球，当今世界正在经历新一轮大发展、大变革、大调整，人类面临的不确定因素依然很多。各国人民同心协力、携手前行，努力构建人类命运共同体，共创和平、安宁、繁荣、开放、美丽的世界。随着国力的强盛，还有中华民族的伟大文化复兴，在改革开放的基础上，在世界文化交流融合的趋势下，包括中华传统文化在内的中国物质文明和精神文明必将对世界产生积极重大而又全面深远的影响，这是确定无疑的。作为传统文化中的精华要素之一的文化世家文化，不但体现了中华文明的巨大魅力，也具有更广阔、更深厚的现实意义。每一个国家、每一个民族，都有家庭，每个家庭都不可避免地存在着家庭文化与家庭教育，大家庭之间构成家族，千万个家庭与家族就构成了社会，家庭是社会的细胞。千年以来生生不息、此起彼伏、生机蓬勃的传统文化世家，必定能引起国内外许许多多人的浓厚兴趣。这是我们研究文化世家传统的重要价值之所在。文化自信是一个国家、一个民族发展中更基本、更深沉、更持久的力量，文化世家文化是中华文明具体而生动的体现与代表，能激起民族自豪感与文化自信，内涵极其丰富的诸多要素，对中外人民都有良好的价值，是中国提供给世界各国人民的一张文化名片。

后 记

　　中华传统文化的研究，可谓已经是著述纷出，成果斐然。文化世家的研究颇能引起人们的兴趣，其内容广泛，范围适中，上则联系国家社会，下则涉及一个个家庭、家族，父慈子孝、光宗耀祖、家族兴盛、科举门第、官宦巨族、世家姻亲、结社雅集、书院家塾、典籍书阁、楼台园林等诸多元素，都能引起国人的莫大兴趣。文化世家，顾名思义，就是文化兴盛的家族，家族内外一位位多才多艺的文人，其几代人之间的诗词歌赋、书画才艺，才子佳人之间的风流雅韵，兴盛衰微的悲欢离合往往具有巨大的吸引力，颇能体现文明古国之文化厚重，也很能契合国人的心理空间的需求。

　　当然，一部部的研究著述面世，也许会有大同小异之感，会有审美的疲劳。故此，本研究不以一时一地一个文化世家为研究对象，而以清代整个文化世家为观察点，在呈现一个个文化世家风貌的基础上，着重阐述文化世家内部以及诸多文化世家之间的文化互动与历代传承，突出女性才子在文化世家内部以及文化世家之间之文化传承与延续的意义与作用。由之，探讨整个中华文明历代以来的流转迭起、延续不止的特征。

　　中华文明，几千年来的集聚演变而光华璀璨、美不胜收，其丰厚的积淀与底蕴,堪称世界罕见。探寻、追索、挖掘此生动壮阔的文化图像,时空辗转绵延之下,以至于从岭南到江南,从明末到民国,一个个文化世家、一位位文人学士、一代代闺秀才女,显现在历史的灿烂时空,其背后闪耀的是博大精深的中华传统文化。新时代,面临世界百年未有之大变局,随着中国国力的巨大发展,我国的传统文化之光辉,必将继续激发国人的自豪感与自信心。中华文明也一定会在世界范围内发挥出越发重要的作用,成为国内外人士学习参照的对象。故此,在现代文明社会高度发展之时,中国传统文化之丰厚绵延仍然具有充分的时代性,实乃当代中国繁荣昌盛的前提与根基,具有不可或缺的必要性与现实意义。